经济学悖论的破解
——经济效益理论

沈映春　乐　晓　著

北京航空航天大学出版社

内 容 简 介

经济学的最基本问题是资源配置，也就是如何实现最大经济效益。本书从如何实现最大经济效益入手，通过演绎推理获得了实现最大经济效益的必要条件——等价交换。这个理论继承和发展了马克思的劳动价值原则。运用这个“等价交换”原则，通过演绎推理，获得了主要经济变量之间的关系，并且发展了汇率、充分就业等理论。那么如何实现等价交换呢？通过分析市场机制，我们发现，利用有效市场，市场机制可以帮助我们实现等价交换。把无效市场改造成有效市场也可以提高经济效益。这些理论对于解决失业问题，发展经济、提高经济效益等有重要的指导意义。

本书对于经济学专业的学生、学者有较大的参考价值。

图书在版编目(CIP)数据

经济学悖论的破解：经济效益理论/沈映春，乐晓著. -- 北京 ：北京航空航天大学出版社，2021.1

ISBN 978-7-5124-3427-1

Ⅰ. ①经… Ⅱ. ①沈… ②乐… Ⅲ. ①经济效益-经济理论 Ⅳ. ①F014.35

中国版本图书馆 CIP 数据核字(2020)第 253932 号

经济学悖论的破解——经济效益理论

沈映春　乐　晓　著

策划编辑　董宜斌　　责任编辑　刘晓明

*

北京航空航天大学出版社出版发行

北京市海淀区学院路 37 号(邮编 100191)　http://www.buaapress.com.cn

发行部电话：(010)82317024　传真：(010)82328026

读者信箱：copyrights@buaacm.com.cn　邮购电话：(010)82316936

北京九州迅驰传媒文化有限公司印装　各地书店经销

*

开本：710×1 000　1/16　印张：12.25　字数：261 千字

2021 年 3 月第 1 版　2021 年 3 月第 1 次印刷

ISBN 978-7-5124-3427-1　定价：69.00 元

前　言

经济学是研究如何最佳配置资源，以实现最大经济效益的学科。我们提出的问题是，经济应该如何运行才能实现资源的最佳配置和最大经济效益。本书将利用演绎推理去找寻发现实现最大经济效益的规律，以期以最佳资源配置方法，使用最少的资源生产出最多的商品和服务商品（服务），最大限度地满足人们的需求。

经济学存在诸多悖论，如劳动价值论和利润平均化理论的悖论、边际效用理论与等量资本获得等量利润的市场经济现实的矛盾、市场均衡理论的悖论等。为了解决这些经济学悖论问题，需要发展一种新的劳动价值论，我们称之为目标劳动价值论。由于此理论在于解决经济效益问题，所以又把它称为经济效益理论。目标劳动价值论是经济效益理论的基础。

经济效益该如何衡量呢？应该用总效用而不是用产出来衡量。因为我们生产商品（服务）的目的是为了满足人们不断增长的物质需求，所以，经济效益是指在给定资源的条件下，生产出更多的消费者需要的商品（服务），以便达到总效用最大化。

我们把劳动小时（劳动价值）当作要考虑的唯一经济投入或唯一的经济资源。这样不同劳动在理论上可以抽象地成为一个可以比较的劳动价值。经济效益就是总效用和总劳动投入的除数。

社会总效用最大化的必要条件是商品（服务）的价格必须能反映它们的劳动价值，在此基础上，我们推导出经济效益最大化的条件和实现方法，并用经济效益理论来破解经济学几大悖论，分析最佳汇率和最佳教育理论以及充分就业的必要条件。

人类社会存在大量自然商品（自然无损耗商品），尽管它们并非由人类劳动产生，但对它的分配与使用会影响总体经济效益；因此我们需要研究一种最优分配以使经济体实现最大经济效益，同时，我们对自然无损耗商品(土地)理论的应用——房地产政策也进行了探讨。我们认为，房地产市场的过分投机会阻止技术创新和发展，政府应该把这样的无效市场转化为有效市场。针对经济体系中的许多无效市场，根据我们的经济效益理论，政府必须通过创新经济制度来实现最大经济效益，所以我们仍需要做经济计划去调整市场经济。

北京航空航天大学经济系学生张馨心和杨甜茜分别参与了本书第10章和第12章的资料搜集、整理和部分内容的写作，感谢他们的贡献！

作　者

2020 年 9 月

目　录

第 1 章

经济学理论的悖论

经济学通过研究资源配置来实现三个目标：

① 实现最大的经济效益。用最少的资源和劳动投入，生产出最多的最终消费品来满足人们对物质、服务、精神上的消费需求。

② 在满足最大经济效益的前提下，尽可能地实现公平。

③ 实现经济的可持续发展。

经济学有两个主要理论学派，一个是建立在古典经济学基础上的劳动价值论，一个是现在主流的西方经济学。本书的一个重要目的是破解经济学理论的几个悖论[1-2]。

1.1 劳动价值论的悖论

第一个悖论：新酒与陈酒的悖论

按照马克思的劳动价值论，商品的交换价值是由社会劳动价值来决定的。陈酒和新酒包含了同样的社会必要劳动，所以陈酒和新酒应该有差不多的或一样的价格。比如如果 50 年前，一瓶新酒的价格是 1 元人民币，那么 50 年以后，一瓶同样新酒的价格也应该是 1 元人民币。但是陈酒为什么比新酒有更高的交换价值(价格)呢？生产酒的劳动价值是在生产时固定在酒里的。陈酒为什么可以卖到新酒的 1 000 多倍的价格呢？又如何解释这一现象呢？

第二个悖论：钻石的悖论

一个农民在他的田里辛苦了一年，他没有赚到多少收入。有一天，他在回家的路上，捡到了一颗钻石。他为了得到这颗钻石所付出的劳动是微乎其微的，可是这颗钻石在市场上可以给他带来的收入却是非常大的。钻石的昂贵价格和农民付出的几乎可以忽略不计的劳动，似乎与劳动价值论有矛盾。

第三个悖论:纸币的悖论

一张 100 元人民币的印刷制造成本可能只有 1 元钱。它所包含的劳动价值很小,但是却可以用来购买 100 元价格的东西。而 100 元的东西包含较多的劳动价值。那么,100 元人民币的价格为什么不能反映它所包含的劳动价值呢?

第四个悖论:水和它的边际效用理论的悖论

边际效用理论讲的是价格是由消费者的边际效用来决定的。效用是一个商品满足人们欲望的能力,或者说是消费者在消费商品时感受到的满足程度。边际效用指的是最后一个单位的消费品所带来的满足程度。比如,一个人吃葡萄,她吃到 30 个葡萄时,就不想吃了。这第 30 个葡萄给她带来的满足程度就是边际效用。在一个小镇上或城市里,我们可以方便地获得饮用水,所以水的价格不高。但是,在沙漠里,我们很难找到水,所以水在沙漠里非常贵。因此,水的价格(商品的价格)是由边际效用决定的,而不是由劳动价值决定的。那么是劳动价值论正确还是边际效用理论正确呢?

第五个悖论:稀缺物品的悖论

我们知道很多稀缺物品都可以在市场上获得非常高的价格。比如,古董、老的邮票、稀有书籍、古老钱币、艺术品等,人们愿意付很高的价格来购买这些物品。它们的价格远远超出它们的劳动价值所决定的价格。也就是说,如果我们大量地重新生产这些商品,它们的价格会很低。所以,有的经济学家就说劳动价值论不能用来解释这些现象,所以劳动价值论是不对的。所以,这些商品的价格是由它们的边际效用来决定的。

第六个悖论:自然资源的价格悖论

我们知道土地的价格常常是非常昂贵的,特别是那些人口密集城市中的土地;自然资源的价格也是非常高的,比如,煤矿的开采权、石油的开采权。但是,我们没有雇人去创造土地、煤矿、石油等。也就是说,这些自然资源并不包含劳动价值,但是它们有很高的价格。

第七个悖论:劳动价值论和利润平均化理论的悖论

在资本主义经济里,投资者追求利润的最大化,其结果是等量资本趋于获得等量的利润。一方面,资本家和投资者都把钱投到利润最高的企业以便获取最大的利润。利润率高的企业可以利用新投入的资本来扩大再生产,随着产品在市场上数量的增加而利润率开始下降。另一方面,资本家和投资者会减少对利润率低的企业的投资,比如出售公司的股票或股份以减少损失。对利润追求的最终结果就是等量资本获得等量利润。也就是,在资本市场上,在同样风险的条件下,等量资本趋于获得等量利润。这就意味着在资本主义经济里,商品的价格是由平均利润率和生产成本等来决定的,这是和劳动价值论相矛盾的。根据马克思的劳动价值论,商品的交换价值(价格)是由它的劳动价值决定的;也就是说,在劳动价值论里,商品的价格是由这个商品含有的劳动量来决定的,而不是由平均利润率和生产成本决定的。显然,由平均利润率决定的商品价格和由劳动价值决定的商品价格在理论上不会是一样的。

1.2　西方经济学理论的悖论

西方经济学的价值理论，也就是边际效用决定价格理论，其也存在着悖论。

第一个悖论：供求曲线决定价格和边际效用价值论的矛盾

微观经济学教科书都是这么描述的，商品的价格由供给和需求来决定。我们可以用图 1.1 来说明。[1]需求曲线决定消费者对商品的需求。

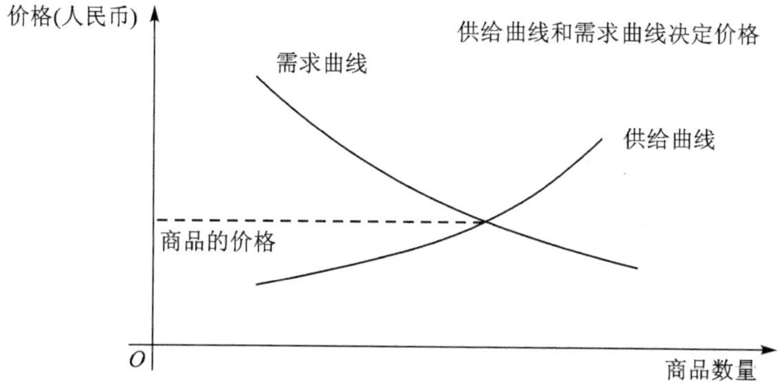

图 1.1　商品的供给和需求曲线

需求曲线是由如下因素决定的，每一种因素的变动都会引起需求曲线的移动：A. 消费者的收入。B. 其他商品的价格。C. 消费者的喜好程度。从这个需求曲线可以看到，在不同的价格上消费者对商品的需求量是不一样的。当商品的价格下跌的时候，消费者对商品的需求量会上升，消费者会消费更多商品；相反，当商品的价格上升时，消费者对商品的需求量会减少。供给曲线决定市场上商品供给的数量，当市场的价格上升的时候，商品的供给数量就相对增加；当商品的价格下降的时候，商品的供给量就相对减少。

商品的供给曲线不是固定的。它受到如下因素的影响，会向左或向右移动：A. 现有的生产商加大马力生产更多的商品。B. 有些企业的劳动生产率比较低。在价格比较低的时候，他们不生产这个商品；当价格提高后，他们有利可图，才参与生产。这样商品的供给会增加。C. 生产原料的价格变动也会引起供给曲线的变动。D. 政府的法律法规也会引起供给曲线的变动。[3-4]

从这里我们看到商品的价格是由供给曲线和需求曲线共同决定的。每个曲线又是由许多相关的因素决定的。消费者的边际效用决定价格的理论与这个结论是有矛盾的。根据上面的供求曲线决定价格的理论，边际效用只是其中的许多因素之一，它不可能决定商品的价格。

根据边际效用理论，商品的边际效用决定价格。效用是商品给消费者带来的满足程度和享受程度。效用越大，消费者享受程度越高，满足程度就越高。物品的价值是应由物品的边际效用来决定的。所谓物品的边际效用，就是用我们所占有的该物品来满足的一切需要中最小的需要。“边际效用会随着消费量的增加而减少，直到消费者满足为止”，这通常也被称为效用递减规律或戈森第一定律。戈森第二定律说，“一个消费者会消费许多商品，并且形成这样一个消费比例，使得每个商品中最后一个单位商品提供的满足相等”。[5]（在后面的章节，会进一步讨论边际效用价值论。）

德国经济学家赫尔曼·海因里希·戈森是边际效用理论的先驱，他于 1854 年出版了《人类交换规律与人类行为准则的发展》一书，在该书第一篇第一章，即“享受的一般规律和经济价值”中，提出了著名的戈森定律。

第一定律：“在任何一种享受中，都有一种主要取决于更经常地或比较经常地重复享受的方式和方法使人们的享受总量最大化。如果达到了最大化，那么，通过更经常地或比较经常地重复享受所得到的享受总量就会减小。”①

第二定律：“人们在多种享受之间自由进行选择。但是，他们的时间不足以充分满足所有的享受。尽管各个享受的绝对量有所差别，但为了使自己的享受总量达到最大化，人们必须在充分满足最大的享受之前，先部分地满足所有的享受，而且要以这样的比例来满足：每一种享受的量在其满足被中断时，保持完全相等。”①

第二个悖论：边际效用理论与等量资本获得等量利润的市场经济现实的矛盾

边际效用价值理论说商品的价格是由这个商品的边际效用来决定的。用数学方法表示：商品的价格＝它的边际效用。

如果我们买了 100 万元某个公司的股票，每年可以赚到利润 9 万元，那么这个利润率就是 9％(9÷100)。人们为了赚到最大的利润，会把钱投到利润最高的企业或行业。这样，这些企业的股票回报率就会下降。另外，企业也会使用这些资本来扩大再生产，当更多的商品被生产出来时，商品的供给就增加了。这会导致商品的价格下降，利润率下降。最终，资本追求最大回报的行为，使得资本的利润率趋于平均利润率。这就是等量资本获得等量利润。

在市场经济里，企业的利润每年都在变化。新的产业、技术、管理、营销等都可能使一个企业的利润高于平均利润。我们很少能看到在现实的市场经济里，所有行业等量资本获得等量利润，这是因为市场、企业是动态的，总有新的产品、技术、管理、营销出现。所以利润平均化的趋势改变着商品的价格。因此，商品的价格不可能只是由消费者的边际效用决定的。

第三个悖论：单一商品价格和许多边际效用的矛盾

每个人的边际效用曲线不同，谁的边际效用曲线决定价格呢？比如，在利润最大化的条件下，猪肉的价格是 30 元 1 公斤，这和消费者边际效用没有关系。表 1.1 表明不同消费者在不同消费量时的边际效用。由于边际效用的递减规律，所以消费的

① 赫尔曼·海因里希·戈森. 人类交换规律与人类行为准则的发展. 2005:15-16.

量越大，边际效用越小。边际效用可以用货币表示。我们无法看到边际效用和市场价格有什么联系。你能从下面的边际效用来推导出这个商品的价格吗？如果边际效用决定价格，那么是胡先生的边际效用决定价格，还是小王的边际效用决定价格呢？

表 1.1　每个消费者有不同的边际效用

消费量/公斤 边际效用/元 消费者	10	9	8	7	6
胡先生	10	11	15	18	20
小王	5	8	14	19	25
老李	20	25	30	35	40

在市场上，商品的价格通常是单一的。而每个消费者都有自己的边际效用。所以，边际效用是不能决定价格的。

第四个悖论：价格曲线和边际效用价值论的矛盾

边际效用和价格曲线可以决定消费者的消费量。请看图 1.2。图中，U_1 代表第一个消费者的边际效用曲线；U_2 代表第二个消费者的边际效用曲线；U_3 代表第三个消费者的边际效用曲线。

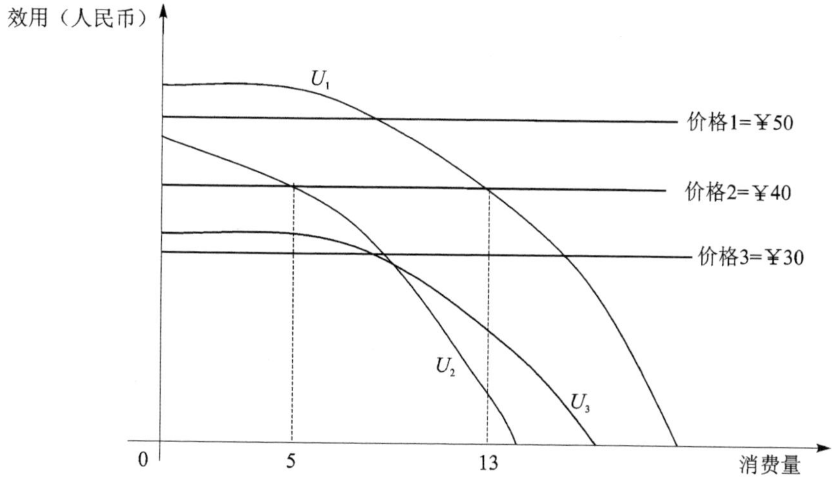

图 1.2　边际效用曲线和价格共同决定消费量

如表 1.2 所列，当价格是￥40 时，第一个消费者会消费 13 个商品。如果他消费第 14 个商品，他的边际效用会低于￥40，也就是说，他的消费成本￥40 会高出他的效用。所以，为了效用的最大化，第一个消费者会只消费 13 个商品。当价格是￥50 时，只有第一个消费者会消费这种商品。

表 1.2　不同消费者的消费数量

类　别	第一个消费者的消费数量	第二个消费者的消费数量	第三个消费者的消费数量
市场价格＝￥40	13	5	0

这是因为，第二个消费者和第三个消费者的边际效用都低于￥50。随着价格的下降，愈来愈多的消费者发现他们愿意消费这种商品。如表 1.3 所列，当价格下降到￥40 时，2 个消费者会消费这种商品。当价格下降到￥30 时，3 个消费者都会消费这种商品。

表 1.3　市场价格和消费人数

市场价格	￥30	￥40	￥50
参与消费的人数	3	2	1

从这个分析，我们可以看出，边际效用不决定消费价格。消费价格和边际效用曲线共同决定消费量。

第五个悖论：价格高的商品常常有更小的边际效用，与边际效用决定价格相矛盾

价格高的商品常常有更小的边际效用，而便宜的商品常常有很高的边际效用。举例说，有一个病人，他需要买一个星期的抗生素。这些抗生素可以挽救他的性命。他用了￥70 买 7 天的抗生素。每天抗生素的价格是￥10。在他服药的这 7 天里，最后一天的抗生素与第一天同样重要。因为，医生告诉他，只有连续服药 7 天，病才可以治愈。只有这样才能杀死所有有害细菌，使它不产生抗药性。所以，抗生素的边际效用是很高的，因为这种药可以挽救生命。

接下来他买了新房住进新家。他又花了￥5 000，买了一张新的床，用来替换那个还可以用的旧床。在这里，我们看到边际效用很高的抗生素药，只要￥10 一天。可是，那张可买可不买的新床，应该只有很少的边际效用，但是却有很高的价格。我们看到，边际效用是不能解释价格的。"价格由边际效用来决定"在逻辑上是讲不通的。边际效用和商品的价格不成正比。

第六个悖论：市场垄断理论和边际效用价值论的矛盾

根据西方经济学，在垄断市场上，垄断者可以决定商品的价格，且商品价格通常高于完美竞争条件下的商品价格。也就是说，商品的价格不是由消费者的边际效用决定的。那么是市场垄断理论正确还是边际效用价值论正确呢？

第七个悖论：不同的价格和相同的边际效用的矛盾

消费者需要一瓶水，其边际效用没有变化。在机场，一瓶饮用水的价格是￥12，在超市价格是￥1。显然，可以看到边际效用不决定商品的价格。某消费者喜欢旅游。边际效用是没有变化的，但是美国的旅游商品价格和中国是不一样的。美国旅游商品价格不会因为你去旅游就下降。如果边际效用价值论是正确的，那么消费者的边际效用就应该决定商品的价格。那么为什么世界上每个地方的商品价格都不一样呢？

第八个悖论：零边际效用和价格不同的午饭

对于许多消费者来说，每顿饭最后一口的效用是很小的，根据边际效用理论，如果边际效用大于零，那么消费者应该继续吃，直到边际效用为零，则饭的价格也应该是零。那么，为什么在北京饭店午饭要￥100 一个人，而在老家肉饼(午饭)价格是￥12 一个人？显然，边际效用在这里是不能决定价格的。

第九个悖论：边际效用的平均值决定价格和无法决定价格的矛盾

除了边际效用决定价格以外，还有一种理论说市场上消费者边际效用的平均值决定价格。

在图 1.3 中，为了简单，假设有 3 个消费者。他们的边际效用曲线分别为 U_1、U_2 和 U_3。

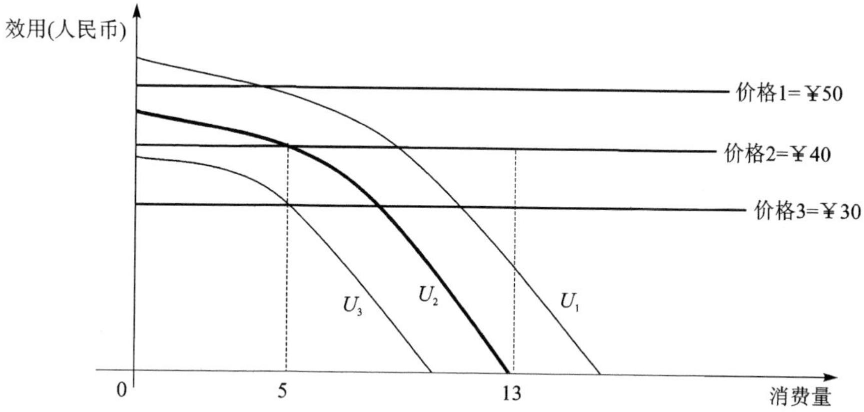

图 1.3　平均边际效用曲线不能决定市场价格

第二个消费者的边际效用曲线是 U_2。进一步假设，这条曲线 U_2 刚好是三个边际效用曲线的平均值。在图中，这条平均边际效用曲线是粗线所示的曲线。如果这条曲线可以决定市场的价格，那么它决定的价格应该是价格 1(￥50)、价格 2(￥40)还是价格 3(￥30)呢？

我们看到平均边际效用曲线也是一条曲线。它不可能决定一个价格，它可以和许多价格曲线相交。

第十个悖论：平均边际效用价值论和价格上涨的矛盾

中国的人均消费量在 1980—2015 年间增加了许多倍。根据边际效用理论，随着消费量的增加，边际效用会逐渐减小。所以，随着中国消费者消费量的增加，中国消费者的边界效用会递减。因为，中国人均消费量在这些商品上急剧上升，比如，鸡蛋、牛奶、猪肉、住房等，所以中国消费者对于这些商品的平均边际效用就会急剧减小。因此，根据平均边际效用价值理论，中国这些商品的价格应该下降。但是，我们看到的实际情况是这些商品的价格在上升。

第十一个悖论:李嘉图的比较优势贸易理论的悖论

根据李嘉图的比较优势贸易理论,[3]国际贸易有利于每个参与国。真是这样的吗?

下面我们来看李嘉图的比较优势贸易理论。表1.4说明了如果英国和葡萄牙各自生产棉花和酒,每个国家需要投入的劳动小时。这个时候没有国际贸易。

表1.4 没有国际贸易的生产配置

没有贸易的资源配置	英 国	葡萄牙	注 释
棉花	10	9	生产一个单位的棉花需要的劳动小时
酒	12	8	生产一个单位的酒需要的劳动小时
对棉花的总需求	100	50	单位(可以是任何单位)
对酒的总需求	50	30	单位(可以是任何单位)
生产棉花需要的劳动力	10×100=1 000	9×50=450	单位:劳动小时
生产酒需要的劳动力	12×50=600	8×30=240	单位:劳动小时
总劳动力的需求	1 600	690	总数是2 290个劳动小时

如果每个国家制造由自己消费的商品,那么两个国家的劳动投入总和是2 290个劳动小时。

根据李嘉图的比较优势贸易理论,英国应该生产它劳动效率比较高的商品。在棉花和酒之间,英国生产棉花的劳动生产率比较高,它需要比较少的劳动小时。如果英国只生产棉花,而葡萄牙只生产酒,那么需要的劳动小时就会减少。我们用表1.5来看一看是不是这样。

表1.5 国际贸易后的生产配置

李嘉图的比较优势贸易	英 国	葡萄牙	注 释
棉花	10	9	生产一个单位的棉花需要的劳动小时
酒	12	8	生产一个单位的酒需要的劳动小时
对棉花的总需求	100	50	单位(可以是任何单位)
对酒的总需求	50	30	单位(可以是任何单位)
生产棉花需要的劳动力	10×150=1 500		英国只生产棉花
生产酒需要的劳动力		8×80=640	葡萄牙只生产酒
总劳动力的需求	1 500	640	总数是2 140个劳动小时

从表1.5中可以看到,李嘉图的比较优势贸易理论是对的。如果每个国家都只生产它有比较优势的商品,那么我们看到总生产成本下降到2 140个劳动小时,比2 290个劳动小时少。

但是,在现实生活中,市场是通过价格来进行资源配置的。资本家为了获得更多的利润,就会尽量降低商品的生产成本。对于资本家来说,它看到的是商品的生产成本(通过会计可以计算出来)。但是,没有人真正知道生产一个商品所需要的劳动小时是多少,或者需要多少个工人。因为在今天的生产里,生产已经社会化了。这样,如果商品的价格不能反映生产它的劳动价值,那么就有可能从会计账目上看,英国的比较优势在于生产酒,而在葡萄牙的会计账面,资本家看到葡萄牙生产棉花的成本最低。所以英国应该只生产酒,而葡萄牙应该只生产棉花。虽然劳动生产率没有变化,仍然是英国需要 10 个劳动小时生产棉花、12 个劳动小时生产酒,葡萄牙的劳动生产率仍然是 9 个劳动小时生产棉花、8 个劳动小时生产酒,但是由于价格的问题,在会计师看来,英国的比较优势应该是生产酒,而葡萄牙应该生产棉花。在这样的价格误导下,他们实际使用的劳动小时总数是 2 310 个小时。比没有国际贸易的时候还要高。所以,没有办法证明在市场经济的条件下,李嘉图的比较优势贸易理论还是正确的。

也就是在市场经济中,李嘉图的比较优势贸易理论并不能保证资源的最佳配置。价格扭曲的生产配置如表 1.6 所列。

表 1.6　价格扭曲的生产配置

在价格误导下的市场资源配置	英　国	葡萄牙	注　释
棉花	10	9	生产每一个单位的棉花需要的劳动小时
酒	12	8	生产每一个单位的酒需要的劳动小时
对棉花的总需求	100	50	单位(可以是任何单位)
对酒的总需求	50	30	单位(可以是任何单位)
生产棉花需要的劳动力		9×(100+50)= 1 350	葡萄牙只生产棉花
生产酒需要的劳动力	12×(50+30)= 960		英国只生产酒
总劳动力的需求	960	1 350	总数是 2 310 个劳动小时

1.3　市场均衡理论的悖论

西方经济学的市场均衡理论认为,在市场价格不断变化的过程中最终达到一个相对稳定的价格,消费者要买的商品数量和商品生产者提供的商品数量相等,那么这个价格就是均衡价格。在完全竞争的市场上,资源得到最佳利用,经济效益达到最大。在《价值理论》一书中,杰拉德・德布鲁(Gerard Debreu)的理论解释了"私有制市场经济的价格是由互相作用的经济人决定的,并且进一步解释了价格在实现经济最佳运行状态这个过程中的作用。"[6]"对一个价格系统来说,最佳状态是均衡状态。"这个理想的完全竞争的市场不包括垄断的市场。生产者卖出所有商品,消费者买到所有商品,并且,买卖是在消费者和生产者都同意、自愿的价格上进行的。

西方主流经济学认为市场经济里有市场失灵。市场失灵是指在自由市场经济里,商品或服务得不到有效的分配,会使得有的市场参与者获得更多的利益,而没有人受到损伤(帕累托效率)。也就是说,如果我们能够发现一个新的资源配置,它可以使有些人的效用改进,而不减少其他人的消费满足程度,那么这个市场就存在市场失灵。市场失灵的原因主要有:① 不完全竞争;② 外部效应;③ 信息不充分;④ 交易成本;⑤ 偏好不合理。

经济学家得出一个重要的结论:均衡价格的存在表明经济资源得到最佳配置。也就是说,市场均衡价格的存在表明经济资源得到最佳配置,经济效益达到最大。

我们通过下面的例子表明均衡价格有时不会带来最佳的资源配置。市场通常是可以实现均衡价格的,但是实现均衡价格的市场不能保证实现经济资源的最佳配置。所以,市场均衡理论,不能够完全解释市场资源的配置问题。

1. 人力资源市场的均衡和资源配置的矛盾

在人力资源市场,市场的价格就是工资。在这个市场里,有很多工人(求职人员)(job seeker、worker、employee),又有很多公司(employer),所以它是一个完全竞争的市场。但是,这个由市场决定的工资并不能完全解决就业问题。我们知道在成熟的资本主义经济里(比如,美国、加拿大、欧盟国家),失业问题是一个长期的和无法解决的问题。根据美国媒体的报道,在 2012 年,美国的实际失业率达到 14.7%。[4]这表明,在完全竞争的人力资源市场,市场均衡不能最有效地支配资源。

2. 医疗市场的均衡和工人无钱医治

在早期的资本主义经济社会里,穷人常常吃不饱饭,也没有钱来看医生,没有基本的医疗保障。在这样的经济系统里,医疗保健市场是达到了均衡。病人是医疗服务的消费者,医生是医疗服务的提供者。在这个市场经济里,有很多病人,又有很多医生。所以,这个市场是完全竞争的市场。按照市场均衡理论,它是可以达到市场均衡的。而这个市场的均衡,就是经济资源的最佳配置。所以,根据市场均衡理论,医疗市场不需要政府干预,可以实现资源最佳配置。

但是,在这样的市场里,有许多没有支付能力的劳动者和贫困人口,他们由于没有支付能力,不能获得基本的医疗服务。所以,这样的医疗市场实际上没有达到资源的最佳配置。因此各国政府才使用政府开支来为穷人提供医疗保健服务。现在,几乎每个国家都有给穷人的医疗服务计划,这就表明市场本身并不能使资源达到最佳配置。而政府需要通过看得见的手,人为干预市场经济,才能更好地配置资源。

3. 教育市场的均衡和它的资源浪费的矛盾

在教育市场里,有许许多多学生,他们是教育服务的消费者。另外,我们看到每个市场经济国家都有许许多多的大学。而学费就是提供教育服务的价格。这个价格是由市场决定的。所以,这是一个完全竞争的市场。按照市场均衡理论,这个市场可以实现供求均衡；而且当这个市场达到均衡的时候，经济资源就得到最佳利用。如果真的是这样，那么为什么每个国家都有各种鼓励教育的经济政策呢？为什么要对高等教育实行政府干预呢？这是因为虽然教育的市场可以达到均衡，但是它达不到资源的最佳配置。所以，几乎每个国家都有某种程度的公立教育，几乎每个政府都把政府财政开支的一部分用于教育。

4. 牛奶市场的均衡和牛奶倒入下水道的矛盾

在1930年，美国处在经济危机的年代。工人们的收入很少，所以他们愿意支付的价格（他们的边际效用曲线）比较低，市场上牛奶的价格下跌很多。牛奶生产商为了减少损失，把牛奶倒入下水道。牛奶的市场是达到均衡了，但是，一方面是贫困的人吃不饱饭，喝不到牛奶；另一方面，生产商把牛奶倒入下水道，为的是能够减少亏损。显而易见，牛奶市场上的价格均衡并没有带来资源的最佳配置。

5. 房地产市场和房地产资源最佳配置的矛盾

房地产市场有众多的开发商与买房者，且房地产价格是市场决定的。房地产市场很接近完全竞争市场。所以根据西方经济学的市场均衡理论，房产资源应该得到最佳配置。我们观察中国的房地产市场，从1990—2015年，房价飞涨。先买到房子或土地的人们可以获得丰厚的利润。越来越多的消费者买不起房子，住不起房子。房地产市场造成贫富分化。在日本，房地产的价格在1980年前后飞涨，最后引起日本的金融危机。当土地或房产成为可以投资的对象时，人们就会想办法购买土地或房产作为投资。在美国，一些投资者，购买农场不是为了务农，而是为了将来可以出售获利。美国、新加坡和香港等国家和地区，政府给穷人建造房屋或提供廉价租房。如果市场本身可以有效解决资源配置，那么政府为何要给穷人提供廉租房呢？显然，这是因为房地产市场不能够有效地配置资源。这里，市场均衡和最佳资源配置是有矛盾的。

6. 竞价汽车牌照的市场均衡和资源最佳配置的矛盾

“上海是全国最早实行私人轿车牌照拍卖方式来控制交通流量的城市。从1994年开始，上海市为控制新增机动车总量、缓解交通拥堵，开始对私车牌照进行市场化配置。”[7]上海实行一种拍卖的方式来发行汽车牌照。消费者为获得汽车的牌照出价，比如出的价钱最高（但是必须低于最高限价）的1 000个人获得汽车牌照。支持此制度的依据是，“在单纯竞价、单纯摇号和组合模式中，单纯竞价方式无疑最有利于将有限的公共资源更多地分配给高效用使用者，从而产生相对较大的社会效益；而单纯摇号在效率实现上则是最不经济的。虽说摇号给予了各个效用阶层均等的获牌机会，但它也最大程度地妨碍了社会资源和稀缺公共物品的有效配置。”[8]

中国大城市为了减少私人汽车带来的交通拥挤，每个城市都有自己的一套方式来限制汽车的数量。根据西方经济学理论，上海的拍卖方式会带来资源的最佳配置。

这是因为，汽车的牌照形成了市场，供求均衡，成交自愿，那么资源就得到最佳配置了。付钱最多的消费者，自然是最需要使用公路的消费者，所以他们得到最多的消费。上海汽车牌照成交价格快速上升，“2002—2013 年间，上海私车牌照拍卖年平均价从 20 956 元一路攀升到 80 163 元，尤其是在 2013 年的前 3 个月，拍卖价格突然飙升，连续突破了 7 万元、8 万元与 9 万元大关，几近失控。”[9]

上海的汽车牌照拍卖管理办法，限制了汽车数量的增加，但是也带来一系列的问题。“为规避高昂的上牌费用，许多中低收入者宁愿承受某些不便而选择到外省市去上牌照。随之出现了为购车者提供上牌、年检、审证等一条龙服务的‘黄牛’，而且已经形成一个几十亿元的灰色产业链。据相关部门统计，到 2012 年底，沪牌私家车总数为 140 多万辆，此外还有 50 多万辆挂着外地牌照。这不仅减少了上海市在相关方面的财政收入，而且增加了交通监管与违章处罚的难度，影响了通过竞拍车牌来缓解交通堵塞问题的效果。”[10]

《上海市城市交通白皮书》2002 年就提出要实行拥挤道路收费的方法来控制交通拥挤。上海市政府通过汽车牌照来限制外地牌照的汽车在市内某些路段及高速路的行驶权。人们希望获得上海汽车牌照，这样他们可以合法地在上海高速路上开车。但是，上海的私家车汽车牌照的管理制度并没有实现最佳的资源配置。

第一，假如一个人在 2003 年购入上海汽车牌照，成交价格为 1.4 万元人民币，假设他在 2013 年在二手汽车牌照市场出售这个汽车牌照，成交价格为 10 万元人民币。那么这个消费者不仅没有因为汽车牌照支付任何成本，而且还可以获得利润。他的汽车牌照的买入价格是 1.4 万元人民币，出售价格是 10 万元人民币，他自己在使用了这个汽车牌照 10 年以后，净收入 8.6 万元(10 万元－1.4 万元)人民币。也就是说，消费者没有为汽车牌照付出成本，因为汽车牌照变成了投资商品。

第二，从 2003—2013 年，中国人均可支配收入的增加率还没有达到每年 10%，我们可以按 10%来计算。那么从 2003—2013 年人均收入的增加率不会超过 159%。也就是说，如果在 2003 年平均收入是￥100，则到 2013 年可以达到￥259。我们看到上海汽车牌照的市场的收益远远高于劳动收入的增加率。这样，人们会尽量购买上海汽车牌照，因为它升值很快。

第三，上海的车牌管理方法使得许多消费者得不到汽车牌照。他们无法满足自己汽车驾驶的消费需求。在这些消费者中，有很多人愿意而且有能力支付与公路造价相适应的费用，但是他们没有机会获得汽车牌照，所以不能购入汽车。但是，我们没有理由说他们对汽车的需求就比别人少。如果我们能够使用另外一种方式管理汽车牌照，那么市政府可以从汽车的使用者那里增加收入，可以用这些收入来改进上海的公共交通，增加或改善地铁、公共汽车、公路等，平衡交通的供求。这样，不是只限制需求数量，而是把有效需求变成增加供给的动力和融资渠道。

第四，每个消费者使用道路的时间、里程不同，对道路拥挤的贡献也不同。但是，他们可能支付了同样的汽车牌照购买费用。如果消费者一旦有了汽车牌照，他可以低成本无限使用道路，他们没有经济动力来减少道路的使用。消费者支付牌照的成本和使用道路的多少没有关系。

第五，上海的车牌管理方法没有解决公路的供给问题，上海仍然缺少足够的普通公路和高速公路。

第六，上海的车牌管理方法不能有效地分配资源。例如：在宁波的公司 D 的陈经理要去上海公司 E 去讨论一笔生意。他开车到上海的边缘，必须把车停下，因为他的汽车牌照不是上海的汽车牌照，不能开上高速公路，也不能进入市内的某些地区。所以，上海的公司 E 专门派出一辆汽车去城市的边缘接这位陈经理。生意做完后，公司 E 专门派出汽车去送陈经理。如果没有汽车牌照的限制，陈经理可以自己开车进入上海公司 E，不需要占用上海公司 E 的车辆和司机。当然，由于道路是有限的资源，所以陈经理可能需要支付使用费。但是对于陈经理，支付公路使用费用是他愿意而且有能力支付的。这个例子说明，上海落后的交通管理系统，实质上降低了经济效益。原来一辆车一个人可以解决的交通问题，现在需要两个人两辆车，还需要占用更多的个人时间。

不仅是上海，中国许多其他城市也采用类似的方式限制汽车牌照。这种方式还引发了腐败。[6-7] 也有经济学家认为拍卖汽车牌照的方式可以提高经济效益[8]。但我们认为拍卖汽车牌照不能有效地配置有限的公共交通资源。“公诉机关指控，2004 年 1 月—2014 年 4 月间，宋建国先后利用其担任北京市公安局通州分局局长、北京市公安局公安交通管理局局长的职务便利，为多人在办理‘京 A’车牌事项上提供帮助，涉嫌收受贿赂折合人民币 2 390 余万元。”[11]

由于西方经济学的缺陷，竟然有经济学家认为拍卖汽车牌照的方式可以提高经济效益。“经济学上将效益定义为把资源配置给最需要同时也具有相应支付意愿的人。在单纯竞价、单纯摇号和组合模式中，单纯竞价方式无疑最有利于将有限的公共资源更多地分配给高效用使用者，从而产生相对较大的社会效益，而单纯摇号在效率实现上则是最不济的”。[12]

所以，通过上面的分析，我们看到拍卖汽车牌照不能有效地支配有限的公共交通资源，如公路、高架路、高速路。而西方经济学误导了中国经济学家，造成社会经济效益下降。

7. 垃圾收集服务的市场均衡和低效率的矛盾

什么是垃圾收集服务市场呢？比如美国独立房(single house)社区。美国地方政府通常不管垃圾服务，所以，居民就需要自己决定雇佣哪一个垃圾公司来提供垃圾服务。垃圾公司的服务内容不尽相同，如每周运输次数，大件垃圾如电视、沙发、装修物件是否收费等。在市场上，通常可以找到 3～5 家垃圾公司。所以，在一个社区里，你可能使用垃圾公司 A，而你的邻居可能使用垃圾公司 B。那么，一个小区使用一个垃圾公司，是否经济效益会更高呢？为什么要让每个家庭自己决定选择使用哪个垃圾公司呢?

问题在于,让每个家庭自己决定选择使用哪个垃圾公司会降低经济效益。比如说,如果一个垃圾公司来到一个社区,只能服务其中的20%的住户,那么,它的垃圾车就会多跑路。因为,只有20%的住户和这个垃圾公司有服务合同。而且,因为每个客户、每个家庭都需要和垃圾公司建立合同,那么交易成本就比较高。如果客户不是一个个家庭,而是一个社区,那么这个交易成本就会很低,而且,消费者(住户)免除了每个月支付垃圾费的烦恼。如果客户是社区,那么垃圾公司的会计成本也会减少。所以多个垃圾公司同时给居住在一个社区的家庭提供垃圾收集服务,并不是一个最有效的经济运行方式。而以一个社区为单位,选择一个垃圾公司则更优。

市场失灵的原因主要有不完全竞争、外部效应、信息不充分、交易成本和偏好不合理等,而垃圾市场并没有这些市场失灵的因素。所以,垃圾的收集服务市场应该是一个可以满足市场均衡理论条件,可以获得资源最佳配置的市场。因此这和市场均衡理论的结论存在矛盾。类似市场还有许多,如家庭割草市场等。从这个例子看到,市场均衡理论不能解释市场的这些悖论,所以市场均衡理论也不可能指导我们实现最佳的资源配置。

第 2 章

目标劳动价值论(经济效益理论)

为了解决前述经济学悖论问题:需要发展一种新的劳动价值论。我们把这个新的劳动价值论称为目标劳动价值论(Objective Oriented Labor Theory of Value)。由于我们的理论旨在解决经济效益问题,所以又把这个理论称为经济效益理论(Theory of Economic Efficiency)。

在这一章里,要回答这样几个问题:传统的劳动价值论试图回答的问题是什么?目标劳动价值论试图回答的问题是什么?经济活动的目的是什么?经济学研究的目的是什么?什么是经济效益?如何定义经济效益?在经济效益理论中,我们需要考虑的唯一资源是什么?

2.1 研究的目的

为什么给这个理论起这样一个名字?以前的劳动价值论的目的是要解释价格是如何决定的,商品的价格就是它的交换价值。亚当·斯密(Adam Smith)指出,即使生活不能没有水,可以没有钻石,但是钻石却非常昂贵,而水很便宜。传统劳动价值论试图回答为什么水比钻石便宜。传统劳动价值论试图回答这样的问题:为什么一头牛比一个斧子贵?为什么一辆家用小轿车比一个小学生的书包贵?是什么因素决定商品的交换价格?而目标劳动价值论要回答的问题是不同的。它直接联系到经济活动的目的和经济学研究的目的。

图 2.1 所示为经济体的劳动投入和产出。

经济活动的目的是什么?对于大部分人来说,是为了满足人们对商品和服务的需要和欲望。在满足了生存物质和服务需要后,人们才会有可能追求其他的更多目的。当然,有一部分人的工作目的是为了权力、地位、名誉或其他目的;也有人是为了更高的追求,如探求科学真理、为了人类的进步、为了改善穷苦人民的生活等。下面,我们进一步讨论商品和服务、需求和欲望等概念。

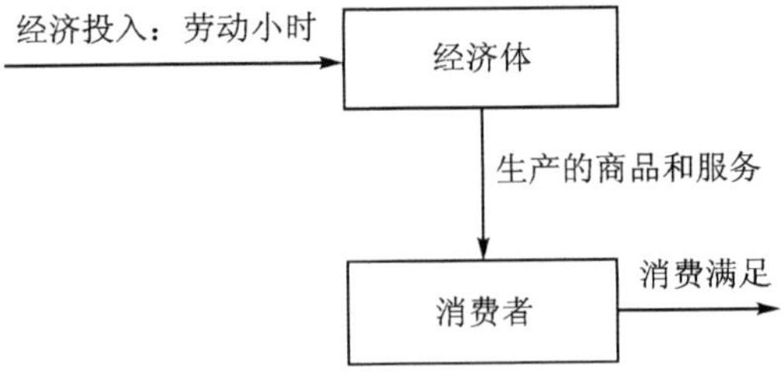

图 2.1　经济体的劳动投入和产出

商品就是我们付钱买的食品、住房、汽车等。服务就是人们生活需要的交通、教育、医疗等。作为消费者，我们希望用最少的投入来获得最大的消费满足。比如，我们希望收入更高，但希望工作时间不要太长或压力太大。用经济学语言说，就是希望在一定的投入下回报更多。这里说的投入，就是每天在一定劳动强度或压力下（或一段时间内的）的劳动小时。回报就是我们的劳动报酬或工资。更进一步考虑到商品价格上涨等因素，我们希望商品价格不要上涨得太快。最终的目的是希望我们的每单位投入（比如每小时的劳动）可以获得更多的商品和服务；换句话说，希望有更高的经济效益。所以，经济学家要解决的一个基本的经济学问题就是如何提高经济效益。其目的就是希望用比较少的劳动投入来获取最大的产出，其最终目的是为了更好地满足消费者对物质（商品）和服务的需求。对个人是这样，对一个经济体也是这样。为了使每个消费者的欲望和满足感达到最大化，必须提高整个经济体的经济效益。所以，经济学家应该研究的一个基本问题是如何实现经济效益的最大化，是在宏观的层面上，使经济体能够在最佳经济效益的状态下运行。由于我们研究的主题是经济效益，所以，我们又把这个理论称为经济效益理论。而目标劳动价值论是经济效益理论的基础。目标劳动价值论的目标就是提高整个国家的经济效益。为了这个目标而建立的劳动价值论就是目标劳动价值论。那么我们如何衡量经济效益呢？

2.2　经济效益的讨论

主流经济学（西方经济学）里对经济效益有哪些定义和衡量的办法呢？

1. 产出的最大化不能用来衡量经济效益

在西方经济学（主流经济学）里，经济效益通常是指在给定资源的条件下，生产出最大数量的商品或服务。一个经济系统是否比另一个经济系统更有效，要看它是否可以在给定资源条件下生产出更多的商品或服务。

在主流经济学的定义里，经济资源包括所有用于生产的因素，如生产工具（机器、厂房）、原材料、能源（电、煤、气等）、土地、人工、技术等。

主流经济学追求的目标是生产出最大数量的商品或服务。这个主流经济学的定义是否可以表示我们讲的经济效益呢？让我们想象有一个经济体，它生产两种产品：

稻谷(大米)、麦子(面粉)。假设在给定的投入下,稻谷的产量是麦子的 2 倍。那么为了实现最大的经济效益,我们就只生产稻谷。假设没有国际贸易,这样,在这个经济体里,我们达到了最大的产出量。但是从事经济活动的目的是为了满足消费者的欲望,这个市场如果只生产大米,不生产面粉,那么我们就没有办法满足消费者对面食的消费欲望。不生产面粉就意味着我们不能最大限度地满足消费者的需求,或者说我们没能使消费者的效用最大化。所以,仅仅使经济的产出达到最大化是不够的,因为我们的最终目的是为了消费者得到最大的满足,显然这种经济效益不是我们要追求的。

所以,我们不应以最大产出为目的,而应该是总效用最大。因为生产最大数量的商品和服务的目的是为了满足人们不断增长的对物质和服务的需求。这就是西方经济学关于经济效益定义的第一个问题。也就是产出的最大化不应该是经济活动追求的目标。所以,西方经济学定义的经济效益显然不应该成为我们的追求对象。我们不应该追求产出的最大化。所以西方经济学的经济效益概念不能服务于我们的研究目的。

2. 帕累托最优条件

① 帕累托最优条件就是不可能通过资源的重新配置或者进一步的自由交换,达到改善某些人的利益,而不使任何其他人的利益受损的一种经济状态。

② 在不增加投入的条件下,不可能实现额外的产出。

③ 产出的成本已经达到最低值。产出的成本已经不可能再低了。

首先,为什么帕累托最优条件(Pareto Efficient)的定义不能帮助我们研究经济效益呢?虽然可以用它解决很多工程项目的评价问题,但我们需要决定的是能不能用帕累托最优条件的定义来研究经济效益。帕累托最优条件是一个在项目评估等领域获得广泛应用的定义。

(1) 帕累托最优条件的第一条

举例说,我们要衡量香港经济的经济效益。我们假设在 1950 年和 2020 年香港的经济都满足帕累托最优条件的要求,但是从帕累托最优条件,我们无法知道哪一年的经济效益更高。帕累托最优条件本身并不衡量经济效益。这是由于经济效益的提高主要不是通过消费品的再分配而实现的。经济效益的提高主要靠的是劳动生产率的提高,也就是要通过提高每单位投入(劳动小时)的产出来实现。

比如,一个国家从封建社会进入到资本主义社会,社会生产力和经济效益获得巨大的提高。但这种经济效益的提高并不满足帕累托最优条件。因为资本主义社会废除了封建的土地制度,所以有很多封建社会的上层人物和地主阶级失去了土地。这种社会经济进步不满足不使任何其他人受损失的条件。所以帕累托最优条件不能用来衡量经济效益的提高。

帕累托最优条件的定义不能帮助我们衡量经济效益。因为,人们的经济活动多多少少会给其他消费者带来影响。大多数经济改革都会给某些人带来利益而可能损害其他人的利益。我们都知道李嘉图比较优势贸易理论，根据这个理论，如果几个国家形成一个贸易组织，然后每个国家都降低关税，那么国家贸易就会逐渐增加，经济效益就会提高，每个国家都会获得经济利益。但是这不符合帕累托最优条件。因为进口的商品会冲击或占有国内市场，导致某些企业倒闭。例如，因美国的关税比较低，在1990年前，日本的钢铁冲击美国的钢铁市场，之后中国的钢铁也进入美国，最终致使美国钢铁企业倒闭。所以，按照帕累托最优条件来衡量经济，无法知道效益是否达到最大，也没有办法知道经济效益是否比以前获得提高。如果用帕累托最优条件来衡量经济政策，那么几乎不能发现一个符合帕累托最优条件的经济政策。按照帕累托最优条件，国际贸易不是一个最优的经济政策。所以，我们就不应该和其他国家做国际贸易。

再看看就业市场。假如一个经济体在2000年有20%的失业率，因为我们没有可能改变资源配置使一部分人获利而不损害另外一部分人，所以这个劳动力市场满足帕累托最优条件。在2010年这个经济体有2%的失业率，它也同样满足帕累托最优条件。但是，我们知道2%的失业率显然是比20%的失业率有更好的资源配置。但是在我们使用帕累托最优条件的时候，它没有办法告诉我们哪一个是更好的、更有经济效益的资源配置。

(2) 帕累托最优条件的第二条

在不增加投入的条件下不可能实现额外的产出。我们是否可以使用这一条来衡量经济效益呢？在资本主义社会，工业获得巨大的发展，所以虽然它的产出提高很多，但是它也使用了更多的投入。所以，这也不符合帕累托最优条件的第二条(通常，在不增加投入的条件下不可能实现额外的产出)。

可以想象有一个企业，它每天生产100双鞋，在不增加投入的条件下，它已经无法生产更多的鞋了。所以它符合帕累托最优条件的第二条。但这个企业如果引进更先进的机器或方法，那么它可以每天生产2 000双鞋。如果按照帕累托最优条件的第二条来衡量经济效益，那么这个企业已经达到了最好的经济效益，所以，它不应该使用更先进的机器来提高劳动生产率。显然，这样的经济效益定义不能衡量社会经济的进步，我们不能使用这样的定义(在不增加投入的条件下不可能实现额外的产出)来衡量经济效益。

(3) 帕累托最优条件的第三条

产出的成本已经达到最低值。这一条也不能衡量一个经济系统的经济效益。假如，新加坡和中国香港这两个经济系统，在2010年都满足帕累托最优条件的第三条。那哪个经济系统的经济效益更高呢？所以，帕累托的最优条件不能帮助我们决定或衡量经济效益。

3. 节省自然资源和经济效益

西方经济学认为经济资源包括用于生产的所有资源。那么我们是否能够以衡量资源的使用或节省来决定经济效益呢？

让我们来做这样一个思想实验。假设有两个国家，也就是两个经济体。让我们称它为 A 国和 B 国(见表 2.1)。

表 2.1　不同资源消耗的两个国家对比

类　别	A　国	B　国
人均 GDP/万元	¥100	¥10
经济产出	多	少
经济资源投入(不包括劳动力)	多，是 B 国的 20 倍	少，只有 A 国的 1/20
劳动力(投入的劳动小时)	500 亿	500 亿

A 国和 B 国有一样多的劳动力，每年 A 国和 B 国的劳动投入是一样的，比如都是 500 亿工作小时。A 国使用更多的资源，但是它的人均 GDP 很高。而 B 国使用较少的资源，它的产出和人均 GDP 都比较低。A 国是比较发达的国家，它消费的能源、木材、金属材料等是 B 国的几十倍。按照西方经济学的经济效益概念，A 国不一定比 B 国更有经济效益，因为它(A 国)虽然劳动投入没有 B 国多，但是它(A 国)的经济资源投入大大增加。A 国耗费了更多的资源，所以 A 国的经济效益低于 B 国。所以，根据西方主流经济学的定义，不要追求高产出和高收入，因为它需要使用更多的经济资源。但是，经济的现实是为了改善生活，我们会努力提供更多市场需要的商品和服务来满足人们的需求，这自然会消耗更多的资源。

而今世界上，A 国的高收入、高消费生活方式正是大多数人所追求的，吸引着一批批来自相对落后国家的移民。为了代表大多数人民对物质和财富的追求，我们应该得到的结论是 A 国比 B 国具有更高的经济效益。所以，当我们研究经济效益理论的时候，西方经济学的经济效益概念是不能帮助我们衡量经济效益的。通过这个例子可以看到，我们需要考虑的唯一经济资源就是劳动投入，也就是劳动价值。

4. 消费和欲望

消费者的需求和欲望可以有很多种，而且是不断变化的。需求和欲望本身不违法，但是满足这些欲望的行为可能合法，也可能非法，如吸毒、偷窃等。经济效益理论要研究的需求和欲望是经济生活里合法商品和服务可以满足的那些需求和欲望。消费者的欲望受到很多因素的影响，比如广告。国家有必要对不健康的、有害的消费实行限制，如香烟。在现今健康新潮流里，有的医生提议限制白糖、软饮料、奶酪的消费。国家有很多方法可以实现限制或阻止这类商品的消费，如实行销售许可证制度。在美国许多州，出售酒必须要有销售许可证，每年每个商店要付 8 万美元来维持这个许可证。政府也可以利用税收来阻止消费，如美国对香烟收取很高的税，并且禁止香烟广告，且烟草企业必须花一定的钱来宣传戒烟。在一个理想社会里，国家应该利用媒体、宣传机构来促进好的和健康的消费习惯。所以，我们要实现最大限度地满足消费者对物质和服务的需求和欲望，这里的欲望和需求是指符合法律和道德规范的、社会可以接受的欲望和需求。

消费也可分为主动消费和被动消费。如果你在商店里买一辆你喜欢的自行车，这是主动消费。当你骑自行车的时候，吸进被污染的空气，这就是被动消费。

2.3 经济效益的定义

前面我们讨论了经济效益，那如何定义经济效益呢？在目标经济学里，经济效益的定义不同于主流经济学。

在经济效益理论中，经济效益是指在给定资源的条件下，生产更多的消费者需要的商品或服务，以便达到最大的总效用或最大的满足。一个经济系统是否比另外的经济系统更有效，要看这个经济体是否可以生产更多的消费者需要的商品或服务，并且可以达到更大的总效用，而不需要利用更多的资源和劳动投入。我们可以用下面的公式来代表。

经济效益＝一个经济系统的总的最终产出所产生的总效用/总投入劳动价值小时

$$经济效益=总效用/总劳动投入$$

可以表达成：

$$总效用=F(X_1,X_2,\cdots,X_i,\cdots)$$

在这个公式里，总效用是消费商品或服务数量的函数 F。其中，i：第 i 种商品；X_i：第 i 种商品的消费量。简单地说，消费的商品和服务的数量越大，总效用就越大。经济效益就是平均每小时的劳动投入所产生的消费者效用。

下面，对这个定义里的主要概念作进一步讨论。

这里有几点需要解释。

① 资源是指劳动价值，而不包括其他资源。其不包括自然资源、资本、机器、能源等。这一点与主流经济学的定义完全不同。在主流经济学里，经济资源指自然资源、资本、机器、能源、劳动力等，一切可用于生产的要素都是资源。

② 给定经济资源是指在一个经济系统内的可以利用的资源。比如说，中国现有的劳动力在一年里可以提供的劳动小时数。当然，如果一个经济体不能使得所有的劳动力就业，那么这个经济体的经济效益就会下降，因为失业会使这个经济体少生产，消费者需要的商品和服务就会减少，其结果就是总效用相对减小。

西方经济学强调经济资源是稀缺的，认为劳动力是稀缺的资源。但是事实上，几乎没有经济系统可以实现100%的就业率。因此，人力资源不是稀缺的资源，尽管特殊技能的人才、创业人才、科学人才、管理人才可能是稀缺的。

什么是社会和消费者需要的商品或服务呢？我们必须考虑社会和消费者不需要

的产出。来看一下这个例子。假如有一个化工公司，它每生产 1 000 公斤的人造纤维，就会产出 500 公斤的有害物质。假设这 1 000 公斤人造纤维需要用 800 个劳动小时来生产；500 公斤有害物质需要用 300 个劳动小时来转换成无害物质并妥善处理掉。所有非直接劳动资源，如机器、能源、原材料等，都转换成劳动小时来考虑。从整个经济系统的角度来看，生产 1 000 公斤人造纤维使用了 1 100 个劳动小时，而不是800 个劳动小时。因为，我们要考虑处理有害物质的资源消耗，也就是 300 个劳动小时(见表 2.2)。

表 2.2　劳动价值包括处理污染

类　别	经济活动	劳动小时/个
1.	生产 1 000 公斤人造纤维	800
2.	处理 500 公斤有害物质	300
3.	总小时数	1 100

在经济效益理论中，我们关心的一个重要问题是，在市场经济里，每个人为了自己的利益工作或从事经济活动，那如何使得每个人追求私利的经济活动，同时可以使这个社会的经济效益达到最大呢?

假如你是一个生产商，你有两种能源可以利用，电或者燃油，那么你会选择用电还是燃油? 也许你不会在意哪一种选择有益于整个经济社会，或者说你不会在意哪一种选择会有助于整个经济效益达到最大。假如其他条件一样，你会选择成本最低的能源。因为只有这样，你才可以实现利润最大化。对大多数生产商来说，实现利润最大化是商业运行的目的。

从经济学的角度看，我们更关心的是以利润最大化为基础的商业行为是否可以实现经济效益的最大化。在什么条件下，市场经济中的商业行为可以实现经济效益的最大化以及怎样使市场经济实现经济效益最大化呢?

总的最终产出是指一个经济系统生产出来的消费品或服务。最终产出不包括机器、半成品、工业用能源等。最终产出或最终商品或最终消费品只包括用于最终消费的服务和商品。有时同一个商品，它可能既是最终消费品又是生产资料，比如说电、汽油、小轿车、火车。当这些商品被用来从事生产活动时，它们就不是最终产出的消费品。那么，我们如何来计算最终消费品的数量呢? 假如，有一辆小卡车，80%的时间用作生产资料，20%的时间用于家庭消费。那么，我们说 0.8 辆小卡车是生产资料，0.2 辆小卡车是最终消费品。所以，这从概念上和理论上是没有问题的。

投入劳动小时是指用来生产商品和服务的社会必要劳动小时。如果只考虑劳动小时作为一个经济系统的投入，那么怎样来处理资本、机器、能源、原材料等生产要素呢? 资本是用来买机器、能源、原材料和劳动力的钱。有了这些东西，企业才可以生产出商品。但是在经济效益的公式里，没有直接包括这些。在这个经济效益理论中，资本、机器、能源、原材料等只是劳动小时的不同形式。既然人类经济活动的目的是为了能够满足人类对物品和服务的需求，并且使用最小的劳动投入，那么资本、机器、能源、原材料等其他形式的生产投入只是劳动产物的不同形式。因此，它们只是过去劳动的不同表现形式。

效用是衡量消费者使用商品时这个商品所带来的满足程度。总效用是所有消费者效用的总和。在后面的章节里会进一步讲解效用。

第 3 章

经济效益理论的劳动价值

3.1 劳动小时的可比性问题

经济效益就是平均每小时的劳动投入所产生的消费者效用。

提高经济效益的目的是要提高平均每个劳动小时所生产的效用(消费满足)。如果每个劳动者的劳动投入是不一样的,那么就无法计算出总投入劳动价值小时。如何解决劳动小时的可比性问题呢?我们可以用下面的例子来说明。

(1) 教育或技术培训的差异

比如,陈老师通过 22 年的学习获得博士学位,孙师傅高中毕业后就当装修师傅。如果有人说陈老师 1 小时的劳动等于孙师傅 1 小时的劳动,那我们会觉得这样似乎不公正,陈老师的 1 小时劳动应该比孙师傅 1 小时的劳动更有价值。因为陈老师学习了更长的年份,付出了更多的辛劳。

(2) 经验、生产技术和熟练程度

不论是工业生产、软件开发、科学实验、工程设计还是商业管理,工作人员的经验、技术和熟练程度对他们的劳动生产率都有很大的影响。有经验的工人能够在 1 小时里生产出质量更高、数量更多的产品。有经验的、技术熟练的软件开发人员可以比没有技术和经验的软件开发人员拥有更高的劳动生产率。所以,没有经验的工人和有经验的工人的每个劳动小时的劳动不应该是一样的;也就是,应该有不同的劳动价值。所以,经验、生产技术和熟练程度应该使得他们的劳动小时具有不同的劳动价值。有经验的、劳动效率更高的劳动力,其每个小时的劳动就应该代表更多的劳动价值小时,因而获得的劳动收入应该更高。

(3) 体力不同

有些工作需要体力和力量。体力强的工人会有更高的劳动生产率,他们可以比体力弱的工人生产出更多的产品。

对于不同职位，简单劳动和复杂劳动等，都会有类似的问题。

3.2 马克思的劳动价值论和目标劳动价值论的差异

本书的劳动价值理论与马克思的劳动价值论有何不同呢？我们有必要解释本书要讨论和发展的劳动价值论与马克思的劳动价值论有何异同。[13-15]

在劳动价值论的历史上，早期有影响的经济学家是英国的亚当·斯密、李嘉图及威廉·汤普逊等。德国的马克思发展了劳动价值论，并且创立了他的剩余价值学说。马克思的劳动价值论强调劳动是决定商品交换的因素，指出耗费劳动是决定商品价值的唯一因素，并且提出劳动是分配财富的唯一的正当伦理依据。

本书讨论的新劳动价值论与马克思的劳动价值论有相同之点，也有不同之处。为了便于讨论，我们给新的劳动价值论命名为“目标劳动价值论”，以便于区别马克思的劳动价值论。

表3.1列出了这两种劳动价值论的不同。我们注意到这两种劳动价值论要回答的问题不同，得出的答案也不同。那么目标价值论是如何建立的呢？如何获得其结论的呢？这些问题我们会在后面的章节讨论。

表3.1 劳动价值论比较

类　别	马克思的劳动价值论	目标劳动价值论(经济效益理论)
试图解答的问题或解决的问题	商品的交换价格是由什么决定的？是什么最终决定商品的价格	在经济效益的定义里，我们用到总投入劳动价值小时。如何解决不同劳动者一个小时劳动投入的可比性问题？如何把每个人的社会劳动转换成劳动价值？商品的劳动价值应该是多少才能实现最大经济效益
问题的实例	为什么100个钉子的价钱和1个灯泡一样？为什么1台手提电脑的价钱比1支铅笔贵	为了实现最大经济效益，1台手提电脑的劳动价值应该是多少，1支铅笔的劳动价值应该是多少
对劳动价值的定义	商品的价值由生产这个商品的社会必要劳动时间决定，劳动是价值的唯一源泉	为了实现最大经济效益，可再生产商品的价值应该由生产这个商品的社会必要劳动时间决定
价值和价格	商品的价格围绕着商品的价值自主运动。商品的价值是均衡价格，也就是说商品的价值决定价格	有效市场是完全竞争的市场；它的商品是可再生产的商品。在有效市场，可以利用市场机制(看不见的手)来实现商品的等价交换。商品的价格围绕着商品的价值自主运动，也就是，商品的价值决定价格。商品的价值是均衡价格。在商品的无效市场，商品的价格不会趋于价值而运动。在无效市场，商品的价值不决定商品的价格

续表 3.1

类　别	马克思的劳动价值论	目标劳动价值论(经济效益理论)
商品的价值属性	商品的价值与劳动生产率成反比,劳动生产率越高,商品的价值越低。劳动是决定商品价值的唯一因素。其他生产要素不是商品的价值源泉	可再生产商品的价值与劳动生产率成反比,劳动生产率越高,商品的价值越低。对于不可再生产出来的商品,劳动不是决定商品价值的唯一因素。其他生产要素也可以成为商品的价值源泉
商品交换	商品在市场上按等价交换的原则进行交换	商品在市场上应该按等价(相等的价值)交换的原则进行,其目的是为了实现最大的经济效益。为了实现等价交换,政府应该管理市场。政府可以通过法律、政策来调节市场
分析对象,或适用对象	资本主义社会的市场经济	任何市场经济
基本矛盾	生产资料的私人占有和社会化大生产的矛盾	资本的利益和经济效益最大化的矛盾
结论	劳动是决定商品交换的因素;指出社会必要劳动是决定商品价值的唯一因素;并且提出劳动是分配财富的唯一的正当伦理依据	经济效益理论的第一定律:商品必须按等价交换的原则来进行交换,只有这样才有可能实现最大的经济效益
间接结论	剩余价值理论。资本家无偿占有工人的劳动	经济效益理论包括:最佳利息率理论、最佳利润率理论、最佳兑换率、充分就业理论等。为了实现最佳经济效益,必须有利润
应用	资本主义经济体系有不可解决的矛盾,资本主义会被更高的社会形态所取代	使用经济效益理论可以大幅度地改善经济效益,使劳动力达到充分就业,提高经济发展速度和质量

3.3　劳动价值

为了使得劳动投入有可比性,我们引入劳动价值的概念。劳动价值是平均社会必要劳动时间,我们通常用劳动小时来衡量。它包括下面讨论的一些特性。前面讲到为了提高经济效益,需要使平均每个劳动小时的劳动投入产生最大的效用。那么,如何来衡量劳动投入?劳动价值又是什么?[16]这个概念比较复杂。

1. 劳动价值是指生产商品或提供服务所用的劳动时间

我们用小时来衡量劳动价值。但是,即便是两个受到同样教育和培训的工人,在做同样工作的时候,他们的速度也是不一样的。比如说,老张和老王生产同样的鞋子,老张生产的速度比老王快。那么我们如何衡量鞋子的劳动价值呢?在一个经济体里，可能有几百、几千个工人。那么，按谁的劳动速度来计算劳动价值呢？在这里，劳动价值是指平均的劳动小时，既不是最快的工人所用的时间，也不是最慢的工人所用的时间。假如，生产某种鞋子平均需要6个小时，那么6个小时就是这种鞋子的劳动价值。劳动价值是不断变化的，随着劳动生产率的提高，一个产品的劳动价值会不断减小。一个商品的劳动价值的减小，通常会导致它价格的下降。

让我们分析一个具体商品的经济效益，以便解释为什么我们用平均的劳动小时的概念。在研究每一个具体的商品的时候，我们会使用平均劳动小时。生产某个商品所需要的平均劳动小时可以用来衡量生产这个商品的效益。假如有这样两个国家，生产质量和规格一样的鞋子，则基于劳动价值的经济效益比较如表3.2所列。

表3.2　基于劳动价值的经济效益比较

类　别	生产一双鞋子所需平均劳动小时	生产鞋子的经济效益	经济效益
国家A	10	1÷10=0.1	低
国家B	6	1÷6=0.16	高

表3.2是用生产某个商品的平均劳动小时来衡量它的经济效益的。

$$\text{生产商品的经济效益}=\frac{1}{\text{生产某个商品使用的平均劳动小时}}$$

所以，为了提高生产商品的经济效益，就要减少生产这个商品使用的平均劳动小时。比如在工业或农业的生产中，人们会通过使用机器、科学地组织生产等各种手段来提高劳动生产率。我们需要使用平均劳动小时来定义劳动价值，因为我们的目的是要衡量生产商品的经济效益，也就是需要知道平均付出多少劳动才能生产出一双鞋、一件商品。这样我们才能比较两种生产条件下哪一种生产方式的效率更高。

我们也可用平均劳动小时的倍数作为劳动价值来比较和衡量生产某个商品的经济效益（也可以称之为劳动生产率）。比如如果我们无法知道生产鞋子使用的平均劳动小时，但我们知道平均劳动小时的倍数，那么仍然可以计算、分析、比较经济效益。

$$\text{平均劳动小时的倍数}=\text{平均劳动小时}\times K$$

式中，K是一个常数。如果$K=2$，那么就有如表3.3所列的比较经济效益。

表3.3　比较经济效益

类　别	生产一双鞋子所需平均劳动小时的倍数	生产鞋子的经济效益	经济效益
国家A	20	1÷20=0.05	低
国家B	12	1÷12=0.083	高

2. 社会必要劳动时间

社会必要劳动中的“社会”，是指这个劳动时间是为了社会或其他消费者来进行的生产。如果生产粮食只为了自己家食用，那么生产粮食的劳动就不是社会劳动。

社会必要劳动时间这个词中的“必要”是指这个劳动是必要的。比如如果5个小时可以生产1双鞋，但是你在其中用了1个小时去上网玩儿，那么这个上网玩儿的1个小时就不是必要的劳动。必要劳动时间也就是在正常的工作强度下，生产某个商品必须要用的劳动小时。

为什么劳动价值是指社会必要劳动时间呢？我们的研究目的是使经济活动以最大经济效益运行。经济效益是指在给定资源的条件下，生产更多的消费者需要的商品或服务，以便达到最大的总效用。一个经济系统是否比另外的经济系统更有效，要看这个经济体在给定的劳动资源投入下，是否可以生产更多的消费者需要的商品或服务，并可以达到更大的总效用。我们要研究的是当每个人都消费他人生产的商品和服务时，如何实现最大的经济效益。也就是说，给自己提供商品和服务的经济活动不在我们研究的范围里。原因是：① 传统的劳动价值论是用来解释交换价值的，而交换价值就是商品的价格。当我们为自己生产用品时，这些用品没有表现为交换价值。因为，我们不用给自己付钱来购买这些自己生产的产品或服务。所以，既然这些物品没有表现为交换价格，那么就可以不考虑它的劳动价值。② 当我们统计一个国家的产出时，通常使用GDP，用货币作为计量单位。如果当我们要计算一个国家总产出时还要包括自己生产的物品，那么这种统计将是十分复杂和困难的。为了简化研究，通常不考虑为自己生产的服务或物品。

3. 劳动价值的定义

劳动价值是指在生产某种商品或提供某种服务时，平均的工作环境条件下的劳动小时。这个工作环境包括工作压力、劳动强度、卫生条件、危险性等。比如，有3个软件公司A、B和C。对于软件工程师们来说，公司A的工作环境最好，工作压力也比较小；公司C的工作环境最不好，工作压力大，劳动强度大；而公司B处于两者之间，它的工作环境代表着平均的水平。在高强度的工作环境下，软件工程师们会要求有更多的薪水。所以，高强度下的1小时劳动比平均劳动强度下的1小时劳动具有更多的劳动价值。在现实生活中，每一种工作都具有它自己特有的工作环境、工作压力、劳动强度。比如说，在平均的工作环境下，某一种工作平均每小时的收入是￥10。每个劳动小时的投入是1小时的劳动价值。在比较艰苦的工作环境下，这种工作平均每小时的收入是￥15。那么，在比较艰苦的工作环境下，每个小时的劳动价值就应该是多于1个劳动价值小时。我们使用平均的工作环境条件来决定劳动价值。

(1) 劳动价值是按基础的教育水平来衡量的

假如，在中国，每个劳动力都具有高中的文化水平和工作技能，那么，我们可以用这个文化水平或技能来衡量劳动价值。这样具有高中的文化水平和工作技能的工人的平均1小时的劳动价值是1个劳动价值小时。大学毕业的工作人员的平均1小时的劳动价值应该是比1个劳动价值小时更多。比如，具有高中文化水平和工作技能的工人，人均收入是每小时劳动￥10，而大学毕业的每小时平均收入应该比￥10多。

那么，大学毕业的工作人员的平均收入应该是高中毕业的工人的多少倍？1.5倍，还是2.5倍？对于这个问题，我们会用专门一章来讨论。在那里，讨论最大经济效益的教育理论，即一个经济体应该提供多少教育机会才能使经济效益最大。

那么，我们为什么不用大学毕业人群的劳动投入作为劳动价值的衡量基准呢？由于不同教育人群（工人）的平均收入水平的比值相对稳定，所以，原则上说，也可以用大学毕业的人群的劳动投入作为劳动价值的衡量基准。但是，仅仅为了方便讨论，我们用高中文化水平和工作技能作为劳动价值衡量的基准。

(2) 劳动价值是指已经实现和即将实现的社会劳动

实现的社会劳动是指这个劳动所生产的商品或服务已经被买或已经被消费。假如，有一个人生产了100件衣服，但是市场上没有人买，最后他不得不处理掉。那么，为生产这100件衣服所用的劳动时间就不是劳动价值。社会或消费者需要的商品或服务中也不包括这100件衣服。

社会不需要的劳动没有价值，因为它没有通过交换来体现它的价值。在一个社会化的商品经济中，只有被别人买了的商品或服务才对社会的总效用有贡献。而不被消费者消费的商品，不会对社会的总效用有贡献。所以，这样的产品不具有劳动价值，生产这些产品的劳动小时也就不是劳动价值小时。

(3) 为什么只把人的劳动看作经济资源

生产中除了劳动投入还有其他投入，比如能源、原材料、机器等。为什么在经济效益理论中，不把自然资源、能源、机器看作经济资源，而只把人的劳动看作经济资源呢？人类从事经济活动的唯一目的是为了人类的消费。生产商品（产品）或服务的目的只有一个，就是满足消费者不断增长的对物质和服务的需求。我们的目标就是使一个经济系统生产出更多的产品或服务，以便最大限度地满足消费者对商品和服务的需求。在这里，产品是生产出来的东西（货物）。如果产品是为了在市场上出售，那么它便成了商品。

经济学研究者的目的就是通过调整市场经济使其实现效益的最大化，也就是实现劳动产出的最大化，以便产生最大的社会效益。当比较哪个国家的人民更富有的时候，我们使用人均GDP。虽然中国GDP很高，但人均GDP很低，所以它还不是富国。

一个经济系统如同一个盒子，我们向里面送进劳动小时，然后从这个盒子里得到商品或服务。对我们的每一小时工作，我们都希望能得到最多的收入、商品或服务。这样，最好的经济系统是对平均的每一小时的工作投入，它能生产出最大数量的商品或服务，而这些商品或服务可以使消费者效用达到最大。我们要研究的对象是经济效益，因此，我们把劳动小时（劳动价值）当作要考虑的唯一经济投入或唯一的经济资源。

(4) 其他生产要素

如何对待其他生产要素？比如，自然资源、能源、机器、资本、原材料等。这些生产要素凝聚着过去劳动的价值。所以，我们把它们看作劳动价值的不同形式。如，有一个发电机公司，它今年使用了 1 000 吨的钢材，这 1 000 吨钢材是去年生产的，使用了平均 8 000 个劳动小时，那么这 8 000 个劳动小时的劳动价值，就转移到发电机公司的产品(电机)中。

这里隐含一个公理，(在其他条件一样的情况下)过去的劳动和今天的劳动具有同样的劳动价值，如果 100 年前，我们用 3 个劳动价值小时生产 1 瓶酒，那么今天，这瓶酒的价值仍然是 3 个劳动价值小时。

(5) 目标劳动价值论的适用范围

至此，我们解决了大批量生产的商品、服务有关的问题，如我们通常消费的鞋子、自行车、汽车、桌子、房子，以及交通服务、医疗服务、电影等娱乐、通信等消费。普通消费者消费的几乎所有商品和服务都是现代市场经济可以大量生产和提供的。可以再生产和大量生产的商品或服务就是目标价值论的适用范围。而不能大量生产的商品、服务不包括在我们的劳动价值理论中。科学知识是不能大量生产出来的，如爱因斯坦提出的相对论。所以，对如何提高生产科学知识的效益不在我们计划研究的范围内。

(6) 等量劳动获得等量报酬

假如有 2 个劳动者老李和老陈。他们每个小时的劳动价值是标准的 1 个劳动价值小时。那么，他们每个劳动价值小时的收入应该是一样的。在这里，假定时间、空间等因素是一样的。① 我们信奉人人平等。② 剥削或无偿占有他人的劳动在道德上是不能接受的。因此我们没有理由来使得他们的劳动收入不同。当然在现实经济社会里，同样的工作，收入可能不尽相同。③ 等量劳动获得等量收入。从经济效益的角度看，我们需要等量劳动获得等量收入。后面会进一步讨论这个问题。

3.4　劳动价值是衡量劳动投入的标准单位

通过前面的讨论，可以看到不同的劳动在理论上可以抽象地成为一个可以比较的劳动价值。利用这样的劳动价值或劳动价值小时，就可以来衡量社会资源在平均的意义上资源使用的多少。虽然每个人 1 小时的社会劳动代表不同劳动价值小时，但当我们把每个劳动者的劳动小时都转化为劳动价值的时候，就可以衡量一个生产单位或一个经济体的经济效益。这样，我们就有可能探寻实现最大经济效益的方法和条件了。

第 4 章

经济效益最大化的必要条件

经济效益最大化的必要条件是什么？本章要揭示等价交换与经济效益的关系。

为了讨论方便，假设 1 个劳动小时的投入就是 1 个劳动价值小时。除非特别说明，假设在下面的讨论中，每个劳动者的 1 个小时的劳动投入都是一样的，都是 1 个劳动价值小时。1 个小时的复杂劳动可以是几个劳动价值小时。

这种假设给我们的讨论带来方便，它不会引起任何结论的不同。假如一个工程师的 1 小时劳动投入是 2 个劳动价值小时，那么为了讨论的方便，我们就说他投入了 2 个小时的劳动或 2 个劳动价值小时。这对我们要推导的结论不会有任何影响。

此外，在现实的生产过程中，我们会用到除了劳动力以外的其他生产投入，比如原材料、能源等，我们把这些都折合成劳动价值小时。

4.1 从效用最大化到等价交换

经济效益的最大化就是使平均每个劳动价值的投入所带来的效用最大化。

$$经济效益=\frac{总效用}{总劳动价值(小时)}$$

式中，总效用是指在一个经济体里每个消费者的效用总和。它是最终消费品所产生的效用。式中分母是总劳动价值(小时)，它是为了生产这些消费品所投入的劳动价值。

我们可以通过一个思想实验来考察一个商品交换过程，并且通过这个思想实验来分析如何实现最大经济效益。假如一个妈妈需要给孩子买一个书包。假定市场上有 5 种书包可以满足她孩子的需要或者可以给孩子和妈妈带来同样的效用(这 5 种书包的质量是一样的)，那么妈妈通常会选择比较便宜的书包。但是，我们关心的是实现效用的最大化。效用就是对消费者满足程度的一种衡量，效用越高，消费者就越满意。那么这个妈妈应该如何消费才能实现平均每个劳动价值的投入都带来最大的效用呢？她应该选择买成本最低的那款书包，也就是使用的劳动价值(小时)最少，这样妈妈就可以实现最大经济效益。如果每个人的消费选择都可以实现最大经济效益，那么社会的经济效益也会得到提高。

表4.1列出了每一种书包的劳动价值(小时)。我们看到第三种书包的成本最低，使用了1.8个劳动价值小时生产出来。也就是第三种书包使用了最少的劳动价值。

表4.1 5种书包的消费选择

书包类型	第一种	第二种	第三种	第四种	第五种
平均劳动价值小时/个	2	2.2	1.8	3	2.7

在这个选择的过程中，消费者必须知道下面的信息。第一，消费者或购买者的消费偏好。在现实中，每个消费者、购买者都有自己的偏好。在这个例子里，这个妈妈认定这5种书包会给她和她的孩子带来同等的消费满足。第二，消费者或购买者必须知道商品的劳动价值。只有知道了商品的劳动价值，她才能选择成本最低的商品。这里成本是指用来生产这个商品的劳动价值，而不是企业会计中的成本。

但是，在现实的市场经济中，商品的标价是用货币来表达的。比如一个书包的价格是￥100。假定每小时的劳动价值相当于￥50，那么2个小时劳动价值的书包就应该是￥100。换句话说，如果这个书包的平均劳动价值是2小时，它用了2个劳动小时生产出来，那么它的价格应该是￥100。如果商品的价格都可以这样反映它的劳动价值，那么只要有价格就足够了。消费者不需要直接知道商品的劳动价值。

表4.2表明各种书包的价格，妈妈只要选择那个最便宜的就可以了。所以我们得到第二个重要的结论，为了实现一个经济体的最大经济效益，商品的价格必须能够反映它的劳动价值。当商品价格反映它的劳动价值的时候，价格就间接地反映或代表这个商品的劳动价值。当妈妈选择购买第三种书包的时候，她支付￥90。这￥90代表1.8个小时的劳动价值，这就是等价交换。因为这个书包和货币都代表1.8个劳动价值小时，1.8个小时的劳动价值的书包与1.8个劳动小时的钱进行交换。换句话说，等价交换是相等的劳动价值的物品之间的交换。

表4.2 价格反映劳动价值的商品选择

书包类型	第一种	第二种	第三种	第四种	第五种
平均劳动价值小时/个	2	2.2	1.8	3	2.7
价格/元	100	110	90	150	135

上面的分析存在两个问题。第一，第三种书包的价格没有必要一定反映它的劳动价值，只要它的价格比其他4种书包都低，或者说它的价格是这5种书包中最低的，妈妈就会买第三种书包，从而实现经济效益最大化。第二，如果所有的商品价格都等比地提高或降低，那么其结果将不会降低经济效益。下面将分析这两个问题。

让我们来研究第一个问题。上例,价格不需要反映它的劳动价值,只要它的价格最低就可以(如例中第三种书包)。但如何才能保证在更一般的情况下,包含有最少劳动价值的书包价格是在各种采购决定中价格最低呢?如何保证消费者所有的消费决定都能实现经济效益的最大化呢?答案就是:等价交换。

进一步来看,如果第三种书包的价格不反映它的劳动价值,这是否可以保证在所有的交易中都能实现经济效益最大化呢?在上述的例子里,我们看到只要第三种书包的价格在5种书包里最低,就可以实现经济效益最大化。好,让我们在下面的分析里,假定第三种书包的价格是￥99.99,也就是它是在这5种书包里价格最低的。所以,妈妈仍然会选择购买第三种书包。也就是说,在这种情况下,第三种书包的价格没有正确地反映它的劳动价值。但是当妈妈消费书包时,市场仍然支配消费者的行为,使得经济效益最大化。请看表4.3。

表4.3　不反映劳动价值的书包价格

书包类型	第一种	第二种	第三种	第四种	第五种
平均劳动价值小时/个	2	2.2	1.8	3	2.7
价格/元	100	110	99.99	150	135

我们知道市场上会有千万个消费第三种书包的消费者。我们来看下面一个爸爸买书包的例子,这代表另外一个消费者的选择过程。我们要知道,在第三种书包的价格不反映它的劳动价值的情况下,这个不正确的价格信息是否会有可能降低经济效益。

我们假定另外一个孩子的爸爸看中了下面的三种书包。这三种书包会给这个爸爸带来同样的满足和使用价值。爸爸为了付出最小的代价,选择消费第七种书包,因为它的价格最低。但是,我们知道第三种书包才是使用了最少劳动价值而生产出来的书包。请看表4.4。

表4.4　歪曲劳动价值的书包价格

书包类型	第六种	第七种	第三种
平均劳动价值小时/个	3	1.9	1.8
价格/元	150	95	99.99

我们看到,当第三种书包的价格没有反映它的劳动价值的时候,这种扭曲的价格会降低经济效益。因为在这种条件下,爸爸没有选择使用最少劳动生产出来的第三种书包,而是选择了第七种书包,我们说经济效益降低了。这是因为为了获得同样的消费满足(效用),爸爸的消费选择使得这个经济体付出了更多的劳动。因为,只有爸爸选择了第三种书包的时候,我们的经济效益才能达到最大,而且只有这样,我们的经济才是使用了最少的劳动达到了最大的消费者满足。

现在来研究第二个问题。如果所有的商品(或服务)价格都等比例地提高或降低，那么其结果将不会降低经济效益。当我们等比例地提高或降低所有交易物品（服务）的价格时，也就同时提高或降低了每个小时劳动价值所代表的货币价值。

假设一个劳动价值小时是￥50。在表 4.5 中，价格反映它们的价值。

表 4.5　书包的正确价格

类　型	书包	一本书	理发服务
平均劳动价值小时/个	2	1	0.5
价格/元	100	50	25

如果我们按 10 倍的比率等比地降低价格，如表 4.6 所列，则表 4.6 中价格和价值的比率不变。

表 4.6　价格和价值的比率不变

类　型	书包	一本书	理发服务
平均劳动价值小时/个	2	1	0.5
价格/元	10	5	2.5

从表 4.6 中看到，一本书的劳动价值是 1 小时，它的价格是￥5。理发服务的价格是￥2.5，它代表 0.5 小时的劳动价值，也就相当于每小时的劳动价值是￥5。我们应该看到，劳动价值也是其中的交易物之一。所以，每个小时的劳动价值也按相同的比例下降。当所有的交换物或服务都按同一比例上升或下降时，市场仍然可以使得消费或资源配置实现最大经济效益，而且价格仍然反映它们的劳动价值。

下面，让我们想一想更一般的情况。表 4.7 是我们讨论的妈妈买书包时 5 种书包的价格表。

表 4.7　5 种书包的价格表

书包类型	第一种	第二种	第三种	第四种	第五种
平均劳动价值小时/个	2	2.2	1.8	3	2.7
价格/元	100	110	90	150	135

我们把这个表格的具体数字换成数学变量，其目的是来研究更一般的情况，如表 4.8 所列。那么，其中 A_i 是第 i 种商品的劳动价值；V 是 1 小时的劳动价值的货币价值。假设 1 小时的劳动价值是￥5。

表 4.8　5 种书包的价格变量

某个商品或服务	第一种	第二种	第三种	第四种	第五种
平均劳动价值小时/个	A_1	A_2	A_3	A_4	A_5
价格/元	V_{A_1}	V_{A_2}	V_{A_3}	V_{A_4}	V_{A_5}

在现实的市场经济中，消费者只知道价格，不知道价值。我们知道，只要所有的

商品价格都按比例提高或降低,那么同样可以使经济效益最大化。表 4.9 代表消费者看到的市场商品的价格。在一个固定的时间点上,在价格反映价值的条件下,可以把价格表述为

价格=常数×商品的劳动价值

比如:¥5×3 小时的劳动价值=¥15。

表 4.9 用变量表示的价格

某个商品或服务	第一种	第二种	第三种	第四种	第五种
价格/元	VA_1	VA_2	VA_3	VA_4	VA_5

消费者可以通过上面表格的信息,使经济效益最大化。消费者仍然可以通过价格找到包含最少劳动价值的商品。但是,如果有一种商品的价格受到扭曲,也就是它的价格与它的劳动价值的比例不是一个共同的比例(V),而是§(§为常数),那么,我们是否可以实现 100%的经济效益最大化呢?表 4.10 表述了这种情况,其中第三种商品的价格受到扭曲,它的系数不是 V,而是§。

表 4.10 扭曲的价格变量

某个商品或服务	第一种	第二种	第三种	第四种	第五种
价格/元	VA_1	VA_2	§A_3	VA_4	VA_5

我们来讨论表 4.11 所列的几种情况。

表 4.11 扭曲价格的几种情况

情况	§A_3 低于劳动价值的价格(§A_3<VA_3)	§A_3 高于劳动价值的价格(§A_3>VA_3)
A	第三种商品是包含最小劳动价值的商品。由于扭曲的价格低于它正确的价格,消费者仍然会消费这个商品。所以在这种情况下,最大经济效益可以实现	第三种商品是包含最小劳动价值的商品。由于价格扭曲,这个商品的价格高于它的正确价格,消费者不会消费这个商品。所以在这种情况下,最大经济效益不可以实现
B	第三种商品的劳动价值不是最小的。另外一个商品的劳动价值是最小的。由于扭曲的价格低于它的正确的价格,消费者仍然会消费这个商品。所以在这种情况下,最大经济效益不可以实现。消费者误认为第三种商品的劳动价值最小	第三种商品的劳动价值不是最小的。由于价格扭曲,第三种商品价格高于它的正确的价格,消费者不会消费这个商品。所以在这种情况下,最大经济效益可以实现

上面讨论的是一个商品的价格不反映价值的情况。如果所有的商品的价格都不能准确地反映它们的价值,那么有没有可能实现经济效益最大化呢?在表 4.12 中,我们加入随机数据作为系数。

表 4.12　根据随机数据扭曲的价格

书包类型	第一种	第二种	第三种	第四种	第五种
平均劳动价值小时/个	2	2.2	1.8	3	2.7
正确反映价值的价格/元	100	110	90	150	135
用计算机的随机数据来模拟扭曲(不反映劳动价值)的价格	180	66	99	180	67.5

经过随机数据的价格扭曲，现在消费者看到的价格如表 4.13 所列。

表 4.13　消费者看到的商品价格

书包类型	第一种	第二种	第三种	第四种	第五种
用计算机的随机数据，作为系数来模拟价格不能反映价值的情况(随机数据的 0.5～2 倍)	180	66	99	180	67.5

消费者(妈妈)根据扭曲的价格，就会消费第二种书包，因为第二种书包最便宜。但它不是最节省社会劳动的商品。由此可以看到，当市场上商品价格都不能正确地反映它们的劳动价值的时候，经济效益会下降。当然，我们只是试验了 1 组随机数据，如果试上 10 组，可能会有 1 组的扭曲价格仍然可以让我们实现经济效益最大化。虽然我们不知道在这种条件下仍然实现经济效益最大化的概率是多少，但我们可以知道这个概率的值是在下面的范围里：

$$0 < P < 1$$

式中，P 是实现最大经济效益的概率。

当所有的商品的价格都受到扭曲的时候，一个经济体达到经济效益最大化的可能性是非常小的。这是因为，我们现在分析的是一个妈妈的消费决定。但是在一个经济体里，消费者包括个人、企业、政府和生产单位。所以，对于有众多消费者的经济体来说，每天的消费决定会有 N 个。如果所有商品的价格都不能反映它们的劳动价值，那么实现经济效益最大化的概率就会趋于 0。可以用下面的公式来计算在这样的条件下，整个经济体一年中实现经济效益最大化的可能性。这是因为，为了实现整个经济体的最大经济效益，需要每一个交易或消费选择都实现经济效益最大化。

$$Z = P^n$$

式中　Z——整个经济体实现经济效益最大化的可能性。

P——单个消费选择实现最大经济效益的概率。

n——整个经济体里发生的各种消费、交易的选择的次数。

下面我们使用两个数字来估算在一年时间里一个经济体实现经济效益最大化的可能性或概率。在假定 n、P 的情况下计算这个概率。表 4.14 中的概率是使用上面的公式计算出来的。

表 4.14 实现最大经济效益的概率 1

$P=0.2$	$n=100$	$n=200$	$n=1\ 000$
Z	1.27×10^{-70}	1.6×10^{-140}	0

假设当价格不能准确地反映价值的时候，一次消费选择($n=1$)实现最大经济效益的概率是20%。那么，在表4.14中可以看到，在100次选择中都实现经济效益最大化的概率是$Z=1.27\times10^{-70}$。当$n=$的数值增大的时候，这个经济体实现经济效益最大化的概率趋于0。

那么，如何知道这个概率是20%呢？可以假设消费者每次在5种商品中决定购买其中1种。这样，在5种商品中，刚好买到最低价格的概率就是20%。

显然，我们无法知道这个概率的具体数值，但是我们知道当价格不能反映它的劳动价值的时候，无法实现100%的最大经济效益。也就是说，这个概率低于100%。即便这个消费决定会有很高的概率实现最大经济效益，我们也会得到同样的结论。下面，我们假设这个概率是$P=99.9\%$。显然，当n趋于一个比较大的数值的时候，Z实现经济效益最大化的概率趋于0，如表4.15所列。

表 4.15 实现最大经济效益的概率 2

$P=0.999$	$n=100$	$n=1\ 000$	$n=100\ 000$
Z	0.905	0.368	3.54×10^{-44}

通过上面的分析，我们发现，当价格不反映劳动价值的时候，一个经济体的经济效益将无法实现最大化。为了实现最大的经济效益，必须使价格能够准确地反映劳动价值，或者说市场交易必须按等价交换来进行。

当一个消费者为了个人的利益选择购买最低价格的商品的时候(假设可以比较的几个商品都给他带来同样的消费满足)，他就节省了自己的资源(资金)。如果这个时候，商品价格能反映它们的劳动价值小时，那么这个消费者的利己消费行为也在同时帮助实现整个经济体的最大经济效益。

4.2 经济效益最大化的必要条件

根据上面的分析，我们得出结论，经济效益最大化的必要条件是：

① 消费者必须知道商品的劳动价值。

② 商品的价格必须能够正确地反映它的劳动价值，也就是商品价格的比例和商品劳动价值的比例相一致。比如，商品1和商品2的劳动价值比例是4.55，那么它们商品价格的比例也是4.55。

③ 商品或物品必须按等价交换的原则来进行交换。

我们把这个结论称为经济效益理论的第一定律。

证明一：射击的思想实验

如果你是神枪手，在 50 米的距离上对一个靶子射击，都中 10 环很容易。但是，如果这时有雾霾飘过来，视线不清，就很难射中靶子了。当消费者对商品进行选择的时候，他需要这个商品的价格信息能反映它的劳动价值，这样才能实现经济效益的最大化。如果商品的价格不能反映它的劳动价值，那么消费者的消费决定就像雾中打靶一样，几乎不可能打中经济效益最大化这个靶子。

证明二：一个桥的模型

通过下面的例子，我们会看到经济效益和政府消费也是相关的。

假如，有一个市政府要建一座桥。有两个方案：钢筋水泥桥或钢桥，如表 4.16 所列。不论造桥是用什么材质，它的效用都是一样的。我们假设一个劳动小时的劳动价值是￥10。

表 4.16　一个桥的模型

类　别	造桥的总劳动投入/万劳动小时	价格反映劳动价值时，桥的造价/万元	(扭曲的)桥的造价/万元
钢　桥	6	60	70
钢筋水泥桥	10	100	50

我们来看第一种情况，桥的价格反映它的劳动价值，那么钢桥和钢筋水泥桥的价格分别为 60 万元和 100 万元。为了使效用最大化，政府会选择价格低的桥。假如 U 代表这个桥的总效用，那么，每个劳动小时的效用可以表达为

$$\text{每个劳动小时钢桥的效用}=\frac{U}{6\text{ 万个劳动小时}}$$

$$\text{每个劳动小时钢筋水泥桥的效用}=\frac{U}{10\text{ 万个劳动小时}}$$

$$\text{每个劳动小时钢桥的效用}=\frac{U}{6\text{ 万个劳动小时}}>\frac{U}{10\text{ 万个劳动小时}}$$
$$=\text{每个劳动小时水泥桥的效用}$$

我们看到，当桥的造价反映它的劳动价值的时候，钢桥的每个劳动价值小时的效用比较高而造价比较低。政府会选择价格低的钢桥，并实现每个劳动小时投入获得最大的效用。

第二种情况，桥的价格不反映它的劳动价值。当决策者没有正确的信息时，就不能实现每个劳动小时效用的最大化。表中第二个价格(表 4.16 中最后一列)，假如钢桥的价格变为 70 万元，钢筋水泥桥的价格变为 50 万元。在这种情况下，决策者会选择建钢筋水泥桥来使政府的每单位支出换来最大的效用。但是，由于市场上商品的价格没有反映它的价值，消费者(政府)的效用最大化行为就导致整个经济体系的效用不能最大化。上面的不等式就表明钢桥的单位劳动价值效用要比钢筋水泥桥的单位劳动价值效用高。

因此，在一个经济体系里，社会总效用最大化的必要条件是：商品（或服务）的价格必须能够反映它们的劳动价值或等价交换。这个必要条件是经济效益理论的基石。经济效益理论是在这个条件的基础上发展起来的。

证明三：基于微观经济学分析方法的证明

下面，我们将用西方经济学的分析方法来进一步证明前面得到的结论。首先，让我们定义一个虚拟的经济体。

1. 虚拟的经济体

我们先来想象一个经济体，这个虚拟的经济体是一个市场经济。我们来研究怎样可以使这个经济体的效益最大化。

人类经济活动的最终目的是最大限度地满足人们对商品和服务的需求。因此，我们可以用衡量一个经济体满足人们对商品和服务的程度来研究这个经济体的经济效益。在衡量一个经济体的经济效益的时候，先比较这个经济系统（经济体）的输出（商品和服务）所带来的效用与输入（人的劳动时间）。人的劳动时间是为生产和提供商品及服务所付出的社会必要劳动时间，这个劳动投入就是劳动价值。

很自然，经济效益的研究要从研究怎样最大限度地满足人的需要开始。在市场经济中，有两种消费：私人消费和公共消费。私人消费与公共消费有共同的属性。为了分析的简单化，假定每个小时的劳动相当于1小时的劳动价值。

2. 效用和使用价值

在市场经济里，消费者购买商品用来满足他们的需要。如陈先生渴了就会去买水喝。一个消费者会花钱购买商品，是因为这个商品对这个消费者来说是有用的。因此，商品要有交换价值就必须要有使用价值（有用的）。当然，如果消费者不花钱就可以轻易拿到这个产品，那么他是不会付这个钱的。比如我们不需要直接为我们呼吸的空气付款（在工业化国家里，实际上每个劳动者都通过交税为清洁空气付了钱）。

3. 边际效用递减

要想知道一个商品或服务满足消费者的程度，就需要一个衡量的尺度。这个尺度就是效用。效用是衡量一个消费者对一个商品的满足程度，效用是衡量满意度的尺度。效用值越高，满足消费者欲望的能力就越大。一个产品的边际效用会逐渐减小，如表4.17所列。

表4.17 苹果的边际效用

消费的苹果数量	边际效用
1	4
2	2
3	0
4	−1
5	−4

在这个消费者吃第一个苹果时，这个苹果给他的效用是 4；第二个苹果给他的效用是 2，第三个是 0，第四个是－1，第五个是－4。

吃得越多，边际效用越小，也就是每多吃一个苹果，这个（最后的）苹果带来的效用就比前一个苹果的效用要小。边际效用就是最后一个苹果带来的效用。这就是消费的边际效用递减规律。这个效用值表明消费者的欲望的满足程度。当这个消费者吃第一个苹果的时候，这个苹果给他带来很大的满足，我们用 4 代表他的满意程度。而第二个苹果只给他带来比较少的满意程度，因为他对苹果的欲望已经减小。所以，我们用 2 代表他的满意程度。吃不吃第三个苹果已经对他无所谓了，他可能已经吃不下了。所以第三个苹果的效用就是 0。第四个苹果和第五个苹果只是给他带来负面的满足。或者说，他宁愿付钱，也不肯吃第四个或第五个苹果了。

根据西方经济学，效用的数值不是绝对的。我们不可以比较两个不同的人的边际效用的数值。假如，小李的第一个苹果的效用是 5，小刘的第一个苹果的效用是 1 000，我们不可以说谁的效用更大，这是因为效用是一个主观的评价。假设，给小李和小张每人一个苹果，两人吃完苹果后的效用（用数值 100～－100 来衡量），如表 4.18 所列。

表 4.18　苹果的效用

消费者	边际效用
小李	80
小张	95

西方经济学家认为不能用这个效用值来比较消费者之间的效用，即小张的效用就是比小李高。一个消费者的边际效用只对这个人有效。为了解决这个问题，西方经济学提出用货币来解决衡量边际效用的难题。

边际效用曲线和总效用曲线如图 4.1 所示。

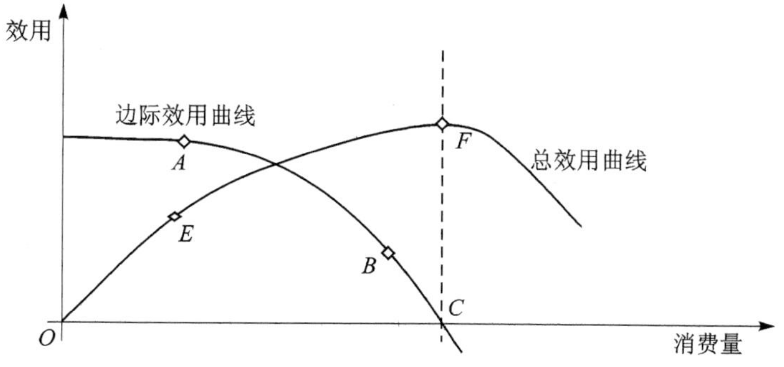

图 4.1　边际效用和总效用曲线

请看图中的边际效用曲线，随着消费量的增加，边际效用递减。边际效用曲线从 A 点走到 B 点，然后走到 C 点。在 C 点边际效用为零。随着消费量从零（C 点）开始，边际效用就逐渐减小。在 C 点的右边，边际效用为负数。请看图中的总效用曲线，随着消费量的增加，总效用逐渐增加，当它走到 E 点时，还在上升，在 F 点它达到最高点。这是因为，当消费量达到 C 点以后，边际效用为负数。更多的消费对总效用的贡献为负值，所以总效用在消费量 C 点以后会越来越小。

边际效用递减表明，效用随着消费量的增加会递减，效用会变成负的。为了实现效用的最大化，消费者应该消费到边际效用为零。因为当边际效用为正值的时候，每多消费一个就可以增加总的效用。当然，这里有一个前提条件：消费者必须要有购买力，或者说，他必须有钱来买这些商品。在现实的社会里，消费者不会有无限的购买力。这样，我们就有必要引入消费约束。

4. 边际效用和消费量

表 4.19 代表赵家一个星期的苹果消费量和它的边际效用。当苹果的消费量是 1 公斤时，边际效用是￥4。也就是说，赵家愿意支付￥4 来买这 1 公斤的苹果。

表 4.19　边际效用和消费量

消费的苹果数量/公斤	（每公斤苹果的）边际效用/元
1	4
2	2
3	0
4	−1
5	−4

如果苹果的价格高于￥4/公斤，那么赵家就不会买苹果。但是，如果苹果的价格低于￥4/公斤，那么赵家会买更多的苹果。如果苹果的价格是￥2/公斤，那么赵家这个星期会买 2 公斤苹果。对于 3 公斤的消费量，赵家愿意支付的价格是￥0。由于苹果的价格不会低于￥0/公斤，所以消费量不会比 3 公斤更多。所以，我们可以借助货币的单位来表述效用。

显然，当用货币来表述效用的时候，我们做了一个隐含的假设，即这个消费者有购买力。此外，我们可以想象一个人的边际效用曲线与他的收入是有关系的。当他的收入很高的时候，他的边际效用曲线会比较高。但是，边际效用曲线的零点是不变的。

图 4.2 中，A、B、C 分别代表一个人在三种不同的收入条件下，对某种商品的边际效用曲线。边际效用曲线 A 代表最高的收入水平。当他的收入水平下降了，用边际效用曲线 B 代表。当他的收入或财富继续下降，用边际效用曲线 C 代表。从图中我们看到，当用货币单位来表达边际效用的时候，边际效用曲线是和消费者的财富、

收入有关系的。收入或财富越少，边际效用曲线越低。当一个人可以消费的财富为零的时候，可以想象他的边际效用曲线也在效用为零的一条直线上。这条直线和 X 轴重叠。

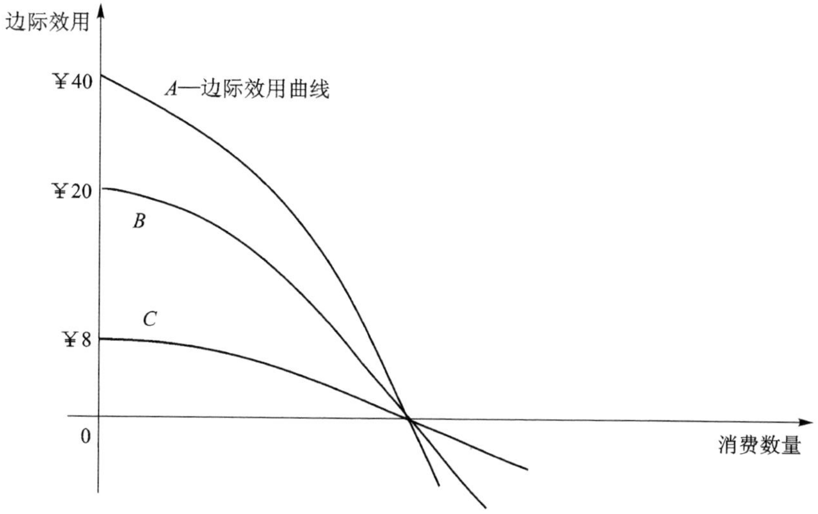

图 4.2 用货币表达的边际效用曲线

用货币表达边际效用的优点在于它可以表达购买力、消费者偏好、物价和消费量的关系。但是，如果当一个人可以消费的财富为零的时候，他的边际效用曲线也是零。这并不代表这个消费者的消费偏好。比如，他可能很想买面包吃，但是他没有分文，所以他愿意支出的价钱也是零。

当我们用货币单位来衡量效用的时候，发现可以把不同消费者的效用相比较。请看消费量和边际效用曲线图（见图 4.3）。在这个图中，曲线 A、B、C 分别代表 3 个不同消费者的边际效用曲线。当苹果的价格是 P_1 的时候，苹果的价格太高，没有一个消费者的效用可以达到那个水平，所以苹果的消费量是零。当苹果的价格下跌到 P_2 的时候，A、B 两个消费者的效用曲线和 P_2 相交。所以，消费者 A 和消费者 B 会消费一定量的苹果。当苹果的价格下降到 P_3 的时候，消费者 C 也开始消费苹果。

从以上分析可以得出这样的结论。在价格下跌的时候，更多的消费者会消费这个商品（假设商品质量是一样的）。价格和消费者的边际效用共同决定消费量。因为消费量最终决定生产量，所以边际效用和价格又决定生产量。边际效用曲线取决于消费者的可支配收入，所以它又和消费者的收入有关。

当然，这里也有问题。当一个富翁消费一个苹果的时候，他愿意支付￥500，而一个穷人只愿意支付￥1 来消费这个苹果。如果用货币来代表边际效用，那么对于一个苹果来说，富翁的效用是穷人的 500 倍。显然这和我们的效用定义的初衷不一致。所有效用不能用货币或支付能力或购买力来衡量。所以，效用或边际效用不应该和购买力有直接的关系。因此，效用也就不能用货币来衡量。如果用货币来衡量边际

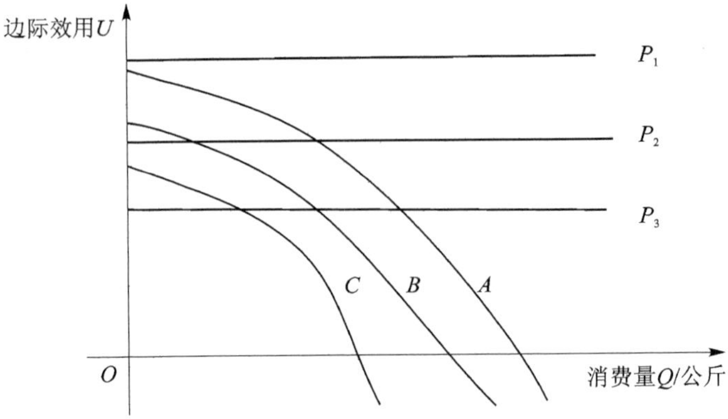

图 4.3 消费量和边际效用曲线

效用,那么由于每个消费者的财富不同,货币单位边际效用也会不同。所以,使用货币来衡量边际效用,并不能解决边际效用的可比性问题。

5. 一个劳动力和两个产品的模型

在一个市场经济体里,最小的生产单位是一个劳动力,最小的消费单位是一个消费者。下面来看一个劳动力和两个产品的模型。我们要研究如何才能实现效用的最大化。为了在一个人的模型里模拟一个市场经济的生产、交换、消费,假定这个劳动力在生产这个商品的时候,每小时的劳动相当于 1 小时的劳动价值。

在这个模型里,李先生生产商品,他的妻子到市场上购买商品。他的妻子代表他们的家庭购买商品。李太太购买什么商品,李家就消费什么商品。在一定的时间里,投入的劳动小时是一个固定的值。

(1) 生产可能性曲线(Production Possibility Curve)

首先,假设生产可能性曲线要素 1 如表 4.20 所列。

表 4.20 生产可能性曲线要素 1

项　目	生产可能性曲线要素 1
1	李先生生产 2 种产品,大米和鱼
2	劳动投入 20 小时
3	每小时可以生产 0.5 公斤鱼,这样 20 小时的最大产量是 10 公斤
4	每小时可以生产 1.5 公斤大米,这样 20 小时的最大产量是 30 公斤

由于我们的劳动投入是有限的,所以在一个时期内能够生产的商品是有限的。生产可能性曲线描述可能生产的产品的最大数量组合。当把 20 小时的劳动投入用来生产鱼的时候,可以生产 10 公斤的鱼,但是我们投入大米生产的劳动小时是零,所以大米的生产量是零。这就是图 4.4 中的 *A* 点。如果把 20 小时的劳动投入都用来

生产大米，那么可以生产 30 公斤大米。这就是图中的 B 点。在 B 点，鱼的生产量是零。由 A 点和 B 点决定的直线 M 就是在给定劳动生产率条件下的生产可能性曲线。在图中，它是一条直线。它也可能是曲线，即生产可能性曲线。虽然图中这条线是直线，但我们仍然叫它为曲线。在 M 曲线上的每一点都是可能生产的最大数量的组合。每一点都决定了大米的生产量，也决定了鱼的生产量。在 X 轴和 Y 轴的交叉点，也就是原点 O。由 A 点、B 点和原点 O 组成一个三角形。在这个三角形内的每一点代表目前的劳动投入可以生产的商品组合。但是只有在 M 曲线上的每一点才决定最大的生产量。在这个 M 曲线的右边或上面的每一点，都是给定投入所生产不出来的商品组合。

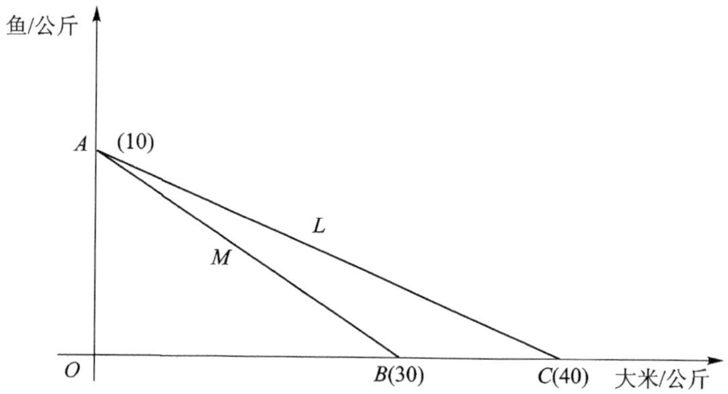

图 4.4　生产可能性曲线

但是，如果提高了劳动生产率，那么就有可能在给定的劳动投入下生产出更多的大米或鱼。下面定义新的劳动生产率。我们看到大米的劳动生产率由每小时劳动投入生产 1.5 公斤，提高到每小时劳动投入可以生产 2 公斤（见表 4.21）。

表 4.21　生产可能性曲线要素 2

项　目	生产可能性曲线要素 2
5	李先生生产 2 种产品，大米和鱼
6	劳动投入 20 小时
7	每小时可以生产 0.5 公斤鱼，这样 20 小时的最大产量是 10 公斤
8	每小时可以生产 2 公斤大米，这样 20 小时的最大产量是 40 公斤

在图 4.4 中，新的生产可能性曲线由 L 来代表。由于鱼的劳动生产率没有提高，所以在纵轴上 A 点仍然代表鱼的最大生产量。大米的生产量提高到 C 点，40 公斤。A 点和 C 点定义的直线就是新的生产可能性曲线。在生产可能性曲线上的每一点，都是这个生产者可能生产出来的商品组合。我们看到，劳动生产率的提高会把生产可能性曲线向右移动。

(2) 消费可能性曲线,或预算限制曲线(Budget Constraint) 和等效用曲线

在给定的劳动投入下,最大产出是有限的。它是由生产可能性曲线来决定的。假定李先生的家庭会消费他的所有产出。那么,他的最大的可能消费的产品组合也就会受到生产可能性曲线的限制。李家不可能消费他没有生产出来的东西。所以,这个生产可能性曲线就限制了李家的消费。所以,我们也把这条曲线称为消费者预算限制曲线,或消费可能性曲线。

我们通过消费可能性曲线(消费者预算限制曲线)和等效用曲线来决定最佳消费组合。我们要解决的问题是:李家要消费多少鱼和多少大米才能使效用达到最大。

在图 4.5 中,A、B 两点决定的直线是消费可能性曲线。它是由生产可能性曲线来决定的。什么是等效用曲线呢?在图中,E、F、G、H 曲线就是等效用曲线。曲线 E 代表的效用大于曲线 F 代表的效用。曲线 F 代表的效用大于曲线 G 代表的效用。曲线 G 代表的效用大于曲线 H 代表的效用。这个关系也可以表示为

$$U(E)>U(F)>U(G)>U(H)$$

式中,$U(E)$代表曲线 E 的效用,$U(F)$代表曲线 F 的效用,$U(G)$代表曲线 G 的效用,以此类推。那么,为什么会有这样的关系呢?曲线 E 决定的鱼和大米的消费量都大于曲线 F,李家消费得越多,效用就越大。我们来看曲线 G,在这个曲线上的每一点都代表同样的效用。但是,只有 K 点是在消费可能性曲线上(我们看到的是一条直线),习惯上,把这条线称为曲线,因为它有可能是一条曲线。也就是说,李家的消费在 K 点上的时候,比如这一点就是消费 15 公斤大米和 5 公斤鱼,那么他的效用达到 G 曲线代表的效用。这个效用就是李家可以达到的最大效用。

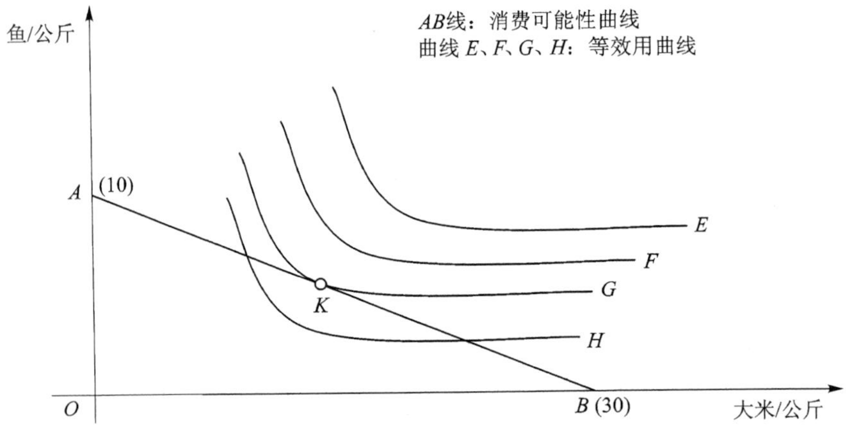

图 4.5 消费可能性曲线和等效用曲线

那么为什么等效用曲线是个曲线,不是直线呢?我们前面讲过边际效用递减规律,也就是,当李家消费太多的鱼的时候,或者他们消费太多的大米的时候,边际效用是在减小的。只有李家消费在某个平衡点上的时候,边际效用才能达到最大。比如

这一点是消费 15 公斤大米和 5 公斤鱼。

等效用曲线 E 和 F 代表比曲线 G 更大的效用。但是，它们是在消费可能性曲线的右边，所以是不可能实现的。

等效用曲线 H 有一部分在消费可能性曲线的左侧，但是等效用曲线 H 代表的效用比等效用曲线 G 小。所以，K 点是最大的效用点。

(3) 实现效用最大化的条件

上面的分析表明，我们需要知道下面的这些信息。首先，要知道李家的消费可能性曲线和他的等效用曲线。

等效用曲线是由消费者的个人偏好(喜好)来决定的。个人的消费偏好是建立在完全的商品信息的基础上的。这个信息包括两个方面。第一，商品的成分或技术指标。比如说，很多消费者想知道他消费的大豆是不是转基因的，一瓶白酒是直接酿成的还是勾兑的。第二，影响消费者消费选择的另外一个重要的因素是这个商品对消费者的副作用。比如，长期过量食用糖会引起很多疾病或增大很多疾病的发病率。吸烟的害处很多，它不但对吸烟者的健康和生命有害，还会污染空气，危害他人。如果消费者在不知情的条件下选择消费这些商品，那么消费者的效用是不真实的。在某种程度上，可以说消费者是受骗上当。

所以，为了能够使消费者真正得到满足，商品必须要有标签。商品的标签必须要提供尽量多的真实商品信息。只有这样，才能使消费者的效用真正达到最大。

消费可能性曲线是由生产可能性曲线决定的。李先生的家庭收入就是由他的劳动投入决定的。在劳动生产率提高后，生产可能性曲线是由 Y 轴上的 A 点以及 X 轴上的 C 点决定的(请看生产可能性曲线图 4.4)。

在生产可能性曲线图 4.4 中，A 点是 10 公斤鱼。那么，我们是如何导出这个数字的呢？每小时劳动可以生产 0.5 公斤鱼，这样 20 小时的最大产量是 10 公斤鱼。也就是，每公斤鱼需要 2 小时的劳动 $\left(\frac{1}{0.5\text{ 公斤/小时}}=2\text{ 小时/公斤}\right)$。这正是生产鱼的劳动价值。所以，我们必须知道商品的劳动价值，才可能实现效用的最大化。

在生产可能性曲线图 4.4 中，C 点是 40 公斤大米。那么，我们是如何导出这个大米的产量的呢？那是因为，我们知道每小时劳动可以生产 2 公斤大米，这样 20 小时的劳动投入的最大产量是 40 公斤。也就是每公斤大米需要 0.5 个小时的劳动 $\left(\frac{1}{2\text{ 公斤/小时}}=0.5\text{ 小时/公斤}\right)$。这正是生产大米的劳动价值。

所以，为了实现在给定劳动投入条件下的效用最大化，必须要知道表 4.22 中所列出的信息。

为了方便理解，假设￥10 代表 1 个劳动小时的劳动价值。这样，就可以用货币价格来表达产品的价格，如表 4.23 所列。

表 4.22　实现最大效用所需要的信息

项　目	解　释
商品的信息	包括商品的质量信息，如食品的成分、可能给消费者带来的损害等
消费者个人偏好	每个消费者都有个人偏好
商品的劳动价值	商品包含的劳动价值
劳动收入等于劳动投入	李先生劳动投入 20 小时，获得的收入是 20 小时的劳动价值。因此他生产的商品价值也是 20 小时

表 4.23　货币表达的价格

类　别	价值(每公斤产品)/劳动小时	每公斤的价格/元
鱼	2	20
大米	0.5	5

在用货币表达价格后，可以把我们的结论表述为商品的价格必须能够正确地反映它的价值。

(4) 总效用在价格不反映价值的条件下的变化

通过下面的分析，我们试图说明，当一个商品(产品)的价格不反映它的劳动价值的时候，消费者的总效用有可能会减小。也就是说，消费者通常不会达到效用最大化。

在表 4.24 中，每公斤鱼的价格是￥20，这个价格正确地反映了生产鱼的劳动价值。假如，我们把鱼的价格改为￥15，那么这个价格是不能正确反映鱼的劳动价值的，如表 4.25 所列。我们考察它对消费者的效用最大化有什么影响。

表 4.24　正确的价格

类　别	1 公斤商品的劳动价值/小时	每公斤的价格/元
鱼	2	20
大米	0.5	5

表 4.25　扭曲的价格

类　别	1 公斤商品的劳动价值/小时	每公斤的价格/元
鱼	2	15(不能正确反映劳动价值)
大米	0.5	5(正确的价格)

假设生产可能性要素如表 4.26 所列。

表 4.26 假设生产可能性要素

项 目	假设生产可能性要素
9	李先生生产 2 种产品：大米和鱼。李家也消费这 2 种商品
10	劳动投入 20 小时，每小时相当于￥10，这样 20 个小时可以支配的收入是￥200
11	每小时可以生产 0.5 公斤鱼，这样 20 小时的最大产量是 10 公斤。每公斤鱼的劳动价值是 2 小时或￥20
12	每小时可以生产 2 公斤大米，这样 20 小时的最大产量是 40 公斤。每公斤大米的劳动价值是 0.5 小时(20 小时÷40 公斤)，或￥5

当鱼的价格正确地反映劳动价值的时候，鱼的价格是每公斤￥20。我们要研究当鱼的价格不能正确反映劳动价值的时候，它对消费者的总效用和资源配置有什么影响。所以，假设鱼的价格为每公斤￥15，这个价格不能正确地反映鱼的劳动价值。我们知道最大可支配收入是￥200，那么根据被扭曲的价格，李家可以买到的最大数量的鱼是 13.3 公斤(￥200÷￥15/公斤＝13.3 公斤)。

如图 4.6 所示，在不正确的价格条件下，消费可能性曲线是 *MB* 虚线。根据已知的等效用曲线，我们发现消费者会在 *N* 点达到最大效用。看来似乎消费者可以得到更多的效用(满足)。因为，*N* 点比 *K* 点具有更高的效用。但是，*N* 点的效用是不现实的，是消费者不可能达到的消费点。因为它在消费可能性曲线 *AB* 的右侧。

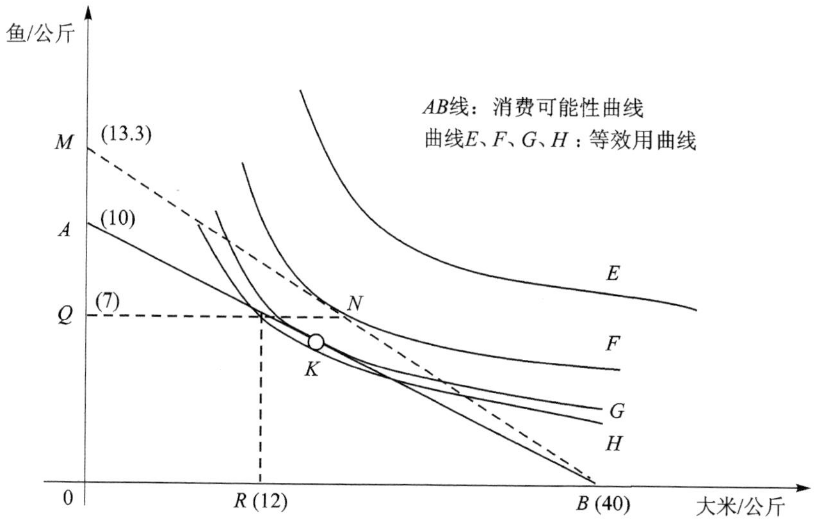

图 4.6 在扭曲价格条件下，消费者的效用

让我们来看按照 *N* 点消费所能带来的效用。*N* 点决定了李家要消费 7 公斤鱼，请看图中的 *Q* 点。我们知道每公斤鱼需要 2 小时的劳动来生产。所以，为了生产 7 公斤鱼，李先生已经用去 14 个劳动小时。因为李先生总的劳动投入是 20 小时，

那么李先生只有 6 个劳动小时可以用于生产大米。因为，每公斤大米需要 0.5 个劳动小时来生产，那么 6 个劳动小时可以生产 12 公斤的大米，它是图中的 R 点。而 12 公斤大米和 7 公斤鱼的消费点在消费可能性曲线 AB 线上。等效用曲线 H 正好穿过这一点。它的效用是等效用曲线 H 代表的效用。等效用曲线 H 的效用低于等效用曲线 F 和 G。所以，当价格不能正确地反映价值的时候，消费者的效用会因此减小。

至此，进一步证明了商品的价格必须能够正确地反映它的价值，只有这样，消费者才能达到效用最大化。

(5) 一个生产者(一个消费者)对于 N 个商品的效用最大化

我们把上面讨论的结果普遍化。在 N 个商品的条件下，效用最大化需要使得每个劳动小时的边际效用对所有的商品均等(一样)，还要考虑到给定的劳动小时投入限额。下面的公式表明在 N 个商品条件下的总效用。N 是一个很大的正整数。消费者在有限的购买力条件下面对 N 个商品或服务，如果消费者总是消费在每小时劳动基础上的边际效用最大的商品，那么他的总效用最大。换句话说，如果消费者总是消费每单位成本边际效用最大的商品或服务，那么他就可以实现效益最大化。这里的成本是劳动小时。

总效用＝效用 1(商品 1(X_1))＋效用 2(商品 2(X_2))＋效用 3(商品 3(X_3))＋效用 4(商品 4(X_4))＋…

生产投入限额：

C 劳动小时＝总额(X_1，X_2，X_3，X_4，…)

式中，X_1 代表生产商品 1 投入的劳动价值小时，以此类推；X_n 代表生产商品 n 投入的劳动价值小时，n 是一个整数。

从数学角度来看，要使得效用最大，可以用微分方法来求解上述的方程。我们会发现当消费者使他的效用达到最大时，每单位成本的边际效用对所有商品或服务会趋于一个值。也就是每单位成本的边际效用对所有商品或服务会相等。在这里，假设商品和服务是无限可分的。

上面我们分析了既是一个生产者同时又是一个消费者的效用最大化条件。

(6) 经济总效用的最大化

现代市场经济体系由众多生产者和消费者组成。从个人或家庭的生产方式转换到社会生产方式，也转换了经济资源的投入，从劳动小时到社会劳动小时。下面要研究并试图发现经济总效用的最大化需要什么样的条件。

经济总效用最大化的实质就是要使每单位劳动投入带来的效用最大化。这里的关键就是使每单位的劳动价值(平均每小时的劳动)带来最大的效用。要使效用最大化，消费者必须知道他消费的每一个商品的劳动价值。这就需要商品的价格反映商品的劳动价值。为了使得在每个消费者试图最大限度地满足自己消费欲望的同时，一个经济系统的总效用也实现最大化，商品的价格就必须反映商品的劳动价值。

让我们来看一下整个经济体系，总效用的最大化就是使每一个劳动小时的效用最大化。为了能够使总效用最大化，需要使平均每一个劳动输入带来最大的效用。这样，当给这个经济系统增加一个劳动价值小时的投入时，它就会带来最大的效用。

(7) 效益最大化的必要条件是等价交换

在现代经济里，市场经济的最重要的两个特征是：① 劳动分工；② 专业化。一个产品是很多投入的组合。如一台笔记本电脑是由很多部件组成的。它的外壳由 A 公司生产，电源系统由 B 公司生产，它所使用的集成电路是由多家不同的公司生产的，硬盘由 C 公司生产，显示屏由 D 公司生产，键盘由 F 公司生产，音响系统由 G 公司生产，等等。另外，一台计算机的生产需要直接的劳动投入，如研发、制造、市场推销等。一台计算机的价值是由不直接的投入（部件、机器、材料等）以及直接的投入（直接的劳动投入）构成的。为了使得这个计算机的价格反映它的价值，要求直接的和非直接的生产投入的价格必须反映它们的价值。要实现这一点，等价交换就成为必要条件。

我们的目的是使得最终产品的价格反映它的价值。要实现这个目标的唯一的办法就是等价交换。等价交换就是指买卖是在劳动价值所决定的价格上进行。买卖交换的价格能代表这个商品的劳动价值。商品的劳动价值是由生产这个商品的劳动投入来决定的。这个劳动投入包括直接的劳动投入和非直接的劳动投入。非直接的劳动投入包括生产设备、原材料、能源的价值转移。

现今，很多商品的生产依赖于国际合作。那么，进口的产品也要能反映本国的劳动价值。用劳动价值论来研究经济效益的本质，就是用给定的本国劳动投入实现最大的总经济效益。所以，进口商品的价值是由为这个商品所付出的本国劳动价值来决定的。

所以，等价交换是经济效益最大化的必要条件。这个条件使得社会消费的最终商品能够实现等价交换。因为在这个条件下，我们可以实现最终商品的价格反映生产它的劳动价值。等价交换就是商品按其劳动价值来交换。

6. 宏观经济学整体模型(Aggregate Model)

我们有必要使得商品的价格反映商品的价值，来实现整体经济效益的最大化。这可以进一步用整体模型来说明。一个整体的效用无差异曲线与前面使用的效用无差异曲线是类似的。一个整体的效用无差异曲线代表一个经济体系的整体效用无差异曲线。因此，整体的购买力曲线代表一个经济体系的最大的购买可能性的极限能力。

(1) 当价格反映商品的劳动价值时

我们来考察一个 2 种商品的整体模型（见表 4.27、表 4.28）。在这个经济体系里，有上亿个消费者或消费单位。假如有 2 种商品：大米和鸡肉。在给定的时间里，这个经济体系有 10 亿个社会必要劳动小时（劳动价值）的投入。假如一个社会必要劳动小时相当于￥10。那么这个经济体系的总产出是￥100 亿。

表 4.27　整体模型——正确的价格

社会必要劳动时间/小时	2 种商品	正确的价格/(元·公斤$^{-1}$)
0.4	1 公斤鸡肉	4(￥10×0.4)
0.1	1 公斤大米	1(￥10×0.1)

表 4.28　整体模型——最大产出量

类　别	鸡肉的价格及最大产量	大米的价格及最大产量
价格/(元·公斤$^{-1}$)	4	1
总投入￥100 亿,或 10 亿劳动价值	100 亿元÷4 元/公斤＝25 亿公斤	100 亿元÷1 元/公斤＝100 亿公斤

假设这个经济体系要用 0.4 小时的社会必要劳动来生产 1 公斤鸡肉,用 0.1 小时来生产 1 公斤大米。假定￥10 代表一个社会必要劳动小时,那么可以算出正确的商品价格,还可以算出在劳动力的收入是￥100 亿(￥10/劳动小时×10 亿劳动小时)时,最大可能的产量。

我们可以算出:如果整个购买力都用来买鸡肉,那么最大的鸡肉消费量是 25 亿公斤(￥100 亿/￥4/公斤)。如果整个购买力都用来买大米,那么最大的大米消费量是 100 亿公斤(￥100 亿/￥1/公斤)。这两个最大消费量数字决定了最大消费可能性曲线(或直线)。

在图 4.7 中,消费可能性曲线与效用无差异曲线相切于 K 点。在 K 点,这个经济体实现最大的效用;也就是这个经济体在给定投入的条件下,实现了经济效益的最大化。

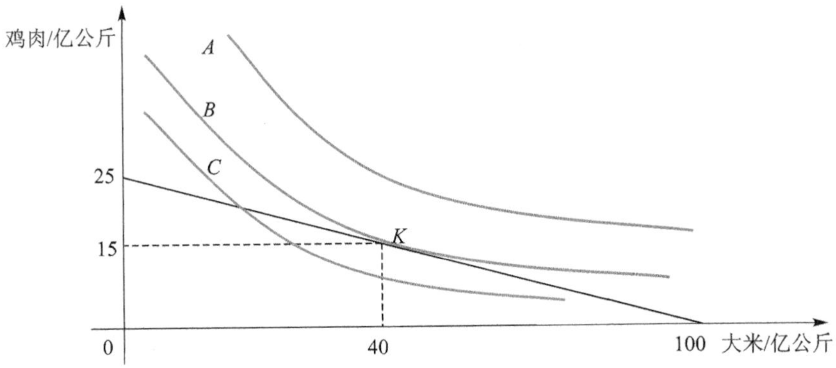

图 4.7　整体消费模型

在图 4.7 中我们看到 3 个等效用曲线,有时又称其为效用无差异曲线。它们被标名为 A、B、C。曲线 A 效用最大,曲线 C 效用最低。在给定消费可能性曲线(直线)的条件下,这个经济体可以实现的最大总效用是在效用无差异曲线 B 上。图中 K 点代表效用最大点。它代表 15 亿公斤的鸡肉。它的相应的大米消费量(看 X 轴)

应该是

$$100\text{ 亿公斤} - (¥4 \times 15\text{ 亿公斤}) \div ¥1 = 40\text{ 亿公斤}$$

在消费可能性曲线(直线)上的每一点都是可以生产出来的,因为当价格反映价值的时候,这个经济体的生产可能性曲线(直线)与消费可能性曲线(直线)重合,在图 4.7 中,它们可以用一条直线来代表。

(2) 当价格不反映商品的劳动价值时

当价格不反映商品的劳动价值时,这个经济体的生产可能性曲线(直线)与消费可能性曲线(直线)不重合,因此,它们不可以用一条直线代表。我们来观察几种情况,① 大米和鸡肉的价格都低于它们的劳动价值。② 大米和鸡肉的价格都高于它们的劳动价值。③ 大米或鸡肉的价格,一个高于劳动价值,一个低于劳动价值。虽然我们只讨论这几种情况,但是它足以说明在价格不反映劳动价值的时候,是不会达到经济效益最大化的。表 4.29 为最大效用消费量列表。

表 4.29　最大效用消费量

类　别	鸡肉价格和最大产量	大米价格和最大产量
价格/(元・公斤$^{-1}$)	3.5	0.9
总投入 100 亿元,或 10 亿劳动价值	100 亿元÷3.5 元/公斤=28.6 亿公斤	100 亿元÷0.9 元/公斤=111 亿公斤

1) 大米和鸡肉的价格都低于它们的劳动价值

在这种情况下,购买可能性曲线上的点有可能落在生产可能性曲线(直线)右边,也就是说,这些点所代表的商品组合是不可能生产出来的。

比如,当大米的价格反映它的劳动价值的时候,大米的价格应该是每公斤¥1。如果大米的价格不反映大米的劳动价值,则大米的价格是每公斤¥0.9。当鸡肉的价格是每公斤¥4 时,鸡肉的价格反映它的劳动价值。如果鸡肉的价格不反映它的劳动价值,则鸡肉价格变为每公斤¥3.5。在这样的条件下,一个经济体是否可以实现最大经济效益呢?它对经济效益的最大化有什么影响呢?

当大米和鸡肉的价格都低于它们劳动价值的时候,可以计算出它们的最大生产量,它们都比以前增加了。我们用图 4.8 中虚线 H 来代表价格下降后的生产可能性曲线,当然它也就是新的消费可能性曲线。这条 H 虚线表明,最大的大米产量可以达到 111 亿公斤,鸡肉的生产量可以达到 28.6 亿公斤。或者说大米消费量可以达到 111 亿公斤,鸡肉的消费量可以达到 28.6 亿公斤。但是,H 虚线所代表的消费可能性曲线是一种虚幻。因为我们知道在劳动生产率没有提高的情况下,实际的生产可能性曲线是由 100 亿公斤大米和 25 亿公斤的鸡肉的最大产量点连接的直线所决定的。

根据前面的分析,当价格反映劳动价值的时候,最大的效用点在 K(40 亿公斤大米和 15 亿公斤的鸡肉处)。它的等效用曲线是 B。在价格不反映价值的条件下,消费者不知道真实的生产可能性曲线,也就不可能知道真实的消费可能性曲线。因此,

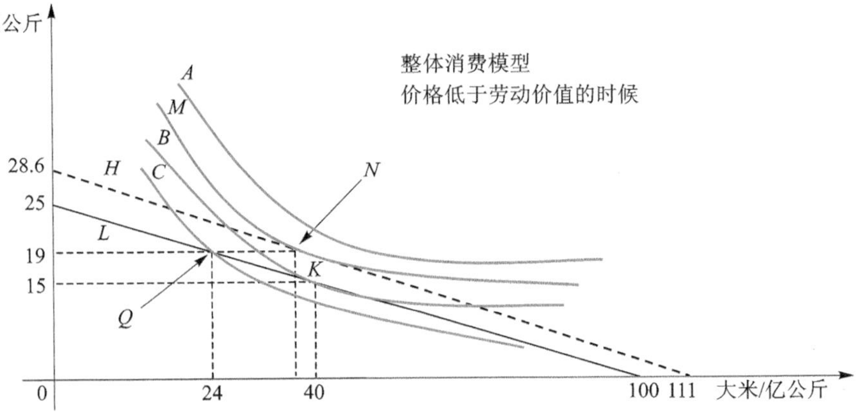

图 4.8 整体消费模型——最大可能消费量

消费者误以为虚线 H 是消费可能性曲线。消费者根据虚线 H 进行效用最大化的选择,那么最大效用点就是 N,等效用曲线是 M。等效用曲线 M 代表的效用高于等效用曲线 B 的效用。如此看来消费者应该获得更多的效用。也就是,价格低于价值的时候,似乎消费者得到了更多的满足或效用。

但是,消费点 N 是不可能实现的。在 N 点的鸡肉消费量是 19 亿公斤,那么根据真实的消费可能性曲线 L,根据给定的劳动价值投入,可以计算出在消费 19 亿公斤鸡肉的前提下,最大的大米产出是

[10 亿劳动价值小时−(0.4 亿劳动价值小时/亿公斤×19 亿公斤)]÷0.1 亿劳动价值小时/亿公斤=24 亿公斤

表 4.30 列出了实际可能的生产量。

表 4.30 实际可能的生产量

K 点的消费量	鸡肉/亿公斤	大米/亿公斤
最大效用点 K 的消费量	15	40

表 4.31 列出了社会必要劳动时间。

表 4.31 社会必要劳动时间

生产 1 公斤商品需要的社会必要劳动时间/小时	消费量
0.4	1 公斤鸡肉
0.1	1 公斤大米

也就是说,如果这个经济体的消费者消费 19 亿公斤的鸡肉,那么消费者还可能消费的大米是 24 亿公斤。在图 4.8 中,它是真实的消费可能性曲线上的 Q 点。Q 点在等效用曲线 B 和 C 之间。也就是说,Q 点的效用比等效用曲线 B 的效用要低。这就证明了在价格低于价值的时候,消费者的总效用会下降。所以,为了达到最

大的经济效益，价格必须能反映它的劳动价值。

2）大米和鸡肉的价格都高于它们的劳动价值

在大米和鸡肉的价格都高于它们的劳动价值的时候，这个经济体的总效用是否可以达到最大呢？消费可能性曲线上的点有可能落在生产可能性曲线（直线）左边，也就是说这些点所代表的商品组合是可能生产出来的，但是这个商品的组合不是最大的产量组合，因而它达不到社会总效用的最大点。下面具体地来看这个经济学的推理过程。

比如，当大米价格反映它的劳动价值的时候，大米的价格应该是每公斤￥1。假定大米的价格是每公斤￥2，这个价格高于它的劳动价值（每公斤￥1）。进一步假定鸡肉的价格是每公斤￥5。鸡肉的价格也高于它的劳动价值（每公斤￥4）。在这样的条件下，一个经济体是否可以实现最大经济效益呢？它对经济效益的最大化有什么影响呢？

当大米和鸡肉的价格都高于它们的劳动价值的时候，可以计算出它们的最大生产量。它们都比以前少了，请看表4.32。在这种条件下，由于计算出的最大产出的减少，消费者以为产出真的减少了。我们用图4.9中虚线 L 来代表价格上升后的生产可能性曲线，当然它也就是新的消费可能性曲线。这条 L 虚线表明最大的大米产量可以达到50亿公斤，最大的鸡肉产量可以达到20亿公斤。或者说，大米的消费量最多可以达到50亿公斤，鸡肉的消费量最多可以达到20亿公斤。

表4.32　整体模型的最大产出

类　别	鸡肉的价格和最大产量	大米的价格和最大产量
正确的价格/（元·公斤$^{-1}$）	4	1
扭曲的价格/（元·公斤$^{-1}$）	5	2
总投入￥100亿或10亿劳动价值小时，在扭曲价格下的最大产出	100亿元÷5元/公斤＝20亿公斤	100亿元÷2元/公斤＝50亿公斤
正确价格下的最大产出	100亿元÷4元/公斤＝25亿公斤	100亿元÷1元/公斤＝100亿公斤

但是，L 虚线所代表的消费可能性虚线是一种虚幻，因为在生产率没有变化的情况下，实际的生产可能性曲线是由100亿公斤大米和25亿公斤的鸡肉的最大产量点连接的直线 H 所决定的。

根据前面的分析，当价格反映它的劳动价值的时候，最大的效用点在 K 点（40亿公斤大米和15亿公斤的鸡肉）。在价格不反映价值的条件下，消费者不知道真实的生产可能性曲线，也就不可能知道真实的消费可能性曲线。因此，消费者误以为虚线 L 是消费可能性曲线。消费者根据虚线 L 进行效用最大化的选择，那么最大效用点就是 N，它的等效用曲线是 C。等效用曲线 C 代表的效用低于等效用曲线 B 代表的效用，如图4.9所示。所以，如此看来消费者的总效用减小了；也就是，当价格高于价值的时候，消费者得到了较小的满足或效用。

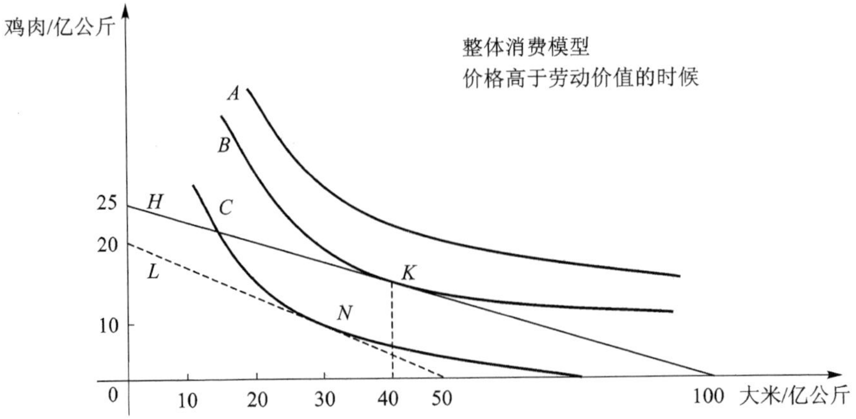

图 4.9　整体模型——两个商品的价格都高于劳动价值

这就证明了在两个商品的价格都高于它们的价值的时候，消费者的总效用会下降。所以，我们可以得出当价格不能反映劳动价值的时候，经济效益会下降。为了达到最大的经济效益，价格必须能反映它的劳动价值。

3）大米或鸡肉的价格，一个高于劳动价值，一个低于劳动价值

在大米和鸡肉的价格一个高于它的劳动价值，一个低于它的劳动价值的时候，这个经济体的总效用是否可以达到最大呢？消费可能性曲线上的点有可能落在生产可能性曲线（直线）的左边，也可能落在它的右边。

表格 4.33 列出我们要研究的假设。鸡肉的价格低于它的劳动价值（每公斤 3 元＜每公斤 4 元），而大米的价格高于它的劳动价值（每公斤 2 元＞每公斤 1 元）。在这样的条件下，一个经济体是否可以实现最大经济效益呢？它对经济效益的最大化有什么影响呢？

表 4.33　两个商品的表格

类　别	鸡肉价格和最大产量 （价格低于它的劳动价值）	大米价格和最大产量 （价格高于它的劳动价值）
当价格不能反映它的劳动价值的时候	每公斤 3 元	每公斤 2 元
正确的价格 劳动价值	每公斤 4 元 （0.4 劳动小时）	每公斤 1 元 （0.1 劳动小时）
总投入￥100 亿或 10 亿劳动价值小时，价格扭曲时的最大产出	100 亿元÷3 元/公斤＝ 33.3 亿公斤	100 亿元÷2 元/公斤＝ 50 亿公斤

当鸡肉的价格低于它的劳动价值（每公斤 3 元＜每公斤 4 元），而大米的价格高于它的劳动价值（每公斤 2 元＞每公斤 1 元）时，我们可以计算出它们的最大生产量。大米的最大产出是 50 亿公斤，而鸡肉的最大产出是 33 亿公斤。我们用图 4.10 中虚线 R 来代表价格上升后的生产可能性曲线，当然它也就是新的消费可能性曲线。这

条 R 虚线表明，最大的大米产量可以达到 50 亿公斤，最大的鸡肉产量可以达到 33 亿公斤。或者说，大米消费量最多可以达到 50 亿公斤，鸡肉的消费量最多可以达到 33 亿公斤。

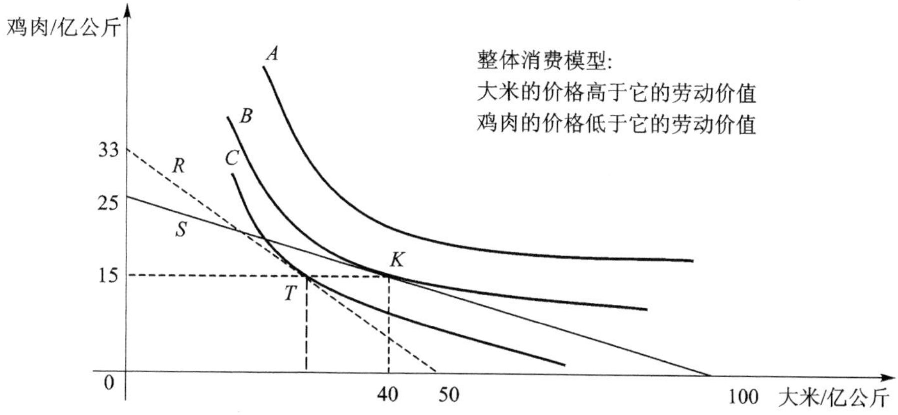

图 4.10 扭曲的价格模型，一个高于劳动价值，另一个低于劳动价值

根据消费可能性虚线 R，可以决定在这个消费可能性曲线上可以达到的等效用曲线。这个等效用曲线就是 C，它与消费可能性虚线 R 在 T 点相切。T 点就是消费曲线 C 决定的可以达到的最大效用点。

根据前面的分析，当价格能够正确反映劳动价值的时候，它的最大的效用点在 K 点(40 亿公斤大米和 15 亿公斤鸡肉)。在价格不反映价值的条件下，消费者不知道真实的生产可能性曲线，也就不可能知道真实的消费可能性曲线。因此，消费者误以为虚线 R 是消费可能性曲线。消费者根据虚线 R 进行效用最大化的选择，那么最大效用点就是 T 点，它的等效用曲线是 C，等效用曲线 C 代表的效用低于等效用曲线 B 的效用。如此看来消费者的总效用减小了。也就是当一个商品的价格高于它的劳动价值，而另外一个商品的价格低于劳动价值的时候，消费者得到了较小的满足或效用。

这就证明了当一个商品的价格高于它的劳动价值，而另外一个商品的价格低于它的劳动价值的时候，消费者的总效用会下降。所以，我们可以得出，当价格不能反映劳动价值的时候，经济效益会下降。为了达到最大的经济效益，价格必须能反映它的劳动价值。

7. 宏观效用模型的结论

在市场经济中，经济效益最大化的条件就是商品的价格必须反映它的劳动价值。只有这样，分散的个体、商业决策者，在他们为自己谋取最大利益或效用最大化时，会无意识地使得整个经济体的效益达到最大。通过提高每小时劳动所带来的总效用，单个的经济决策者会用最小的社会经济成本来满足他们对物质或服务的需求。

总结：为了达到最大的经济效益，在市场均衡的条件下，商品的价格必须能够正确地反映它的劳动价值;也就是商品必须按等价交换的原则来进行交换。这就是经济效益理论的第一定律。它表明了劳动价值与经济效益的关系。它是实现最大经济效益的必要条件。为什么这只是必要条件呢？因为:① 实现最大的经济效益必须给消费者带来最大的效用。消费者必须要对生产的商品有充分的了解,这包括商品的价格、质量、售后服务和同类商品等。这是实现最大效用的重要因素,而等价交换只是其中的一个重要因素。② 我们的研究范围是在商品的生产过程,试图在给定劳动投入的前提下,使一个经济体生产出更多的能够使效用最大的商品。我们的研究没有涉及财富分配或收入分配问题。财富分配也对消费者的效用有影响。

第 5 章

最大经济效益的经济运行条件

社会总效用最大化的必要条件是商品或服务的价格必须能够反映它们的劳动价值，在此基础上，来推导出经济效益最大化的条件。

假定每个劳动者 1 个小时的劳动投入都一样，都为 1 个劳动价值小时。

5.1 最佳利息

在下面的讨论中，假设经济体没有税收，没有国际贸易。

1. 利息和利息率

假设王先生 2019 年 1 月 1 日借给李先生￥100，期限 1 年。年初，￥10 代表 1 个小时的社会必要劳动（1 个小时的劳动价值）。1 月 1 日，王先生借给李先生￥100 也就是 10 小时的劳动价值（￥100÷￥10＝10 个小时的劳动价值）。这样，按照等价交换的原则，1 年以后，李先生需要还给王先生 10 个小时的劳动价值。

考虑时间价值，假定 1 年后 1 个小时的劳动价值为￥11。那么，按照等价交换的原则，李先生就应该还给王先生 10 个小时的劳动价值￥110（￥11×10 劳动小时）。

最初的贷款额是￥100，李先生还给王先生￥110，这两者的差额就是利息。利息率是利息与期初贷款额的比率。此例中，

$$\text{利息}=¥110-¥100=¥10$$

$$\text{利息率}=\text{利息}/\text{最初的贷款额}$$

$$\text{年利息率}=\text{年利息}/\text{贷款额}$$

$$\text{年利息率}=\frac{¥10}{¥100}=10\%$$

结论：

利息的量必须使借贷交换成为等价交换。把上述的关系写成数学公式：

$$R=[V(1)-V(0)]/V(0)=V(1)/V(0)-1$$

式中 R——利息率；

$V(0)$——期初1个小时的劳动价值的货币量；

$V(1)$——期末1个小时的劳动价值的货币量。

上例 $V(0)=$ ¥100；$V(1)=$ ¥110。$R=V(1)/V(0)-1=110/100-1=10\%$，故利率就是10%。

2. 负利息的模型

负利息就是利息率小于零。假设负利息如表5.1所列。

表5.1 负利息

年 初	1个小时的劳动价值的货币量	$V(0)=$ ¥18	10个小时的劳动价值＝¥180
年 末	1个小时的劳动价值的货币量	$V(1)=$ ¥17	10个小时的劳动价值＝¥170

如果在年初，赵先生借给孙先生¥180，那么孙先生在年末应该还给赵先生多少钱呢？根据等价交换的原则，我们假设孙先生借了10个小时的劳动价值，那么他应该还回10个小时的劳动价值。所以孙先生应该还给赵先生¥170，因为在这一年结束的时候，10个劳动小时的劳动价值是¥170。

对于赵先生来说，他借出¥180，年底他只拿回¥170。他不但没有得到好处，还损失了财富。

我们计算一下在这种条件下的利息率。

$$R=[V(1)-V(0)]/V(0)=V(1)/V(0)-1$$

$$R=\frac{170}{180}-1=-5.5\%$$

在这样的条件下，利息率为负数，－5.5%。在现实社会里，在负利息的条件下，没有人有经济动力把钱借出。

3. 利息为零的模型

那么是不是利息率为零就可以了呢？表5.2显示了利息率为零的情况。

表5.2 利息率为零

年 初	1个小时的劳动价值的货币量	$V(0)=$ ¥20	10个小时的劳动价值＝¥200
年 末	1个小时的劳动价值的货币量	$V(1)=$ ¥20	10个小时的劳动价值＝¥200

在这样的条件下，如果要实现经济效益最大化，就要使交换符合等价交换的原则。那么贷款人或贷款机构借出¥200，也就只能收回¥200。

我们计算一下在这种条件下的利息率：

$$R=[V(1)-V(0)]/V(0)=V(1)/V(0)-1$$

$$R=\frac{200}{200}-1=0\%$$

如果利息率为零，那么不论是个人还是银行或其他贷款机构都不会有动力来提供贷款。我们知道，经济是通过资金融通来运行的。最大经济效益的实现不允许利息率为零。当然在现实中的贷款是有风险的，所以实际的利息率会比理论的利息率要高。金融机构会用比较高的利息率来保证在有风险的情况下不受损失。我们讨论等价交换时假设贷款没有风险，即借款人一定会在规定的时间还回贷款和利息。

最佳利息率由下面的公式决定：

$$R=[V(1)-V(0)]/V(0)=V(1)/V(0)-1$$

$$R+1=\frac{V(1)}{V(0)}$$

因为最佳利息率必须大于零，所以上述公式可以写成

$$R=\frac{V(1)}{V(0)}-1>0$$

进一步简化这个公式，可以得到

$$V(1)>V(0)$$

为了使最佳利息率大于零，必须有 $V(1)>V(0)$。这个公式表明，每个劳动价值小时代表的货币必须随时间逐渐增加。在年底每个小时劳动价值可以用 $V(1)$ 来代表。在年初每个小时劳动价值可以用 $V(0)$ 来代表。也就是说，经过一年的时间，货币相对于劳动价值必须贬值。比如，$V(0)=$ ￥10/劳动价值小时，经过整整一年以后，$V(1)=$ ￥12/劳动价值小时，年初￥10 可以相当于 1 个劳动价值小时，但是到了年底，￥12 才相当于 1 个劳动价值小时。每经过一年，货币必须相对于劳动价值贬值。

从另外的角度看，$V(0)$ 就是 1 个小时的劳动价值应该获得的报酬，也就是对于一个标准劳动力工作 1 个小时的收入。当然，我们没有考虑税收。如果需要考虑税收的话，那么这个收入应该是税前收入。

4. 最佳利息率

从上面的分析，我们得到最佳利息率的结论：

① 为了实现最大的经济效益，利息率必须大于零。

最佳利息率由下面的公式决定：

$$R=[V(1)-V(0)]/V(0)=V(1)/V(0)-1$$

② 最佳利息是实现最大经济效益的前提和必要条件。

货币相对于劳动价值必须随时间贬值。标准劳动力的每个劳动小时的货币收入应该逐渐增加。也就是对于每个小时的劳动，年底的收入应该比年初有所增加。从相反的角度看，如果利息率小于或等于零，或者标准劳动力收入没有增加，那么可以说这个经济体没有达到最大经济效益。

③ 根据经济效益理论第一定律，我们看到利息的实质是对贬值的货币的补偿。

在时间增加的时候,货币相对于劳动价值小时贬值。为了实现等价交换,必须要由利息对贬值的货币进行补偿,这样才能实现等价交换。

5. 利息率理论的发展

在经济社会的不同发展时期,人们对利息率有不同的解释。最早的关于利息的思想可能是在圣经里。圣经上说,上帝会给不收利息的借贷者带来福音。

亚当斯密认为,利息是对贷款人的补偿。借款人使用这个钱来获得利润,那么一部分利润自然地应该属于借款人,一部分属于贷款人。“利润的一部分自然属于借钱的人,他承担风险,付出辛劳使用这些资本;而另一部分属于贷款人,他提供给借钱人资本,使他有机会赚到利润”[17]

庞巴维克(Eugen Bohm-Bawerk,1851—1914)认为,利息是在不同时期内对物品效用的主观评价不同的结果。他把所有物品分为两类:直接满足欲望的现在物品;满足将来欲望的将来物品。这两者存在价值上的差别,这种差别是一切资本利息的来源。他把两者的差别归结为人们对现在物品的主观评价较高。

马克思认为,利息是借贷资本家占有的无偿收入。利息来源于产业资本家的利润,而利润是无偿占有工人劳动的收入,所以是剥削。我们通过分析看到等价交换需要利息才能实现。如果是等价交换,那就没有剥削。当然,这里使用了一个假设,那就是等价交换。如果在没有风险的条件下,贷款人收取的利息高于最佳利息率,那么就可以说他收取的利息有一部分是剥削。所以,利息不一定是剥削,只有超过最佳利息率和风险保险的部分才是剥削。比如说,如果最佳利息率是5%,贷款人需要多收3%的利息就可以买到贷款保险。这个贷款保险可以保证在借款人不能归还贷款的时候,保险公司会归还贷款和最佳利息。那么在这里,实际的最佳利息率就是5%+3%=8%。如果贷款人收取10%的利息率,那么超过8%的部分就是剥削,也就是在这里2%的利息率是剥削。所以,利息并不都是剥削,超过最佳利息率和风险保险的利率的部分才是剥削。

西方经济学认为,利息是给借贷资本家的节制的报酬或补偿。补偿包括对风险的补偿和对机会成本的补偿。它也是实际资本的收益。作为一种货币现象,利息率的高低完全由货币的供求决定。[18]

5.2 三变量的关系

这一节主要研究经济变量与最大经济效益的关系,通过推导通货膨胀率来发现最大经济效益的运行条件。为了实现最大经济效益,假定所有的交换都按照经济效益理论第一定律来进行。为了分析方便,我们把所有的劳动力都看成是标准劳动力。当然,在现实社会的一个劳动力,可能是几个标准劳动力。假定没有借贷风险,交换的成本可以忽略不计,时间长短为一年。

1. 经济变量的定义

经济变量的定义如表 5.3 所列。

表 5.3　经济变量的定义

变　量	定　义
S	一年里劳动生产率的提高率,通常是在某一个经济体中来讨论。劳动生产率的提高率是指单位劳动投入的产出的增加率
H	在一年的时间里,一个经济体里劳动小时投入的增加率
L	每小时劳动的货币价值的增加率,比如:每小时劳动的货币价值在年初是￥10,在年末是￥12,则增加率即是 20%
R	借贷年利息率
I	通货膨胀率,是指根据这个经济体的最终产出来计算的价格上涨率。这个通货膨胀率是由这个经济体的最终产出决定的。也就是说,通货膨胀率可以用消费者价格指数来代表。但是,消费者价格指数的定义在每个国家都不同;而且,因为消费者价格指数的定义会随时间变化,所以消费者价格指数只是最终产出的商品的通货膨胀率的近似值。如果没有特别说明,那么通货膨胀率通常是指一年里的最终消费商品或服务的加权的价格上涨率,也就是消费者价格指数 CPI
$P(1)$	在一年或一个时期末的最终(消费品或服务)产出价格水平
$P(0)$	在一年或一个时期初的最终(消费品或服务)产出价格水平
$V(1)$	年末平均每小时劳动的货币价值,如￥12 代表 1 小时劳动价值
$V(0)$	年初平均每小时劳动的货币价值,如￥10 代表 1 小时劳动价值
Q	在这个经济体里,年初平均每日最终产品的产出量
$C(\text{net})$	劳动价值净投资率(C Stands for Capital)
$Z(1)$	年末每个工作日(或一段时间)的劳动力投入量(小时)
$Z(0)$	年初每个工作日(或一段时间)的劳动力投入量(小时)

先来考察通货膨胀的因素,考虑一年的时间里这个经济体最终商品产出的通货膨胀。

根据定义:

$$\text{通货膨胀率}=\frac{\text{年末的平均价格}}{\text{年初的平均价格}}-1$$

$$I=\frac{P(1)}{P(0)}-1$$

2. 经济效益运行条件的推导

最终商品是指生产出来供最终消费用的商品或服务。这包括个人消费品、各级政府的消费品。一辆汽车可以是最终消费品,也可以是生产设备。我们上面计算的通货膨胀率是一个经济体的最终产出的商品的价格变动率。让我们来看图 5.1。根据最大经济效益的运行条件，经济效益理论第一定律——等价交换，最终商品的产出要等于总劳动投入。

图 5.1　经济效益运行条件

让我们来想象一个简单的经济体。如果这个经济体里有 10 个劳动力，他们一年的总劳动投入是 16 000 小时(假设在一年里有 200 个工作日，每天每个劳动力工作 8 小时，那么按 10 个劳动力计算：8 小时×200×10＝16 000 小时)。假设他们用 16 000 小时制造生产工具。这些生产工具使用年限为一年。他们用这些生产工具来生产最终消费品。那么根据等价交换的定律，产出的商品必须代表生产它们的价值投入。也就是说，最终商品产出的价值也是 16 000 小时。

但是人们没有消费掉所有生产出来的商品，在现实的市场经济中，最终商品产出的价值与总劳动投入会有一点不同。在一个经济体中，假如平均每个劳动日的投入是 a 劳动价值(劳动小时)，那么是不是就会生产出 a 劳动价值小时的最终消费品呢？现实经济社会中，随着经济的发展，道路、桥梁、学校、住宅、飞机场、港口、生产设备、科研设备都越来越多。这表明消费者没有消费掉所有的劳动产品，虽然消费者消费了大部分当期的劳动投入所生产的最终产品，但是，还有一些消费品或投资品没有在当期消费掉。所以，随着时间的推移，一个经济体会积累越来越多的财富。对于这个积累下来的商品、物品或产品，我们给它一个名字：净投资。

在现代经济社会里有 0.1%～1%的劳动投入是净投资，也就是说虽然在生产过程中，机器、原材料、能源等的劳动价值的大部分被转移到了最终产品，但是很多投资品和消费品被保留了下来。现代经济的现实是，通常情况下，投资品(机器、道路、基础设施等)没有百分之百地被转移到最终消费品，也不会在一年的时间里被消费。随着经济的发展，我们可以看到更多的公路、铁路、桥梁、发电站等，这些投资品或消费品的增长表明，劳动价值的净投资(劳动小时)是存在的，如图 5.2 所示。

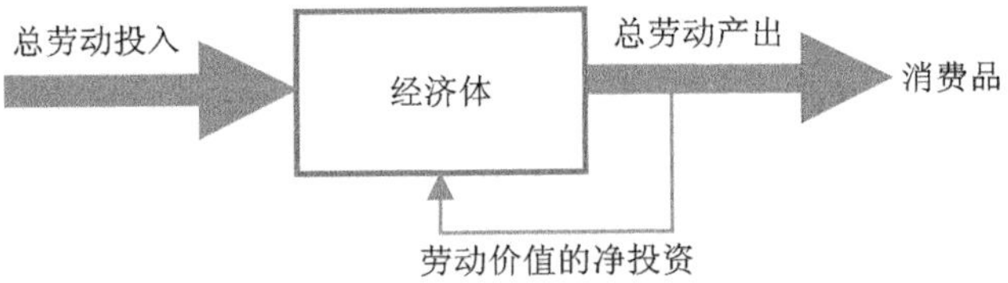

图 5.2　现代经济的现实

用 $C(\text{net})$来代表劳动价值的净投资率。它代表在给定的时期里(比如一年)净投资的百分比。比如说，如果一年的总劳动投入是 16 000 小时，年初这个经济体中没有任何生产装备，年终有 160 小时的生产装备或消费基础设施留在经济体中，那么

$$C(\text{net})=160/16\ 000=1\%$$

那么，这个经济体的最终商品总产出是

$$16\ 000\ \text{小时}\times(100\%-1\%)=15\ 840\ \text{小时}$$

为了能够衡量净投资率，定义：

劳动价值的净投资率＝投入在经济体中的没有当期用完的劳动投入/当期总劳动投入

比如说，某年，一个经济体的总劳动投入是 100 万个劳动小时（劳动价值），在这里 99 万个劳动小时（劳动价值）的价值的最终消费品被消费掉，但是其中 1 万个劳动小时的投资品或消费品没有用完，留在经济体中。比如说生产设备留在生产企业里。此外，飞机场、道路、桥梁等，也没有被消费完。飞机场、道路、桥梁等既是投资品，也是消费品。那么，这个经济体这一年的劳动价值的净投资率是 1%。

为了分析的方便，在推导通货膨胀率时，假设通货膨胀发生在一年的时间里。用一个工作日的时间来计算最终商品的价格水平。

根据定义，有

$$\frac{Z(1)}{Z(0)}=1+H$$

式中　$Z(1)$——年末每日平均总劳动力投入量；

$Z(0)$——年初每日平均总劳动力投入量；

H——总劳动力投入量的增加率。

上面这个公式用来计算在一年里总劳动力投入量的增加率 H。

$$\frac{V(1)}{V(0)}=1+L$$

式中　$V(1)$——年末平均每小时劳动的货币价值，例如，￥12 代表 1 小时劳动价值；

$V(0)$——年初平均每小时劳动的货币价值，例如，￥10 代表 1 小时劳动价值；

L——每小时劳动的货币价值的增加率，例如，每小时劳动的货币价值在年初是￥10，在年底是￥12，则增加率即是 20%。

上面这个公式用来计算每小时劳动的货币价值的增加率 L。首先计算年末的最终商品的平均价格水平。

$$\text{年末的平均价格}=\frac{\text{年末每日产出货币额}}{\text{年末每日产出数量}}=\frac{V(1)Z(1)[1-C(\text{net})]}{Q(1+S)(1+H)[1-C(\text{net})]}$$

式中，$V(1)$是每工作小时的货币价值，比如￥12 等于 1 小时劳动。$Z(1)$是年末每日总劳动力的投入，比如 4 亿小时劳动。$1-C(\text{net})$是减去劳动价值净投资以后，用于生产最终消费品的总劳动价值。

Q 是年初的最终产品产出量。由于劳动生产率提高了 S，所以年末最终产品产出量就变成 $Q(1+S)$。最终产品产出量还会随劳动力投入量的增加而增加。劳动力的增加率是 H。由于这个经济体存在劳动价值净投资，所以最终产出会减小。

$1-C(\text{net})$是减去劳动价值净投资以后的最终产出。

再来看年初的平均价格水平。

$$\text{年初的平均价格}=\frac{\text{年初平均每日产出货币额}}{\text{年初平均每日产出数量}}=\frac{V(0)Z(0)}{Q}$$

式中，$V(0)$是每个工作小时的货币价值，比如￥10 等于 1 小时劳动。$Z(0)$是年初每日总劳动力的投入，比如 3.9 亿小时劳动。Q 是年初每日的最终产品产出量。

因为

$$\text{通货膨胀率}=\frac{\text{年末的平均价格}}{\text{年初的平均价格}}-1$$

这也可以表达成

$$I=\frac{P(1)}{P(0)}-1$$

式中 I——通货膨胀率；

$P(1)$——年末的最终消费品平均价格；

$P(0)$——年初的最终消费品平均价格。

故经过化简，有

$$I=\frac{V(1)Z(1)}{Q(1+S)(1+H)}\times\frac{Q}{V(0)Z(0)}-1=\frac{V(1)Z(1)}{V(0)Z(0)(1+S)(1+H)}-1$$

因为

$$\frac{Z(1)}{Z(0)}=(1+H),\quad \frac{V(1)}{V(0)}=1+L$$

所以

$$1+I=\frac{1+L}{1+S}$$

整理上面的等式，得到

$$(1+I)(1+S)=1+L$$

式中 I——通货膨胀率；

S——劳动生产率的提高率；

L——每小时劳动的货币价值的增加率。

这个公式表明了最大经济效益的必要条件。只有当经济在这样的条件下运行时，才有可能实现最大的经济效益。在关于利息率的讨论中，我们提到 L，每小时劳动的货币价值的增加率必须是正数。这样上式的右边就会大于 1。由于公式的左右是由等号连接的，所以左边$(1+I)(1+S)$也必须大于 1。在劳动生产率的提高率 S 等于零的时候，通货膨胀率 I 必须大于零。通过上面的公式看到，通货膨胀在一定的条件下是好事，它有助于提高经济效益。符合上述公式的通货膨胀才能有助于经济效益的提高。

5.3　最佳利润率

在资本市场中，投资者都希望获得最大的利润。利润是市场经济的根本驱动力。那么怎样才会有最佳利润呢？利润率与经济效益有什么关系呢？

1. 变　量

下面的分析会用到的变量如表 5.4 所列。

表 5.4　变量表 1

变　量	定　义
$V(1)$	年末平均每小时劳动的货币价值
$V(0)$	年初平均每小时劳动的货币价值
B	企业劳动生产率的提高率
P	企业或经济体的平均利润率，也就是最佳利润率
$C(0)$	年初的资本投入量
$C(1)$	年末收回的资本量

2. 数学推导

把一个企业或经济体看成一个黑箱子。投资者年初投入企业资金 $C(0)$，年末收回投资 $C(1)$。根据等价交换的原则，这个企业收回的资金必须与投入的资金具有同等劳动价值。按照经济效益理论第一定律，收回的资本和投入的资本必须具有同样的劳动价值。

年初投入的资本的劳动价值＝年末收回的资本的劳动价值

$$\frac{C(0)}{V(0)}=\frac{C(1)}{V(1)}$$

这个公式可以写成

$$\frac{V(1)}{V(0)}=\frac{C(1)}{C(0)}$$

根据定义，利润率可用下面的公式表达：

$$P=\frac{C(1)-C(0)}{C(0)}=\frac{C(1)}{C(0)}-1$$

或

$$P+1=\frac{C(1)}{C(0)}$$

比如，资本家在年初投资 100 万元，在年末收回投资和利润 112 万元，那么利润率为

$$P=\frac{112-100}{100}=\frac{12}{100}=12\%$$

因为

$$\frac{V(1)}{V(0)}=1+L$$

$$P+1=\frac{C(1)}{C(0)}$$

$$\frac{V(1)}{V(0)}=\frac{C(1)}{C(0)}$$

所以

$$1+L=\frac{V(1)}{V(0)}=\frac{C(1)}{C(0)}=P+1$$

$$1+L=P+1=\frac{V(1)}{V(0)}$$

把前面推导的两个公式代入上式，则

$$(1+I)(1+S)=1+L$$

$$R=\frac{V(1)}{V(0)}-1>0$$

$$R+1=\frac{V(1)}{V(0)}$$

可以得出经济效益理论第二定律：

$$\frac{V(1)}{V(0)}=(1+I)(1+S)=1+L=P+1=1+R$$

式中 I——通货膨胀率；

S——劳动生产率的增加率；

L——每小时劳动的货币价值的增加率；

P——利润率；

R——利息率；

$V(0)$——年初平均每小时劳动的货币价值；

$V(1)$——年末平均每小时劳动的货币价值。

在此得到最佳利润率 P。这里要说明的是，最佳利润率并不表明企业不应获取高于最佳利润率的利润率。如果企业利润率高，那么表明这个企业的经济效益比较好。这公式只是说明平均利润率和其他经济变量应该在什么值才能使经济体的运行达到最大经济效益。

根据前面的分析，我们知道 $V(1)/V(0)$ 必须要大于 1。根据上面的公式，可以得到

$$P=\frac{V(1)}{V(0)}-1>0$$

这个公式表明，实现最大的经济效益的前提是利润。而当利润率满足上述公式

的时候，经济效益才可能达到最大。

以上结论表明，为了使一个经济体在最佳经济效益的状态下运行，那么这个经济体的变量应该满足上述公式所描述的关系。这就是最佳经济效益的运行条件。

5.4　一个商品的价格变化率

在最大经济效益条件下，商品的价格变化率与生产这个商品的劳动生产率有什么关系呢？如生产一种空调系统，某个企业年初要用 1 000 个劳动小时（劳动价值），年末只需要用 960 个劳动小时（劳动价值）。那么，这个企业的劳动生产率提高了。随着劳动生产率的提高，这个商品的价格会有下降的趋势。那么，同样的一种空调系统的价格应该下降多少呢？[19-20]

经济变量

为了讨论的方便，我们来看某商品一年内的价格变化率变量表，如表 5.5 所列。

表 5.5　变量表 2

变　量	定　义
S	一年里某经济体劳动生产率的提高率
C	商品的价格变化率（通常为一年）
$P_s(0)$	商品的年初价格。其中 P 代表价格（Price），s 代表个别的（single）或一个商品
$P_s(1)$	商品的年末价格
B	工业劳动生产率的增加率（一年）
$T(0)$	年初生产某商品日投入的劳动价值
$T(1)$	年末生产某商品日投入的劳动价值
h	单位时间内劳动价值投入的变化率
$Q_s(0)$	年初生产某商品的劳动生产率
$Q_s(1)$	年末生产某商品的劳动生产率
$V(0)$	年初平均每小时劳动的货币价值
$V(1)$	年末平均每小时劳动的货币价值

假设一个企业生产某种电冰箱。年初投入 100 万个劳动小时，用 $T(0)$ 来表示；单位劳动小时可以生产 $Q_s(0)$ 台电冰箱。那么年初的冰箱产量就是 $Q_s(0)T(0)$。比如，$T(0)=100$ 万个劳动小时，$Q_s(0)=0.01$ 台/劳动小时。所以，年初的冰箱产量就是

$$Q_s(0)T(0)=0.01\ 台/劳动小时\times 100\ 万劳动小时=1\ 万台$$

年末由于劳动生产率的提高，这个企业可以生产电冰箱的量是

$$Q_s(1)T(1)=Q_s(0)(1+B)T(0)(1+h)$$

年末投入的劳动力（劳动价值小时）是 $T(1)=T(0)(1+h)$，那么年末投入劳动

$V(1)T(0)(1+h)$。

经济效益最大化的必要条件，等价交换的消费者支付的货币所代表的劳动必须要等于生产这些电冰箱投入的总劳动价值。年末出售的电冰箱的总货币值等于生产这些电冰箱的总劳动投入的货币价值。年末出售的电冰箱的总货币价值 $P_s(1)Q_s(1)T(1)$ 等于生产这些电冰箱的总劳动投入的货币量 $V(1)T(1)$，也就是

$$P_s(1)Q_s(1)T(1)=V(1)T(1)$$

或表示为

$$P_s(1)=\frac{V(1)T(1)}{Q_s(1)T(1)}=\frac{V(1)}{Q_s(1)}$$

根据同样的原理和定律，可以把年初的电冰箱价格表示为

$$P_s(0)=\frac{V(0)T(0)}{Q_s(0)T(0)}=\frac{V(0)}{Q_s(0)}$$

下面是年末的电冰箱价格。

因为

$$P_s(1)Q_s(0)(1+B)T(1)=V(1)T(1)$$

左边冰箱的价格 $P_s(1)$ 乘以冰箱的产量 $Q_s(0)(1+B)T(1)$，得到冰箱的销售总额。其中，B 是劳动生产率的增长率。根据经济效益最大化的必要条件，总销售额应该等于总劳动投入的货币价值 $V(1)T(1)$。所以

$$P_s(1)=V(1)/[Q_s(0)(1+B)]$$

又因为年初电冰箱的价格是

$$P_s(0)=\frac{V(0)}{Q_s(0)}$$

根据定义，可以用下面的公式计算电冰箱的价格上涨率：

$$C=\frac{P_s(1)}{P_s(0)}-1$$

$$C=\frac{P_s(1)}{P_s(0)}-1=\frac{V(1)}{Q_s(0)(1+B)}\times\frac{Q_s(0)}{V(0)}-1=\frac{V(1)}{V(0)(1+B)}-1$$

整理后为

$$(C+1)(1+B)=\frac{V(1)}{V(0)}$$

把上述公式变形，就有

$$\frac{V(1)}{V(0)}=(1+B)(1+C)$$

这个公式表明了一个商品的劳动生产率与价格变动率的关系。在给定 $V(1)/V(0)$ 的条件下，如果生产某一个商品的劳动生产率提高，那么这个商品的价格就应该下降。它表明了在最大经济效益运行的条件下，一个商品的价格变动率与其劳动生产

率之间的关系。

根据前面的分析，我们知道 $V(1)>V(0)$，也就是说 $V(1)/V(0)>1$。如果一个产品的劳动生产率没有提高，$B=0$，那么 C（价格增加率）>0，也就是这个商品的价格必须要提高，因为只有这样才能实现等价交换，才能实现最大经济效益。相反地，如果商品的价格没有变动，$C=0$，那么劳动生产率的增加率必须要大于零，$B>0$。

在推导这个关系的时候，我们强调上述公式描述的是一个商品的价格变化率，以及生产它的劳动生产率的提高率。这个劳动生产率是一个平均的或总体的劳动生产率。它是由所有生产这个商品的企业的劳动生产率来决定的。

5.5 总　结

为了实现最大经济效益，一个经济体的运行变量关系必须满足下面的公式：

$$\frac{V(1)}{V(0)}=(1+I)(1+S)=(1+B)(1+C)$$
$$=1+L=1+P=1+R$$

第 6 章 最大经济效益的实现方法

根据前面章节的推导，为了实现最大的经济效益，商品交换要按等价交换进行。如何才能在市场经济中实现等价交换呢？[9-11]。我们将通过一系列市场模型来分析市场运行的规律，特别是看它能不能实现等价交换。

为了分析和叙述的方便，假设所有的劳动投入都是标准的劳动投入，每个劳动小时的劳动就是一个小时的劳动价值。下面的分析是一系列思想实验。在讨论物物交换的时候，我们会提到物物交换的价格。在有货币的市场经济中，商品的价格是用货币单位来衡量的。比如大米的价格是每公斤 3 元。物物交换市场中，商品价格就是它可以交换的另外一种商品的数量。[12]比如 1 公斤牛肉＝2 公斤猪肉，那么 1 公斤牛肉的价格就是 2 公斤猪肉。

6.1 市场模型 1(无货币媒介的两个产品的市场)

假设有一个简单的经济体(村庄)。在这里居住着 100 户人家，其中 N 户人家生产猪肉，M 户人家生产牛肉。

在这里每一个家庭是一个生产单位。其生产两种产品：牛肉或猪肉。根据英国古典经济学家亚当斯密的分析，劳动分工会使劳动生产率提高。如果每个家庭只生产一种产品，那么其具有下面的劳动生产率。但是，如果一个家庭生产两种产品，那么这个家庭的劳动生产率会更低。所以，每个家庭为了获得最大利益，应该只生产一种产品。这个生产方式就是分工合作。每个家庭可以在市场上获得其所需要的另外一种自己不生产的产品。这个市场就是物物交换的市场。

假设生产不需要(资本)生产资料，每个家庭在市场上交换他们的产品且劳动生产率一样。在交易市场上，买卖双方都希望获得最大的利益，也就是以最少的劳动投入来获得最高的劳动生产率。

这个模型的假设如表 6.1 所列。

表 6.1　模型的假设

类　别	分工合作时的劳动生产率	分　工
生产 1 公斤牛肉所需要的劳动小时	4	有 M 家只生产牛肉(其中有老王家)
生产 1 公斤猪肉所需要的劳动小时	2	有 N 家只生产猪肉(其中有老张家)

老王家生产牛肉,他希望通过市场获得猪肉。老张家生产猪肉,他希望通过市场获得牛肉。在交易市场上,他们会在什么价格下成交呢?

对于老王来说,他需要猪肉,但是他也可以自己生产猪肉,他知道生产猪肉每公斤需要 2 个小时劳动,而他自己生产牛肉每公斤需要 4 个小时劳动。他会用 1 公斤牛肉去换 1 公斤猪肉吗?不会,因为这样他就亏大了。他会希望 1 公斤的牛肉换得至少 2 公斤的猪肉。所以,对于买猪肉的人家来说,1 公斤猪肉的价格应该≤0.5 公斤牛肉的价格。

对于老张来说,他需要牛肉。当然他也可以自己生产牛肉。生产牛肉每公斤需要4 个劳动小时,而他自己生产的猪肉是每公斤 2 个劳动小时。他愿意用 1 公斤猪肉去换 1 公斤牛肉吗?会,这样他就赚了,因为他用 2 个劳动小时的猪肉换回 4 个劳动小时的牛肉。但是,卖牛肉的不愿意了。老张会希望他 2 个劳动小时的产品(1 公斤猪肉)也能换得 2 个劳动小时或者更多的产品(如至少 0.5 公斤牛肉)。

图 6.1 中,老王和老张都可以接受的交换价格就是图中的直线。这条直线代表双方都愿意接受的交换价格,这个交换价格正好符合等价交换的原则。

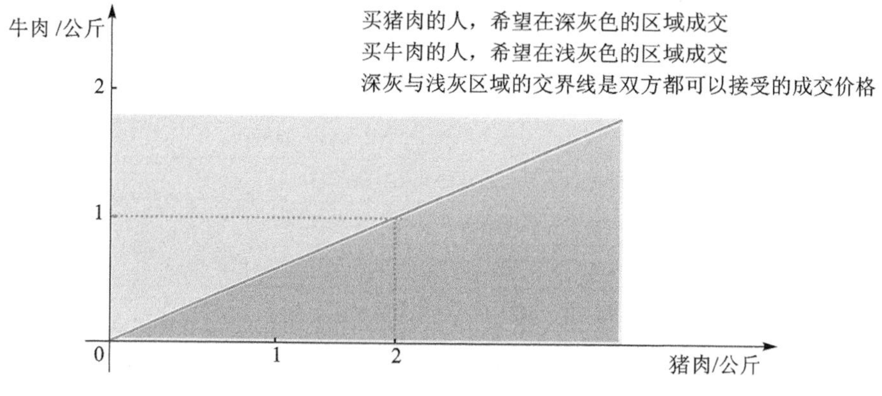

图 6.1　价格关系图

在市场均衡的条件下,市场会自动地按照等价交换的原则进行交换。第一个模型研究的是市场均衡价格和等价交换的关系。市场的均衡价格就是等价交换。

下面,我们总结在上面市场模型中使用的假设,如表 6.2 所列。

表 6.2　市场模型中使用的假设

假设编号	假　设
1	生产要素可以自由流动，每个参与者（生产者和消费者）都可以自由地进出市场
2	这个市场模型描述在市场均衡条件下商品会如何交换
3	生产者和消费者在市场经济中的行为都是为了获得最大的物质利益
4	所有生产者都有同样的劳动生产率
5	第一个市场模型是一个物物交换的市场
6	在这个模型中劳动投入是唯一的投入且劳动生产率是固定的无货币媒介

对其他模型的简介

以上的 6 个假设使得市场模型 1 相当简单，也因此离现实有一定的距离。显然，如果一个理论止步于此，那么它也就没有多大用处，因为它离真实的市场环境相差太远。为了改进这一点，我们将一个一个轮流地放宽或改变假设条件，然后讨论这些改变对市场模型有何含义和启迪，直到最终找到一组条件，使得它既接近现实又具备理论研究的可能。

下面讨论简单市场模型 1 中的假设。放宽这些假设会导致市场模型环境的变化，使得市场模型有细微的差异。每考虑一个假设，市场模型就会改变一次。每一次变化都可以被认为是不同市场模型的一个属性。表 6.3 描述了我们将要讨论的内容：哪个模型对应哪个假设，每个市场模型讨论的焦点是什么，以及我们试图发现什么。随着市场模型的条件趋于现实，市场模型必须考虑多种不同的条件假设。

表 6.3　市场模型以及讨论的焦点问题

模型编号	假设编号	讨论的焦点
2	2	市场对供应与需求的变化作何反应
3	3	市场对利他的商品交易行为作何反应
4	4	当生产者的生产效率不同时，市场经济如何运作
5	5	为市场经济模型引进货币概念
6	6	为市场经济引进资本概念

6.2　市场模型 2

在这个模型中，我们将关注市场模型 1 中的第 2 个假设。假设 2 可以这样陈述：这个市场模型描述在市场均衡条件下，商品会如何交换。在均衡时商品按照生产它们而使用的劳动价值进行交易。如果商品供应量大于需求量或者反过来，那么商品交易不会在均衡点发生。

市场模型2的目的是研究在非均衡条件下市场是如何运行的，也就是在供应量大于需求量的条件下，或者反过来供给量小于需求量的时候市场是如何运行的。

通过下面的模型，我们会看到商品价格会随着需求供应关系的变化而上升或下降。价格变动围绕着生产商品而使用的社会平均劳动时间而变化，也就是围绕着商品的劳动价值而变化。市场的力量会使商品的价格向均衡价格的方向运动，而供求的变化会使得价格向背离均衡价格的方向变化。

这个模型将展示出，有一种力量会将价格推向劳动价值，把交换推向等价交换。为了便于说明，考虑以下市场模型。假设王先生和张先生现在是一个大型市场的两个生产者，也就是说还有其他的生产者和买家，因此王先生和张先生是无法操控市场价格的。在这里沿用市场模型1中的假设，即在均衡点，1公斤牛肉的价格是2公斤猪肉。表6.4列出了市场均衡价格。

表6.4　市场均衡价格

市场的均衡价格产品	牛肉(老王)	猪肉(老张)
生产1公斤肉需要的劳动小时/个	4	2

假定张先生和王先生具有相同水平的生产力。他们需要相同的劳动价值小时来生产1公斤的猪肉或1公斤的牛肉。

1. 牛肉需求增加的市场反应

当市场牛肉的需求增加时，牛肉商会提高牛肉销售价格，从而获得更多的利润。如果1公斤牛肉的市场价格因为一时牛肉需求的突然增长而(从2公斤猪肉)涨到了3公斤猪肉，市场会发生什么变化呢？

张先生会发现生产牛肉比生产猪肉更能获利。假设每个生产者只有12个劳动小时作为生产投入。在给定的12个劳动小时下，张先生可以生产6公斤猪肉。这可以在市场上交换2公斤牛肉。换句话说，如果张先生仅仅生产猪肉，他要么拥有6公斤猪肉，要么拥有2公斤牛肉(如果所有猪肉都用于交换了牛肉)。如果张先生利用12个劳动小时来生产牛肉，他可以生产3公斤牛肉，而这可以交换9公斤猪肉。这些选择在表6.5中做了概括。因此，对生产者而言，生产牛肉比生产猪肉更能获利。由于张先生和其他的生产者发现生产牛肉更能获利，更多的生产者将产品从猪肉转换为牛肉。

表6.5　牛肉价格上涨的市场

牛肉价格上涨	生产什么(12个劳动小时的投入)	用于交换	结　果
选择1	6公斤猪肉	2公斤牛肉	2公斤牛肉或6公斤猪肉
选择2	3公斤牛肉	9公斤猪肉	3公斤牛肉或9公斤猪肉

如果猪肉和牛肉的价格都高于生产它们的劳动价值，那么这会吸引投资者和生

产商扩大生产规模和生产能力。最终,猪肉和牛肉的产量会增加。商品的价格会向劳动价值决定的价格,即均衡价格移动。

假设当更多牛肉上市的时候,牛肉供给超过市场的需求,那么它的价格就会下跌。最终,牛肉价格会跌到由生产它的必要劳动小时决定的价格水平,也就是生产牛肉的劳动价值。

在市场均衡时,每公斤牛肉的价格是2公斤猪肉。这个价格也可以直接由生产它所需要的劳动小时来表示。以劳动小时为单位,每公斤牛肉在均衡点的价格是4劳动价值小时。

2. 牛肉需求减少的市场反应

当牛肉需求减少时,牛肉商会降价销售牛肉。牛肉价格跌到低于均衡水平。假定每公斤牛肉的价格变为1公斤猪肉。这就等价于2个劳动小时,因为生产1公斤猪肉需要2个劳动小时。接下来市场会发生什么?

表6.6描述了当牛肉价格低于均衡水平的情况。选择1比选择2好得多。在这种情况下,牛肉生产者会发现生产猪肉更能获利,更多的生产力会用于生产猪肉,而牛肉的生产会减少。当牛肉生产缩减时,牛肉价格会回升直至达到均衡点。如果猪肉和牛肉的价格都低于生产它们的劳动价值,那么,生产商会发现生产猪肉和牛肉以外的其他商品更加有利可图,所以生产能力会向更有利可图的商品转移。

表6.6　牛肉价格下跌的市场

牛肉价格下跌	用12个劳动小时可生产	可以换得的商品	结　果
选择1	6公斤猪肉	6公斤牛肉	6公斤猪肉或6公斤牛肉
选择2	3公斤牛肉	3公斤猪肉	3公斤猪肉或3公斤牛肉

总的来说,如果牛肉价格低于市场的均衡价格,市场的力量(亚当斯密的“看不见的手”)将会抬高价格直至均衡。当牛肉的价格低于牛肉的价值(也就是生产牛肉的社会必要劳动时间)时,生产者会发现生产其他产品,比如猪肉更能获利,那么劳动力就会从牛肉的生产中退出,更多的劳动力会生产猪肉。所以牛肉的产量将会减少,牛肉的价格就将会上升。

综上所述,价格会趋向于均衡,即价格等于生产商品所需的劳动价值。商品的供需关系的变化会导致商品价格的上涨或下跌,而市场的力量会将价格推向均衡价格。在均衡价格,商品价格反映它的劳动价值。当市场达到均衡价格的时候,市场供给保持稳定。

在这个案例中,均衡点等于商品的劳动价值。这仅仅在有效市场条件下发生。然而,均衡点并不一定在所有情况下都等于商品的劳动价值。如果市场仅仅部分有效,例如土地市场,则均衡价格可能不等于劳动价值。这是因为没人能够通过生产更多的土地而利用土地价格上升来赚取更多的利润。后面,我们会进一步阐述有效市场和无效市场。

在完全竞争的市场条件下，市场的力量会自动地配置生产资源，并且当消费者需求量增长时，引导生产者生产更多的商品；而当需求量减少时，生产更少的商品。

6.3　市场模型 3

第 3 个假设是生产商和消费者的行为都为了他们自己的物质利益。这个假设是市场经济的基础。然而，现实中有人可能是无私的。当无私的人出现在市场上时，他们对市场经济的运行有何影响呢？结果是他们将被挤出市场。

某个市场有许多买者和卖者，包括王先生和张先生。王先生有意用低于市场价格的价格来销售他的产品。如上面所提到的市场模型 2，均衡价格水平是 1 公斤牛肉＝2 斤猪肉。如果王先生决定低价出售他的牛肉，有买家将买下王先生的牛肉，然后转售以赚取利润。

假设王先生愿意卖 1 公斤牛肉的价格是 1 公斤猪肉。陈先生用 100 公斤猪肉交换了王先生 100 公斤牛肉。然后他在市场上转手出售这些牛肉，出售价格是 1 公斤牛肉为 2 公斤猪肉。这样陈先生出售了这 100 公斤的牛肉而获得 200 公斤的猪肉，净赚了 100 公斤猪肉。这个例子中，可以理解为王先生自愿转移自己的劳动小时给别人，不要求报酬。换句话说，王先生自愿无偿地为别人劳动。在竞争激烈的市场，王先生生产的商品只占市场上该商品的很小部分，因此，他的低价出售不会改变市场的行为。商品的价格仍然会向它的均衡价格或符合劳动价值的价格方向移动。

6.4　市场模型 4(具有不同劳动生产率的生产者)

第 4 个假设是“所有生产者都有同样的劳动生产率”。也就是，每个劳动者的 1 小时投入都能生产出同样数量和质量的产品。当生产者的生产效率不同时，市场如何运作呢？

在生产者生产效率不同的条件下，生产者虽然可以生产许多种产品，但可能某些产品的劳动生产率会更高，这样，如果生产者只生产自己更有比较优势的商品，他们将获取比别人更多的利润或收入。每个生产者都生产自己有比较优势的产品，社会通过分工合作将提高全社会的劳动生产率。①由于分工合作，导致专业化生产，工人将获得更多的知识和生产技能。②分工合作和专业化生产使得大量生产成为可能。这样生产商会更有动力去提高技术，这就促进科学和技术的发展。③分工合作和专业化生产将进一步导致在工程和科学技术领域的专业化，从而促进科学和技术的发展。

下面我们来考察在生产者劳动生产率不同的时候生产如何运行。假设有许多生产者。表 6.7 中的数值代表生产 1 公斤产品所需要的劳动价值小时。如王先生用

4 个劳动小时来生产 1 公斤牛肉，李先生用 0.52 个劳动小时生产 1 公斤麦子。麦子的生产者中，王先生的劳动生产率最高(0.45 个劳动小时)；猪肉的生产者中，唐先生和李先生的劳动生产率最高(1.9 个劳动小时)。劳动生产率的不同会导致分工合作。

表 6.7 不同劳动生产率的市场

劳动小时

产品 生产者	牛 肉	猪 肉	麦 子
王先生	4	2	0.45
张先生	3.5	2.2	0.5
唐先生	4.1	1.9	0.47
李先生	3.9	1.9	0.52

如果是计划经济，怎样安排生产来实现最大劳动生产率呢？应该张先生生产牛肉，唐先生和李先生生产猪肉，王先生生产麦子。但是如何利用市场的机制来实现生产的优化呢？以牛肉为例，生产者可以接受的价格是这个商品的劳动价值或者比这更高的价格，如表 6.8 所列。

表 6.8 可以接受的价格

牛肉的生产者	每公斤牛肉的价格/劳动小时
王先生	≥4
张先生	≥3.5
唐先生	≥4.1
李先生	≥3.9

为了叙述的简单，我们假定市场里使用这样一种货币，它的面值是标准的劳动价值小时。假如市场上牛肉的价格是每公斤 4.0 个劳动小时，除了唐先生以外，所有的生产者都会参与牛肉生产。因为唐先生的劳动生产率低于每公斤 4.0 个劳动小时，而其他生产者的劳动生产率都高于每公斤 4.0 个劳动小时。对于唐先生来说，他最好生产其他产品。而张先生就有利可图了。因为他生产的牛肉每公斤只需要 3.5 个劳动小时，然而他可以按市场价格换得 4.0 个劳动小时。对于他出售的每公斤牛肉，他可以净赚 0.5 个劳动小时(4.0−3.5=0.5)。我们把这 0.5 个劳动小时称为**劳动价值的净利润**。

假设每个生产者都是 1 000 个劳动小时，张先生为了获更多利润，第一，他可以减少或停止生产猪肉或麦子。这样他可以将他所有的劳动小时(1 000 小时)都用来生产牛肉。第二，他可以雇佣其他工人来为他工作。即便按等价交换的原则，给予每个工人每个劳动小时的货币报酬，张先生还是有利可图。这个结果就会导致分工合作及专业化生产，牛肉生产集中，专业化程度提高。

牛肉的市场供给不断提高会导致牛肉的价格逐渐下降。此时，劳动生产率较低的生产者会被挤出牛肉生产行业。比如当市场价格降到每公斤牛肉3.9个劳动小时的时候，王先生就不愿意再从事牛肉生产，因为王先生需要使用4个劳动小时生产1公斤的牛肉。所以，我们可以得到这样的结论：在生产者具有不同劳动生产率的时候，由于物质利益的驱动，劳动生产率高的生产者会扩大再生产，而劳动生产率低的生产者会被挤出这个市场。市场上商品的价格会向它的劳动价值的方向运动。所以，最高劳动生产率的生产者所决定的劳动价值最终成为社会必要的劳动价值。

当市场上有高劳动生产率的生产者时，就会引起其他生产者的模仿和学习，从而实现更高的劳动生产率。在完全竞争市场上，没有哪个生产者可以永远处于领先地位，他有可能被其他竞争者超越。在这样的竞争过程中，商品价格会向最高劳动生产率决定的劳动价值的方向运动。然而，在不完美的市场上，有生产者拥有其他生产者无法获得的先进技术或工艺，就会形成行业垄断。当市场上出现垄断的时候，商品的价格常常不能向它的劳动价值的方向运动。也就是说，垄断的市场不能使得经济效益得到最大。

在完全竞争的市场上，商品的价格会向它的劳动价值的方向运动。低效率的生产商将被兼并或歇业。市场会优化配置资源，选择最有效率的生产者来生产市场需要的产品。在完全竞争的市场条件下，市场均衡点等于产品的劳动价值。换句话说，在市场的均衡点，市场交换按等价交换的原则进行。

6.5　市场模型5

在市场模型5中我们会引入货币。在有货币的条件下，市场会如何运行？货币的功能是什么？

货币的功能是：① 价值尺度。货币可以用来衡量其他一切商品的价值。商品的价格就是商品价值的货币表现。② 流通手段。即货币在商品流通中充当交换的媒介。货币使得直接的物物交换分离成买卖两个相对独立的阶段。货币使得买卖双方更容易成交。在物物交换的市场上，一个面包商人需要买一双鞋，他必须找到一个鞋匠。而这个鞋匠正好也要买面包。但是如果这个鞋匠需要买衣服而不是面包，那么他们就不可能成交。物物交换(易货交易)市场依赖于需求的双重巧合。③ 贮藏手段。在有货币以前，贮藏价值或财富几乎是不可能的。货币使得贮藏财富成为很容易的事情。人们可以贮藏他们多余的购买力。当贵重金属货币用于贮藏财富的时候，财富的价值会随着贵重金属的市场价值变动而变动。当纸币用于贮藏财富的时候，纸币的价值稳定性会影响贮藏财富的价值。贮藏财富或贮藏价值是资本形成的基础。货币可以随时用于采购，它的流动性强。④ 支付手段。现代经济建立在信用的基础上，于是买卖关系变成债权债务关系。货币除支付债务外还可以付税、支付罚款、捐献等。⑤ 世界货币。货币在国际交易中使用就成为世界货币。在国际市场上充当一般等价物购买外国商品或作为社会财富的一般代表，由一国转移到另一国。

现代国家的经济依靠纸币运行。现代世界经济也不再依靠贵重金属货币。但是，在历史上有上千年的时间，人们都使用贵重金属作为货币。我们首先来考察当贵重金属被用来当作货币的时候，市场是如何运行的。然后，我们来看纸币在经济中的运行。

贵重金属的价值是由它的劳动价值来衡量的。贵重金属货币是劳动的产物，金属货币的价值是由生产它的劳动价值决定的，如表 6.9 所列。当然，在供求不平衡的时候，这种货币的价格就会偏离它的价值。我们假设在这个经济体中，银币是货币。每个家庭是一个生产单位。在这个经济体中有许多家庭。为了分析方便，假设每个家庭都具有同样的劳动生产率，他们可以随便进出一个生产领域，比如说今年生产银币，明年生产猪肉。每个家庭都知道市场的信息。他们知道生产 1 公斤猪肉需要多少劳动，生产 1 元银币需要多少劳动，等等。

表 6.9　使用金属货币的市场

类　别	分工合作时的劳动生产率	市场均衡价格/元	分　工
生产 1 公斤牛肉所需劳动小时	4	4(银币)	有 M 家只生产牛肉(包括老王家)
生产 1 公斤猪肉所需劳动小时	2	2(银币)	有 N 家只生产猪肉(包括老张家)
生产 1 元银币所需劳动小时	1		有 J 家生产银币(包括老李家)

在这个模型里，银币是交换的媒介。在这里 1 元银币代表 1 个劳动小时。所以，在市场的均衡点，1 公斤牛肉的价格是 4 元银币，而 1 公斤猪肉的价格是 2 元银币。通过前面模型 1 的分析，我们知道，如果市场价格高于均衡价格，更多的生产者就会加入生产行列，供给增加，这样价格就会向均衡价格的方向运动。如果市场价格低于均衡价格，生产者就会渐渐地撤出生产行列，供给减少，市场价格就会向均衡价格的方向运动。

如果猪肉和牛肉的价格都低于它们的价值，那么猪肉和牛肉的产量就会减少，而更多的生产能力就会用于生产银币，即当市场上 1 公斤牛肉的价格低于 4 元银币，而 1 公斤猪肉的价格低于 2 元银币的时候，更多的生产能力就会向银币生产转移。因为，人们发现如果生产银币，就可以用比较少的劳动换得比较多的劳动果实。如表 6.10 所列，假设 1 公斤牛肉的价格是 3 元银币，而 1 公斤猪肉是 1 元银币。

表 6.10　肉的价格低于它的劳动价值

商　品	每公斤的价格 (低于劳动价值)/元	劳动价值小时/个	银币生产者可以赚到的 额外劳动价值小时/个
牛肉	3(银币)	4	1
猪肉	1(银币)	2	1

从表 6.10 可以看到，银币生产者在买猪肉和牛肉的时候都可以赚到额外的劳动价值。假如他购买 1 公斤牛肉(4 个劳动小时)使用 3 元银币(3 个劳动小时)，这样他就使用 3 个小时的劳动换得 4 个劳动小时的劳动成果(1 公斤牛肉)。同理，如果他买 1 公斤猪肉，他也可以使用 1 个劳动小时(1 元银币)换得 2 个劳动小时的劳动成果(1 公斤猪肉)。这样，生产银币的人会越来越富，而生产猪肉或牛肉的人会越来越穷。这样银币的生产会增加，而猪肉和牛肉的生产会相对减少。直到银币的价格下跌，猪肉和牛肉的价格上升，逼近市场的均衡点。在市场的均衡点，市场的价格反映它们的劳动价值。

相反，如果猪肉和牛肉的价格都高于它们的价值，那么更多生产能力会从银币转移到猪肉或牛肉，猪肉、牛肉产量增加。也就是说，市场上 1 公斤牛肉的价格高于 4 元银币，而 1 公斤猪肉的价格高于 2 元银币。如表 6.11 所列，假定牛肉价格是 5 元银币，猪肉价格是 3 元银币。这个价格高于生产它们的劳动价值小时。

表 6.11　肉的价格高于它的劳动价值

商　品	每公斤的价格(高于劳动价值)/元	劳动价值小时/个	银币生产者买牛肉或猪肉亏损的劳动价值小时/个
牛肉	5(银币)	4	−1
猪肉	3(银币)	2	−1

表 6.11 中，银币生产者购买猪肉和牛肉都会亏损，如他用 5 元银币(5 个劳动小时)购买 1 公斤牛肉(4 个劳动小时)，或他用 3 个劳动小时(3 元银币)换得 2 个劳动小时的劳动成果(1 公斤猪肉)。这样，生产银币的人会越来越穷，而生产猪肉或牛肉的人会越来越富。这样银币的生产量会下降，而猪肉和牛肉的生产量会增加，直到银币价格上升，猪肉、牛肉价格下降，逼近市场的均衡点。

所以，当贵重金属充当货币时，市场本身会不断调节商品和货币的生产量，商品的价格会向它们的劳动价值移动，也就是向市场的均衡点移动。在市场的均衡点，商品的价格会反映它们的劳动价值。

当纸币充当交换媒介时，它的市场运行和金属货币基本一样。只是纸币本身的内在价值和它的票面价值没有直接的联系，它是信用货币。

当纸币充当货币时，市场是如何运行的呢？如表 6.12 所列，假设每个家庭是一个生产单位。1 元人民币代表 1 小时的劳动价值。每个家庭的劳动生产率相同。

表 6.12　纸币的市场经济

类　别	分工合作时的劳动生产率	市场均衡价格/元	分　工
生产 1 公斤牛肉所需劳动小时	4	4	有 M 家只生产牛肉(包括老王家)
生产 1 公斤猪肉所需劳动小时	2	2	有 N 家只生产猪肉(包括老张家)

在这个模型里，人民币是交换的媒介，1 元代表 1 个劳动小时。所以，在市场的

均衡点，1公斤牛肉的价格是4元，而1公斤猪肉的价格是2元。如果市场上所有商品（包括猪肉、牛肉）都涨价了，而商品交换价格没有变化，比如说猪肉和牛肉的价格比率没有变化，那就表明纸币出现了贬值，如表6.13所列。

表6.13 新均衡价格

类别	分工合作时的劳动生产率	新的市场均衡价格/元	分工
生产1公斤牛肉所需劳动小时	4	8	有 M 家只生产牛肉（包括老王家）
生产1公斤猪肉所需劳动小时	2	4	有 N 家只生产猪肉（包括老张家）

在这个新的市场里，每个劳动价值小时是2元。市场均衡价格是8元代表4个劳动小时（看牛肉的生产）或者2小时劳动可以换得4元。

市场的机制就是使得均衡价格的比率反映它们价值的比率。表6.14表明劳动价值的比率和价格的比率。当市场的价格偏离这个均衡价格的比率的时候，市场机制就会使价格向均衡价格的方向运动。

表6.14 劳动价值和价格的比率

类别	每公斤牛肉和猪肉
劳动价值的比率	4小时÷2小时＝2
价格的比率	8元÷4元＝2

假如价格比率发生变化，市场将如何把价格推向均衡价格呢？请看表6.15。

表6.15 偏离均衡价格的市场

类别	每公斤牛肉和猪肉
劳动价值的比率	4小时÷2小时＝2
偏离均衡价格的价格比率	6元÷4元＝1.5

在这种情况下，牛肉的生产者每个小时的劳动可以换得的人民币是1.5元（6元÷4劳动小时＝1.5元/劳动小时）。而猪肉的生产者每个小时的劳动可以换得的人民币是2元（4元÷2劳动小时＝2元/劳动小时）。生产者会发现，生产猪肉比生产牛肉更有利可图，这样会使得一部分牛肉生产者加入猪肉的生产行列。这样牛肉的产量减少，供给减少，而猪肉的产量增加，供给增加。直到商品的价格比率逼近它们的劳动价值的比率，即价格反映它的劳动价值。

6.6 市场模型6（有资本投资的商品生产）

在前面的模型中没有考虑资本投入。如果生产过程中加入资本，那么又会怎样呢？

在我们的分析中引入资本是这个分析中最为复杂的一件事。当资本引入到生产中时，需要回答几个问题：① 资本收益率（资本回报率）在市场的作用下是如何运动的？资本收益率的均衡点在哪里？② 劳动力的报酬又会怎样运动呢？它的生产均衡点在哪里？

1. 资本投入的简单思想实验

让我们用一个简单的模型开始资本投入生产过程的分析。在这个例子中，有 N 个生产单位。为了简单起见，假定每个生产单位的劳动生产率都是一样的。每个劳动者的劳动小时都是标准的劳动价值。表 6.16 为资本投入模型。

表 6.16　资本投入模型

类　别	生产率
在资本投入以前	每个小时生产 1 条鱼
在资本投入以后	每个小时生产 10 条鱼

以渔民老赵和老王为例，在没有使用任何工具的条件下，他们每个人都可以用 5 个小时抓到 5 条鱼。老王用 10 个小时织了一个渔网，然后老王把他的渔网投入老赵的渔业生产。在使用了渔网后，老赵 5 个小时可以抓 150 条鱼。假如这个渔网的使用寿命也只有 5 个小时。这个渔网就是投入生产的资本，这 150 条鱼，老王和老赵该如何分享？

老王把他的渔网投入老赵的渔业生产，那么他们的总劳动投入是：

10 劳动小时（渔网的生产时间）+5 劳动小时（老赵工作小时）=15 劳动小时

而鱼的总产量是 150 条，所以，每个劳动小时获得 10 条鱼，即

150 条鱼÷15 劳动小时=10 条鱼/劳动小时

所以，老王投入 10 个劳动小时应得 100 条鱼，而老赵投入 5 个劳动小时应得 50 条鱼。也就是说，在等价交换的条件下，每小时劳动果实是 10 条鱼。

上面是按等价交换原则进行的分析。下面我们来看如果老王获得比等价交换数量更多的鱼，那么市场会发生什么样的运动。

表 6.17 中有三种情况，第一种情况是等价交换，第二种和第三种情况是高、低额利润。下面我们讨论高额利润的情况。

表 6.17　资本和劳动力分成

生产者	等价交换条件下所得	高额利润条件下所得	低额利润条件下所得
老王（资本家）	100 条鱼（每小时劳动换得 10 条鱼）	130 条鱼（每小时劳动可获得 13 条鱼）	70 条鱼（每小时劳动可获得 7 条鱼）
老赵	50 条鱼（每小时劳动换得 10 条鱼）	20 条鱼（每小时劳动可获得 4 条鱼）	80 条鱼（老赵投入 5 个劳动小时，每个劳动小时所得是 16 条鱼）

对于这些从事渔业生产的人来说，他可以生产渔网，也可以利用别人的渔网来生产鱼。在高额利润的条件下，渔民会发现生产渔网比生产鱼更有利可图。我们假设，

在高额利润的条件下,(表 6.17 中)生产渔网的渔民,每小时可以换得 13 条鱼,而只投入劳动(打渔)的老赵,每小时可获得 4 条鱼。在这样的市场条件下,渔民们很快地发现,最好的情况是生产渔网,这样可以挣得更多的财富。所以,市场上很多渔民会放弃生产鱼转而生产渔网。当渔网的产量上升,而打渔的人减少的时候,打渔的渔民会要求在劳动成果里分得更多的鱼,而渔网的生产者由于市场的压力,也会让出生产成果。这种趋势和运动会持续到他们的交换接近等价交换。只要有不等价交换存在,有一部分人就会比其他人获得更多的生产成果,生产者(生产单位)就会放弃收入少的行业,加入更为有利可图的生产行业,其结果就是市场的交换向等价交换的方向运动。

在低额利润条件下,渔民会发现利用别人生产的渔网从事渔业生产会更有利可图。如果老王用了 10 个劳动小时生产渔网,老赵使用这个渔网去打渔,老赵用了 5 个劳动小时获得 150 条鱼,那么,该如何分配这个劳动成果呢?我们假设在低利润的情况下,老王可以获得 70 条鱼(每小时的劳动可获得 7 条鱼),而老赵可以获得 80 条鱼(因为老赵投入 5 个劳动小时,所以每个劳动小时的所得是 16 条鱼)。显然,我们看到老赵获得比较多的财富,他每个劳动小时可以得到更多的鱼。在这样的情况下,老王觉得还是用别人的渔网来打渔更划算。如此一来,生产渔网的人会减少,生产资料的生产会减少;而从事渔业生产的人数会上升,消费品的生产会增加。这样,市场机制会自动地把市场的不等价交换推向等价交换,也就是市场的力量会使交换向等价交换的方向运动。

因此,在市场交换偏离等价交换的时候,无论利润高低,市场交易都会向等价交换的方向运动。

2. 劳动生产率不断提高条件下的思想实验

下面,我们通过一个思想实验来研究在劳动生产率不断提高的条件下,市场会如何运作。

老王也可以雇佣老赵打渔。这样,生产资料的生产者成为了资本家。那么老赵会得到多少报酬呢?在这个例子里,我们要研究在劳动生产率不断提高的条件下市场的运行。我们把市场运行分为四个时期:生产周期 1、生产周期 2、生产周期 x 和生产周期 n,如表 6.18 所列。

表 6.18 劳动生产率提高条件下的市场

时　期	没有渔网的打渔市场生产周期 1	第一个渔网投入渔业生产,生产周期 2	一个渔网投入渔业生产,生产周期 x	许多渔网投入渔业生产,生产周期 n
老　赵	每个劳动小时 1 条鱼	每个劳动小时 1 条鱼,老赵投入了 5 个劳动小时	每小时劳动收获 5 条鱼,老赵投入 5 个劳动小时。老赵获得 5 条鱼/劳动小时×5 劳动小时＝25 条鱼	每个劳动小时 10 条鱼

续表 6.18

时　期	没有渔网的打渔市场生产周期 1	第一个渔网投入渔业生产，生产周期 2	一个渔网投入渔业生产，生产周期 x	许多渔网投入渔业生产，生产周期 n
老　王	每个劳动小时 1 条鱼	每个劳动小时 14.5 条鱼。 (150－5)/10＝14.5 老王得到 145 条鱼。(假设这个渔网的寿命是一个生产周期)	每个劳动小时 12.5 条鱼。 [150－(5×5)]/10＝12.5 老王总共获得 125 条鱼。这个生产周期，老王需要生产新的渔网	每个劳动小时 10 条鱼。 [150－(10×5)]/10＝10
资本利润率		(145 － 10) ÷ (1 × 10) ＝ 1 350％		

生产周期 1。没有渔网，生产鱼的劳动生产率是每个劳动小时 1 条鱼。老王和老赵的劳动生产率相同。

生产周期 2。老王用了 10 个劳动小时生产出了渔网，他要雇老赵打渔。这个经济体中的劳动生产率是每个劳动小时 1 条鱼。老赵会接受的最低工资是每个劳动小时 1 条鱼。

假设老赵接受老王每个劳动小时 1 条鱼的报酬，利用渔网工作 5 个小时，打到 150 条鱼。老赵的报酬是 5 个小时 5 条鱼。老王获得的鱼是(鱼的总产量 150 条，减去给老赵的 5 条鱼)：

150 条－(1 条/小时×5 小时)＝145 条

老王一共用了 10 个小时制作渔网，他的收获是每小时 14.5 条鱼。在完全竞争的市场里，生产渔网的好处会吸引更多人加入到渔网的生产行列。老赵在看到这种劳动生产率的提高给老王带来的巨大收益后，他可能自己也去从事渔网的生产，或者要求老王提高工资(报酬)。只要渔网的生产比其他行业更有利可图，人们就会投入这个渔网的生产，这样渔网资本家的报酬逐渐减少，直到他的每个劳动小时的报酬和打渔的工人相等。按照每小时计算，老王可以获得 14.5 条鱼，而老赵获得 1 条鱼。这个差额就是利润，也就是每小时 13.5 条鱼(14.5 条－1 条＝13.5 条)。而这种按劳动价值计算的利润是一种过渡现象。随着竞争，这种利润会减小。

在生产周期 2，老王开始使用渔网的时候，资本利润率很高。随着其他人加入渔网生产行列，生产渔网的利润逐渐下降。开始时老王获得的最大利润率如下：

利润率＝(老王获得的鱼－投入的鱼)÷(投入的鱼)

＝(145－10)÷10×100％＝1 350％

这个公式里，老王获得的鱼是 145 条。他使用了 10 个劳动小时织渔网，相当于 10 条鱼。因为他这个时候的劳动生产率是每小时 1 条鱼，所以，他投入的资本(渔网)相当于 10 条鱼。按上面的公式计算，老王的利润率是 1 350％。

在生产周期 x。我们假设工人的工资增加到每个劳动小时 5 条鱼。这样，老王的收入下降到每个劳动小时 12.5 条鱼。

其中,净利润=鱼的产量-织渔网用的鱼-打渔的支出=150 条鱼-50 条鱼-25 条鱼=75 条鱼。也就是老王收获 75 条鱼。

解释如下:老王雇佣其他工人为他生产渔网。假设这个渔网在生产周期 $x-1$ 生产出来,在那个生产周期,工人的收入是 1 个劳动小时 5 条鱼。那么老王雇了 1 个工人,他用了 10 个小时生产这个渔网。老王要付给他 5 条/小时×10 小时=50 条鱼。那么这个渔网的价值可以用 50 条鱼来衡量。老王又雇一个工人给他打渔,这个工人工作 5 个劳动小时,每个小时他挣得 5 条鱼。那么,150-50-25=75,这样 75 条鱼就是老王的资本净利润。

在生产周期 x,老王的渔网的资本利润率是:

净利润÷投入的资本=(75÷50)×100%=150%

我们看到随着市场向等价交换的方向运动,老王的资本利润率在下降。资本利润率由开始的 1 350%下降到 150%。

在生产周期 n,市场达到均衡。这时候资本利润率是每个劳动小时相当于 10 条鱼。

资本利润率=净利润÷投入的资本

净利润=150-(10×10)-(10×5)=0

其中 10×10 是渔网的劳动价值。而 10×5 是老王付给工人 5 个小时劳动打渔的报酬。

所以当市场达到等价交换时,资本利润率为零。在完全竞争的市场中,资本的投入提高了劳动生产率,由此带来利润。但是,利润只是暂时的,随着竞争对手的加入,这个产品的产量会增加,价格会下降,竞争会使利润率向零方向运动。总之,市场会向等价交换的方向运动。

3. 劳动价值净利润

净利润是在等价交换以外,投资人(资本家)获得的利润或收益。净利润在一个新产品或服务的开始阶段可能比较高,随着竞争对手加入这个领域,净利润会逐渐减小。所以,在完全竞争的市场中,高利润是人类文明进步的重要动力,它有利于资本家风险投资,有利于社会经济效益的提高。

6.7 价格理论

在完全竞争的市场中,市场供求变动会引起市场价格的变化。西方经济学解释了市场价格的变动是如何实现资源最佳配置的。市场机制是通过两个层次的运动来实现资源的最佳配置的:一个是价格层次的市场机制,另一个是价值层次的市场机制。西方经济学只研究了价格层次上市场是如何实现资源的最佳配置的。我们将解释价值层次上市场机制的运行。

图 6.2 中，价格是由劳动小时来衡量的。横轴是时间/年。我们看到劳动价值的曲线随着劳动生产率的提高，劳动小时减小。如果用货币比如人民币来衡量价值，那么这条商品的价值曲线可能是向上走的，我们就看不到由于劳动生产率的提高，商品的劳动价值逐渐减小的趋势。我们用劳动小时来衡量商品的交换价值(价格曲线)和商品的价值(商品的劳动价值曲线)，这样就能看到由于劳动生产率的提高，商品的劳动价值会逐渐减小。

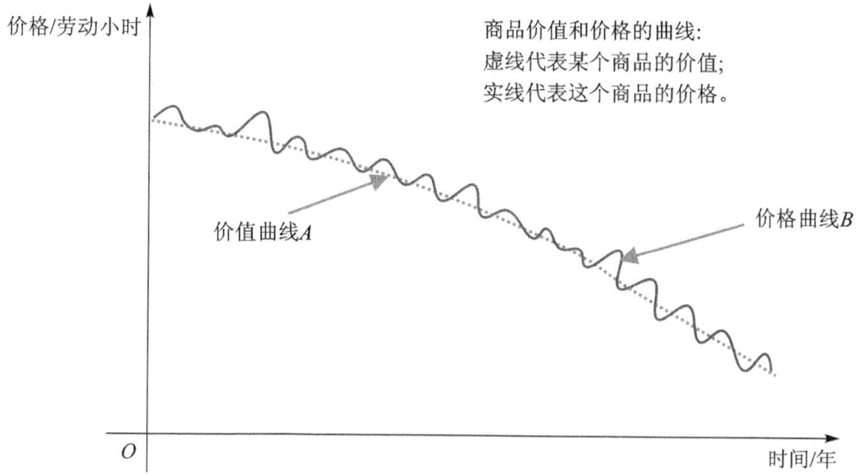

图 6.2　价格和劳动价值的市场机制

在市场机制作用下，商品价格会向它的劳动价值的方向或均衡价格的方向运动。但商品的劳动价值并不是价格运动的平均值，这是因为在价格运动到低于劳动价值的时候，许多生产商会亏损，商品的出售价格常常不能补偿生产的劳动投入。如我们看到在过去几十年里猪肉和部分蔬菜、水果的生产有多次大的起伏，造成很多农民亏损。所以，当市场价格低于这个商品劳动价值的时候，产能过剩，造成浪费，降低经济的运行效率。

对应图 6.2 中的价格曲线 B，我们由图 6.3 进一步用价格理论来分析。

供给曲线从左到右逐渐上升，随着价格的上升，生产商更加有利可图，会扩大生产规模，给市场提供更多商品。而需求曲线从左到右逐渐下降，即在价格高的时候需求比较少，随着价格下降需求逐渐增加。在两条曲线的交叉点，市场供需达到暂时的平衡，这个平衡点就是价格均衡点或假象均衡点。因为，市场机制会把它推向等价交换，它不是真正的市场均衡点。

所以，市场机制是通过两个层次的运动来实现资源的最佳配置的：一个是价格层次的市场机制，另一个是价值层次的市场机制。

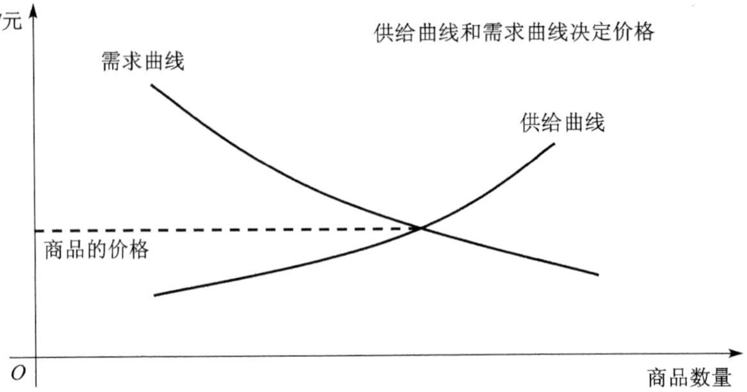

图 6.3　市场的供求曲线

第 7 章

劳动价值论悖论的破解

应用我们的经济效益理论来解释劳动价值论的悖论。根据我们的分析，有效市场的条件如表 7.1 所列。

表 7.1　有效市场的条件

编　号	条　件
1	在这个市场里，至少有一部分人(生产者和消费者)的行为是为了自己获得最大的物质利益
2	每个生产者都可以自由地决定产品的生产
3	商品是可以再生产的
4	这个市场是一个完美竞争的市场，生产商众多，单个生产者不能决定市场的价格
5	生产要素可以自由流动
6	消费者可以自由地选择消费品
7	商品的有效需求必须持续一段时间，这个时期必须大于商品的生产周期

7.1　第一个悖论：新酒与陈酒的悖论

按照马克思的劳动价值论，商品的交换价值是由社会劳动价值来决定的。陈酒和新酒包含了同样的社会必要劳动，所以陈酒和新酒的价格应该相近。但是陈酒为什么比新酒有更高的交换价值(价格)呢？

陈酒的价格远远高于它的劳动价值，其原因在于陈酒的市场不是一个有效的市场。成为有效市场的一个重要条件就是，商品必须是可以再生产出来的商品。这就是有效市场的第三个条件。陈酒是无法立即生产出来的。在 2014 年，网络报道陈酒茅台被拍卖到 299 万元人民币。[13]这样，市场的力量不会把陈酒的价格推向它的劳动价值，它的价格不会向它的劳动价值方向回归。虽然在市场供求的作用之下，陈酒的交换价格可能在某一时刻向它的劳动价值的方向运动，但是这种运动不是一种规律。所以陈酒的价格不会围绕着它的劳动价值运动。因此陈酒的市场是一个无效市场。

如图 7.1 所示，陈酒的供给曲线是一条垂直的直线，这是因为无论市场的需求价格是多少，它的供给量都是固定的。如一个酒厂有 100 瓶陈酒，打算在 5 年内售出。但它有一个底价，低于这个价钱，酒厂不愿意出售。所以这个供给曲线从其与 D_2 的交叉点开始或者说从某个价格开始。因此陈酒的价格是由需求和这个垂直的供给曲线决定的。需求曲线 D_1、D_2 和 D_3 代表不同的市场需求。当市场的需求曲线是 D_3 时，市场不能形成成交价格。当需求逐渐增加到 D_2 时，市场的陈酒价格形成。当需求逐渐增加到 D_1 时，陈酒的价格进一步提高。这就是陈酒价格比新酒高的原因。造成陈酒比新酒价格高的另外一个因素是每个单位劳动价值的货币表现不同。为了分析方便，我们假设陈酒和新酒具有同样的劳动价值，1 瓶酒需要用 1 个劳动小时来生产。如 50 年前，1 毛代表 1 小时的劳动价值。这样，1 瓶酒的均衡交换价格应该是 1 毛，也就是在市场价格达到等价交换的时候，1 瓶酒的价格是 1 毛。而 50 年后，如果 10 元代表 1 个劳动小时，这个时候 1 瓶酒的均衡价格就是 10 元。所以，造成陈酒涨价的另外一个原因是货币相对于劳动价值贬值。

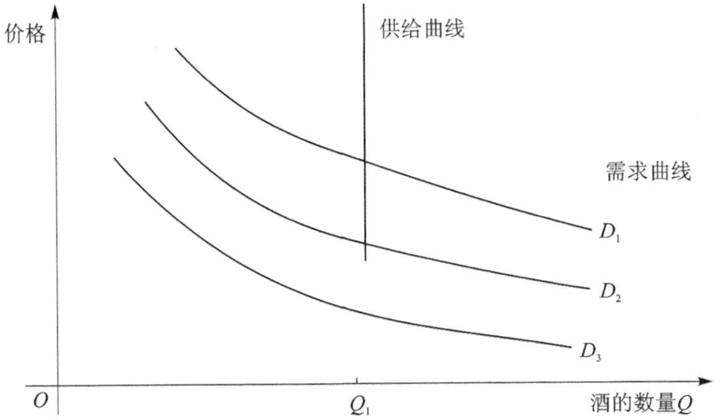

图 7.1　陈酒的供求曲线

所以，即便劳动生产率没有提高，50 年前生产 1 瓶酒是 1 个劳动小时，而 50 年后生产 1 瓶酒仍然是 1 个劳动小时，但是按货币计算的均衡价格(即等价交换决定的价格)，50 年后的 1 瓶酒应该是 10 元，而 50 年前应该是 1 毛。单看货币价格，陈酒的价格会随时间而涨价，所以这也是陈酒会涨价的原因之一。此外，要保存 1 瓶酒也需要劳动投入。所以，保管的成本也应该加到酒的价格上。由于这些原因，即便我们按等价交换的原则来出售陈酒，陈酒的价格比它 50 年前的价格也会高出很多。

总之，由于陈酒的市场不是有效市场，所以陈酒的价格才可能维持在新酒的几百倍甚至几千倍的水平。

7.2　第二个悖论：钻石的悖论

一个农民在田里劳作辛苦了一年而收入甚微。某天他捡到一颗价值昂贵的钻石，该如何解释钻石的悖论呢？

如果我们假定钻石的市场是一个有效的市场。劳动价值是平均社会必要劳动时间，我们通常使用劳动小时来衡量，而不是由个别钻石的劳动时间决定的。

首先，我们假定一年里全球的钻石产量是100万克，每克钻石的生产平均耗费劳动100小时。我们进一步假设故事里的农民捡到10克的钻石，他付出的劳动是0小时。那么，根据定义我们可以做下面的计算：

钻石的劳动价值＝总劳动价值÷产品的总数量

＝(100小时/克×100万克＋0小时)÷(100万克＋10克)

＝99.9990小时

根据我们的(目标)劳动价值论的定义，我们计算出即便一个农民用0小时的劳动获得一颗钻石，这颗钻石也不足以把市场上钻石的劳动价值减少到0。所以农民捡到的这个钻石仍然可以有很高的价值，这并不与我们的劳动价值论相矛盾。

其次，现实世界里，钻石是一种很稀罕的宝石。20世纪，天然钻石的生产和销售是由国际上的同业联盟(DeBeers)控制的。换句话说，钻石的市场不是一个完全竞争的市场，所以钻石的市场不符合有效市场条件4。也就是说，钻石的市场不是完美竞争的市场，因此它也不是一个有效市场。

天然的钻石非常稀罕，即使市场需求巨大，也并不能再生产，所以钻石的市场不符合有效市场条件3，因而是无效的市场。我们知道在无效的市场里，商品是不会自动地回归到它的劳动价值的。所以钻石的价格常常比它所凝聚的劳动价值要高许多也就不足为奇了。

7.3　第三个悖论：纸币的悖论

一张100元人民币的印刷制造成本(劳动价值)可能很低，如1元，但是它可以用来购买100元价格的东西。那么，100元人民币的价格为什么不能反映它所包含的劳动价值呢？

纸币是从贵重金属货币演变而来的，当贵重金属不能满足经济对货币需要的时候，国家会强制发行纸币。纸币是国家垄断的产物，所以纸币市场不符合有效市场条件4。这个纸币市场不是完全竞争的市场，也不是一个有效市场。此外，纸币的市场也不符合有效市场的条件2，它不可以随便生产。所以纸币的价格不会回归到生产它的劳动价值。

看图7.2中的纸币供给和需求曲线。纸币供应量可以简单地使用垂直线代表。纸币的需求曲线逐渐下降。此外,也可以使用贵金属来衡量货币的价值。如果用劳动价值来代表货币的价值,那么可以说1元人民币的价值是0.1小时。如果国家增加货币供应量,那么图中的供给曲线(垂直线)就会向右移动。供需曲线的交叉点就会向右移动。货币的价值就会下降。在现实社会里,政府或金融机构会采用多种手段调节货币供应量,如存款准备金率、利率等。所以,生产纸币的市场是无效市场。政府会通过调节货币供给量来调节货币的价值。所以,纸币的价值通常高于生产它的劳动价值。

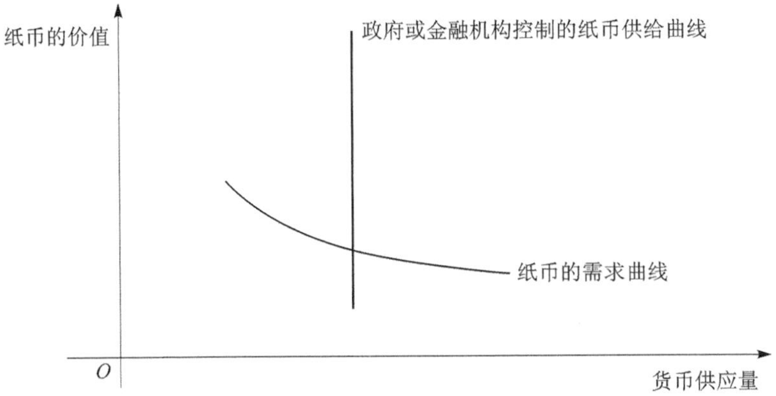

图 7.2 货币的供求曲线

7.4 第四个悖论:水和它的边际效用理论的悖论

边际效用理论认为价格是由消费者的边际效用来决定的。边际效用指的是最后一个单位的消费品所带来的满足程度。如一个人吃葡萄,她吃到30粒葡萄时不想吃了。这第30粒葡萄给她带来的满足程度就是边际效用。城市里,可以方便地获得饮用水,所以水的价格不高。但在沙漠里,很难找到水,所以水非常贵。因此,商品(水)价格是由边际效用决定的,而不是由劳动价值决定的。那么边际效用理论是正确的吗?

先来分析沙漠里的水。假设两种情况,第一,沙漠里有一眼泉水,有个生产商把它垄断了。第二,沙漠里没有水,旅游公司开发了沙漠旅游项目,把水运到沙漠里卖给游客。

第一种情况是水的供应被垄断。它不符合有效市场条件4:市场有许多生产商,单个生产者不能决定市场价格。因为这个沙漠里的水被垄断,其他生产商不可能参与竞争。所以这个市场不是有效市场,因此沙漠里水的价格不会回归到它的劳动价值。

第二种情况是旅游公司在沙漠里开发了旅游项目。这个旅游区有稳定的需求,水市场足够大,多个供水公司可以提供水,那么这个水的市场就会形成完美的竞争。在这样的条件下,水的市场能够满足有效市场的条件。水的价格会向它的劳动价值的方向回归,水的价格就会反映它的劳动价值。但沙漠里的水价可能会比城里高,因为有运费等成本。

(1) 边际效用价值理论是否正确

按照我们的分析，在有效市场里，商品的价格会向它的劳动价值的方向回归。那么边际效用决定商品的价格的理论错在什么地方呢？

根据西方经济学，边际效用决定价格。这里有两个理论，它们可以表述如下：

第一个理论：商品价格＝边际效用，用数学公式表示为 $P=\text{MU}$。其中，P 是商品的价格；MU 是消费者的边际效用。

第二个理论：商品价格的比率等于消费者的边际效用的比率。这个关系可以用数学公式表示为 $P_1/P_2=\text{MU}_1/\text{MU}_2$。

这里，两个商品的价格比值等于它们的边际效用的比值。所以只要知道边际效用的比值，就可以知道价格的比值。通过这个公式可以决定商品的价格。

首先我们讨论第一种边际效用理论，也就是 $P=\text{MU}$，价格等于边际效用。它的意思是说商品的价格是由它的边际效用决定的。图 7.3 中，A、B、C 代表三个不同消费者的边际效用曲线。它们描述了对于同样的商品，三个消费者的边际效用曲线。这里边际效用也用货币来衡量。对于同样的商品，每个人的边际效用曲线都会有所不同。如果边际效用价值理论是正确的，是否可以根据这三条边际效用曲线来判断出这个商品的价格呢？这个商品的价格会是 P_1、P_2 或者 P_3 吗？很显然，只知道几个消费者的边际效用曲线是无法决定商品的价格的。相反，如果知道商品的价格和消费者的边际效用曲线，则可以反过来决定消费者的边际效用和消费量。比如说这个商品的价格是 P_2，它和每一个边际效用曲线的交点就决定这个消费者的边际效用和他的消费量。在价格等于 P_2 的时候，这条价格直线没有和消费者 C 的边际效用曲线相交，所以在这个价格上，消费者 C 不消费这个商品。

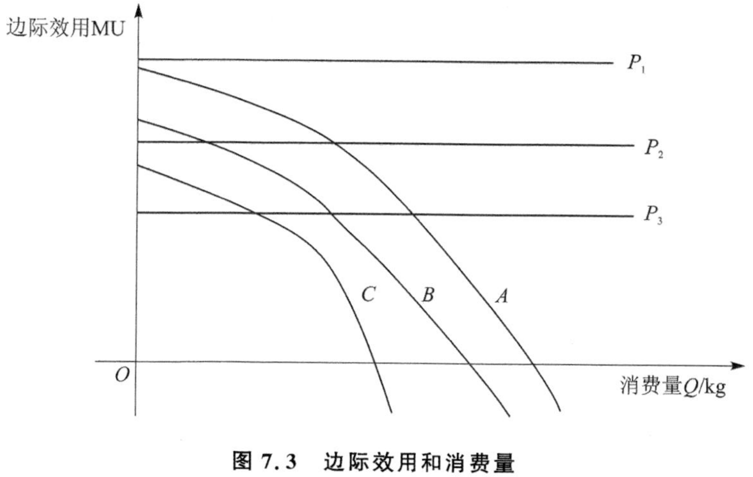

图 7.3　边际效用和消费量

但是，如果只知道边际效用曲线，是无法决定消费者的边际效用的。更进一步说，知道每个消费者的边际效用会有所不同，那么在一个市场里，商品的价格是由谁的边际效用来决定呢？因此，我们可以得出结论，只知道消费者的边际效用曲线，仍无法决定商品价格。商品的价格不是由边际效用曲线来决定的。

但如果知道消费者的边际效用，且这个边际效用的单位是货币单位，那就可以知道它的价格了。因为边际效用 MU＝价格 P。

表面上看似乎是这样。但边际效用是如何决定的呢？有几种办法。第一，如果我们知道价格 P，那么根据 $\mathrm{MU}=P$，就可以知道边际效用 MU。所以，首先要知道的是价格，所以不是边际效用决定价格，而是价格决定边际效用。图 7.3 中，当价格等于 P_1 的时候，这个价格高于三个消费者的边际效用曲线，所以没有消费者会消费这个商品。换句话说，不是对所有的消费者上面的等式都成立。所以在价格等于 P_1 的时候，对这三个消费者来说，$\mathrm{MU}\neq P$。所以，价格决定边际效用，而不是相反。第二，如果知道消费量(见图 7.3 中横轴)，就可以知道消费者的边际效用，就可以决定价格。但是，消费量是由什么决定的呢？要想知道消费量，就得知道这个消费者的预算限制和商品价格以及消费者的边际效用曲线。所以，从这里可以看到，消费者的边际效用是在知道价格的前提下决定的，而不是先知道边际效用然后再决定价格。第三，假定在给定的时期内，消费倾向和边际效用曲线没有变化，但是我们观察到同一种商品(苹果)在不同的市场价格不一样，因此，价格并不由边际效用决定，见表 7.2。

表 7.2 中的数值表明，在不同地点的苹果价格不同。按照边际效用理论，由于边际效用曲线没有变化，那么边际效用决定的价格也应该是一样的。但事实上边际效用曲线并不决定商品的价格。

表 7.2　不同地点的商品价格

地　点	每公斤苹果的价格/元
农贸市场	2
超级市场	4
机场	5

结论，消费者的边际效用不能决定价格。必须先有价格，才能决定边际效用。

其次讨论第二种边际效用理论，商品价格的比率等于消费者的边际效用的比率，也就是 $P_1/P_2=\mathrm{MU}_1/\mathrm{MU}_2$。

这里两个商品价格的比值等于它们的边际效用的比值。所以只要知道边际效用的比值，就可以知道价格的比值。通过这个公式可以决定商品的价格。所以，边际效用决定商品的价格。

(2) 破　解

第一，假如知道 $\mathrm{MU}_1/\mathrm{MU}_2=5$，那么可以得出结论：$P_1/P_2=5$。但我们仍然不知道第一个商品的价格 P_1，那也就无法知道第二个商品的价格 P_2。

第二，$\mathrm{MU}_1/\mathrm{MU}_2$ 中，假定 MU_1 代表午餐肉的边际效用，而 MU_2 代表蔬菜的边际效用，见表 7.3。按照西方经济学理论，$\mathrm{MU}_1/\mathrm{MU}_2=P_1/P_2$。

有一个游客 A，他的边际效用曲线没有变化。所以根据边际效用理论，P_1/P_2 的比值应该是恒定的。也就是说，无论这个游客到哪里，午餐肉价格与蔬菜价格的比率是一个固定的值。但实际上，世界各地这两个商品的价格比率是不一样的，见表 7.4。

表 7.3　不同价格的商品及边际效用

价　格	商　品	边际效用
P_1	午餐肉	MU_1＝午餐肉的边际效用
P_2	蔬菜	MU_2＝蔬菜的边际效用

表 7.4　不同地点的价格比率

地　点	P_1/P_2（午餐肉与蔬菜价格的比率）
美国	1
中国	2
泰国	4

两个商品的比值在不同市场上会不同，但游客 A 的边际效用没有变化，所以如果边际效用决定价格，那么在边际效用没有变化的时候，价格也不应该有变化。至少价格的比率应该没有变化。但现实是这个价格比率在不同的地点或不同时间都可能有所不同。这个事实表明，边际效用的比值不决定价格的比值。进而可以得出结论：边际效用不决定价格。

第三，图 7.4 所示的边际效用不能决定价格。三个消费者对应两个不同商品的

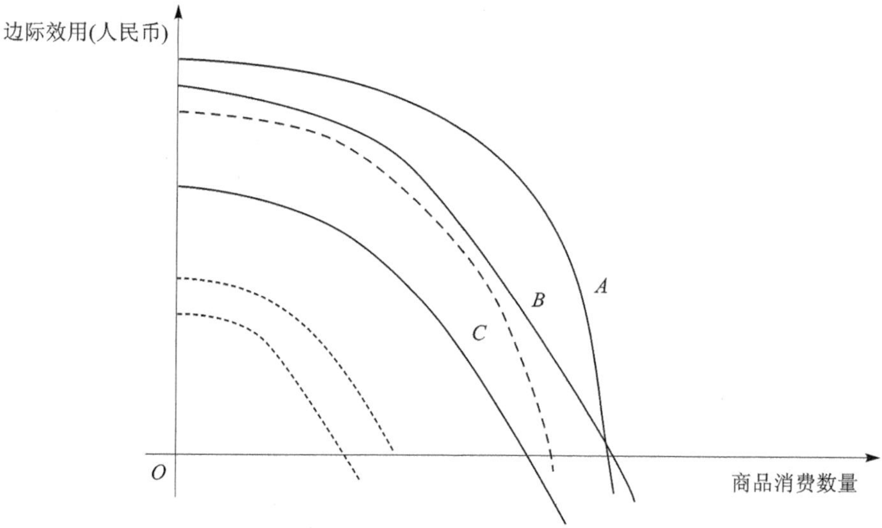

注：两种商品的边际效用曲线。实线代表三个消费者对第一个商品的边际效用曲线，虚线代表三个消费者对第二个商品的边际效用曲线。

图 7.4　边际效用不能决定价格

边际效用曲线，那么在给定这些边际效用曲线的条件下，可以算出这两个商品的价格吗？显然不能。

所以边际效用比率决定价格比率的结论是不成立的。相反，价格比率决定边际效用比率是可能成立的。

7.5 第五个悖论：稀缺物品的悖论

市场上很多稀缺物品的价格都非常高昂，比如古董、稀有邮票、稀有书籍、古老钱币、艺术品等。它们的价格远远超出它们的劳动价值所决定的价格。所以，有的经济学家就说劳动价值论不能用来解释这些现象，所以劳动价值论是不对的。所以，这些商品的价格是由它们的边际效用来决定的。

破　解

根据目标劳动价值论的分析，稀缺物品的市场不符合完全竞争市场的条件 3，稀缺物品是不可能再生产出来的商品。由于稀缺物品是不可再生产的，所以稀缺物品的价格不会向它的劳动价值的方向回归，其价格才可能高于生产它们的劳动价值。在图 7.5 中，稀缺物品的供给是一条垂直的直线，它表明无论市场的价格是多少，稀缺物品的供给都是一样的。稀缺物品的价格如果太低，那么所有者可能不愿意出卖。所以，稀缺物品的供给直线没有和横轴相连。

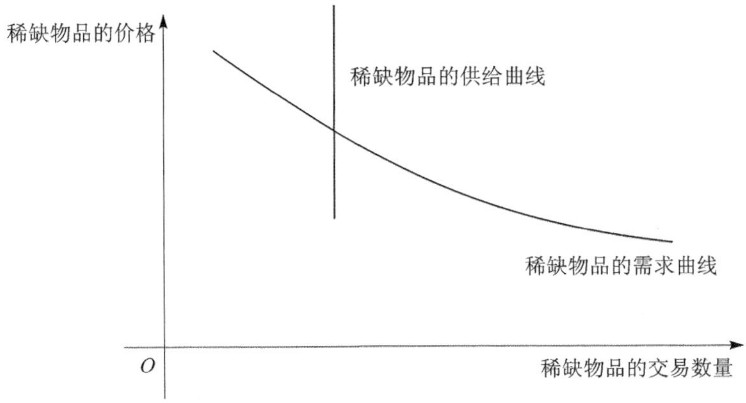

图 7.5　稀缺物品的供求曲线

第 8 章 最佳汇率理论

8.1 汇率理论和假设

1. 自由浮动汇率(Free Floating Exchange Rate)

自由浮动汇率是由市场的供求决定的汇率,政府放弃对市场汇率的干预。[21]这种汇率制度也需要国际货币储备(外汇储备)。[22]外汇市场的供给和需求会自动地达到外汇的平衡。这个汇率制度的支持者强调这个汇率制度的优点是它自己可以通过自我调节实现贸易平衡。贸易差额指一定的时期里进口总值和出口总值的价值差额。如果进口总值等于出口总值,那么贸易达到平衡。当出口总值大于进口总值时就出现贸易顺差,当进口总值大于出口总值时就出现贸易逆差。这个汇率制度的支持者指出,它可以减小由于出口减少带来的经济冲击。货币自主权是另一个主要的好处。货币自主权是指一个国家的中央银行可以自主使用货币政策来实现国家的经济目标。"比如,在失业率高的时候,中央银行可以增加货币供给,这样不会有贬值货币的法律上的障碍"[23],中央银行可以增加货币供给来降低失业率。如果一个国家实行和其他货币挂钩的固定汇率、联系汇率,那么这个国家就不可能使用这样的货币政策。因为这样的货币政策会促使本国的货币贬值。当中央银行实行扩张货币政策的时候,货币供给会增加,通货膨胀会增加,本国产品会变得更贵,而进口产品会变得比较便宜。在本国货币对一个外国货币实行联系汇率(pegged exchange rate)的时候,通货膨胀会从一个国家输出到另外一个国家。

2. 固定汇率(Fixed Exchange Rate)

固定汇率是汇率的大小不变,是一个固定的值。通常的做法是规定本国货币和一个主要外币的比值为一常数,又称联系汇率。一国货币的汇率与某一基准货币或一篮子货币挂钩的制度,通常是把本国货币与国际贸易货币(vehicle currency)挂钩。

国际贸易货币(vehicle currency)是指许多国家或大多数国家用来支付国际债务和从事国际贸易的货币。如在公元1990年以前,美元就是这样一个货币。

固定汇率的支持者指出,在自由浮动汇率制度下,中央银行可以使用通货膨胀的政策,但是在外汇市场上的投机活动可以造成外汇市场的不稳定(动荡),同时它也可以造成本国资本市场的动荡,甚至金融危机。这些动荡或危机会造成严重的经济问题,如公司倒闭,失业率上升,劳动生产率下降。因为汇率的变化所引入的风险可能超出国际贸易公司可以承担的范围,因而会影响这些公司从事国际贸易的积极性。即便在自由浮动汇率制度下,国家也不能自由地决定本国的货币政策。自由浮动汇率制度的成本高于它的好处。[24]

"坚持固定汇率制度迫使中央银行牺牲它控制货币政策的能力。"[25]比如,100亿美元流入香港,香港的中央银行把100亿美元兑换成800亿港币给投资人。那么这个投资人可以在香港使用这些港币投资和消费。这样香港的货币流通就增加了800亿港币。如果香港要减少港币的流通,可以增加银行的准备金、销售港币的债券和调节香港的货币利息率。所以固定汇率制度和浮动汇率制度各有优缺点。

3. 购买力平价理论模型(Purchasing Power Parity Model, PPP Model)

购买力平价把汇率建立在两个国家的物价总水平之上。根据这个理论,如果我们用其中一个国家的货币来计算,一个国家的物价水平和另外一个国家的物价水平应该是一样的。也就是说,如果给定一定数量的钱,那么应该可以在两个国家都买到同样数量的商品。

"1920年发展的购买力平价学说有两个版本。"[26]第一个版本,比较两个国家在某一时间的平均价格。第二个版本,比较某一个时期,两个国家的平均价格的变化,从而预测两个国家汇率的变化。

假设日本1公斤大米价格和中国1公斤大米价格一样。假如1公斤大米的价格是¥10,人民币对日元的汇率是1/30,也就是说1元人民币=30日元。这样,在日本1公斤大米的价格应该是300日元(30日元×10)。

购买力平价理论的逻辑是,如果一种商品在一个国家比较便宜,那么商人就会把便宜的商品运到价格比较高的其他国家来获取利润。如中国的大米比日本的便宜,那么商人会把中国的大米运到日本去卖。中国市场的大米供给会减少,价格会上升,而日本的大米价格会下降。这样,世界上的所有国家商品的长期均衡价格会趋于一致。这也被称作一价定律(the law of one price)。

基于购买力平价理论,可以用下面的公式来表达。

$$P_C = E_C \times P_J$$

式中 E_C——人民币的汇率(比如:人民币元/日元);

P_C——某个商品在中国的价格(人民币);

P_J——这个商品在日本的价格(日元)。

如在日本，1 公斤大米的价格是 300 日元，人民币的汇率是 1/30，那么大米在中国的价格就是

$P_C = E_C \times P_J = (1/30)$(人民币/日元)$\times 300$(日元/公斤)$= 10$ 人民币/公斤

上面的公式也可以写成

$$E_C = P_C / P_J$$

上面的公式表明这样的关系，人民币的汇率与中国商品的价格成正比，与日本商品的价格成反比。中国商品的价格越高，人民币对日元的汇率就越高。日本商品的价格越高，人民币对日元的汇率就越低。根据购买力平价理论，可以通过商品在两个国家的比值来计算汇率。

那么，购买力平价理论的研究目的是什么呢？购买力平价理论提供了一个简单的汇率模型，它解释长期均衡汇率是怎样决定的。根据购买力平价理论，假如对于每个商品，购买力平价理论都成立，那么这个理论也应该适用于总的价格水平。

购买力平价理论使用了哪些假设呢？

① 购买力平价理论忽略了商品的运输、储藏、保险成本以及进出口成本如关税等。

② 购买力平价理论忽略了零售和批发的成本。

③ 在使用总价格水平的时候，每一个商品给予同样的加权。比如，大米在总价格计算里占 2%的比重，那么在计算总价格的时候，我们使用 2%的大米价格来计算总价格，无论是对中国、日本，还是新西兰。

④ 假设没有商品的交易税或流通税。在现实中，比如美国的加州就有消费税。如果要买一件 100 美元的西装，实际上要付 110 美元，其中包含 10 美元的消费税。

购买力平价理论的研究目的是要描述价格水平和汇率的关系。它试图回答汇率是如何决定的而不是汇率应该如何决定。

购买力平价理论常常不能与现实一致。用这个理论计算出的汇率常常很不准确。这些假设离现实太远。如在零售价格中，销售的成本可能比生产的成本高出很多。如一个名牌手提包，零售价格￥2 000，但是它的生产成本可能只有￥300，而销售成本可能占到￥1 700。所以购买力平价理论有可能忽略了大部分价格成分。

此外，许多商品和服务是不能在国际市场上买卖的，如土地、桥梁等基础设施。

国际贸易市场不是有效市场。劳动力不能在国与国之间自由流动，它不是一个完美的竞争市场。

4. 利率平价假说(Interest Rate Parity Hypotheses)

利率平价理论有两种，无抛补利率平价(Uncovered Interest Rate Parity，UIRP)和抛补的利率平价(Covered Interest Rate Parity, CIRP)。国际贸易商和国际投资者都需要在未来的某个时候把本国货币换成外国货币，或者把外国货币换成本国货

币。为了减小风险，人们通常获得一个远期外汇交易的合同。这个合同规定未来某个时候汇率的值和货币兑换交易的数量。这样远期的汇率市场就给商人提供了一种避险方法。

这个理论通过即期汇率与远期汇率之间的关系来说明汇率的决定与变动的原因。该学说认为远期差价是由两国利差决定的，并且高利率货币在远期市场上必定贬值，低利率货币在远期市场上必定升值，在没有交易成本(transaction cost)的情况下，远期差价等于两国利差，即利率平价(interest parity)成立。

(1) 抛补的利率平价(Covered Interest Rate Parity)

这个理论最基本的思路是投资的利息收入必定相等。假定有￥100，我们既可以把它投入人民币市场，也可以投入美元市场。假定投资风险一样，不同的投资会带来同样的回报。当然，这个回报是把投资在美元市场上的钱按照汇率换成人民币。这样汇率变动和美元的利息收入就决定了投资美元的最终回报。

利息平价的原因是市场上投资者追求最大的回报。他们竞相把资本投入到回报最大的货币上，这样，如果人民币比美元有更高的利息收入，那么持有美元的投资商就会把钱投入人民币，这样在市场上人民币的供给量增加，那么它就会贬值，也就是它的汇率会提高。只要投入人民币比投入美元更有利可图，那么金融机构就会不断地把美元换成人民币，而把资本投入人民币，直到投资商们预测人民币将贬值或人民币利息不再比投资美元更有利可图了。此时市场就达到了一种均衡的状态，不论投资人民币还是美元都会带来同样的回报。

(2) 即期和远期市场(Spot and Forward Market)

即期市场是指即期的短期交易市场。这些交易通常在签订合同以后几天内完成。远期市场是指长期的交易市场。在商业合同签订以后，商人或金融机构可以在数月以后以预定的价格买卖外汇。这种商业合同提供了一种避免未来市场风险的方法。

下面举例说明。假如有￥100，可投资日元或人民币。

第一，投资日元。假设在时间 t，日元对人民币的汇率是 30，即期汇率是 30 ($S_t=30$ 日元/人民币)。把人民币换成日元，那么可以获得 30 日元/人民币×100 人民币=3 000 日元。然后把日元投资于日本的金融市场(比如日本的银行)来赚取利息。假如这个利息率是 R_J(J 代表 Japan)。投资期 1 年(12 个月)。12 个月后($t+1$)时刻，总资产(日元)就是：

$$3\,000(1+R_J)=A_tS_t(1+R_J)$$

式中 A_t——最初的人民币投资额；

S_t——在投资开始的时候(t)，即时的汇率；

R_J——日元金融市场的利息率。

第二，投资人民币。同样假设有￥100 用于投资金融市场以便赚得利息。R_C 代表人民币的利率。投资期 1 年(12 个月)。假设在时间 t 投资￥100，利息率是 R_C，(其中 C 代表 China)。到了 12 个月后($t+1$)时刻，就有

$$100(1+R_C)=A_t(1+R_C) \quad (\text{人民币})$$

为了比较，我们把上面人民币的资本用日元表示或转换为日元。假如远期汇率是 S_{t+1}，那么人民币的投资用日元表示就是

$$100(1+R_C)S_{t+1}=A_t(1+R_C)S_{t+1} \quad (\text{日元})$$

两种投资回报一样，上面两种投资的公式应该具有相等的价值，即

$$A_tS_t(1+R_J)=A_t(1+R_C)S_{t+1}$$

所以

$$S_{t+1}=S_t(1+R_J)/(1+R_C)$$

式中　S_{t+1}——远期汇率，日元对人民币的汇率；

S_t——即期汇率；

R_J——在日本金融市场的利息率；

R_C——在中国金融市场的利息率。

这个预测远期汇率的公式就是抛补的利率平价(Covered Interest Rate Parity, CIRP)。这个公式表明，远期汇率可以用下面几个变量来表示：即期汇率和两个利息率。也就是说，我们可以用这些变量来预测远期汇率。

预测的远期汇率与市场的汇率相比有很大的误差。经济现实的数据好像不支持抛补的利率平价理论。抛补的利率平价的目的是来解释远期汇率的形成机制。

5. 汇率理论的发展(1960—2000 年)

1960 年以前的汇率理论没能很好地解释现实世界汇率的变化。之后，经济学家研发了许多数学模型，这些模型包括了这些变量：① 经常账户差额(current account balance)；② 货币供应量的变化；③ 财政政策的变化(change in fiscal policy)；④ 劳动生产率的变化(change in relative productivity)；⑤ 理性或非理性的期望(rational or irrational expectation)；⑥ 对本国和外国商品的需求的变化(supply or demand change in domestic and foreign goods)；⑦ 支付和资本账户余额 (balance of payment and capital accounts)。下面，讨论这些变量或因素对汇率的影响。[15-18]

(1) 经常账户差额

出口的服务和商品总和减去进口的服务和商品总和就是经常账户差额。汇率和经常账户差额会相互影响。下面举例说明汇率是如何影响经常账户差额的。如果人民币的汇率增加，如从 6.1 元人民币兑换 1 美元增加到 7 元人民币兑换 1 美元，也就是说人民币贬值了。这样中国产品在国际市场上就会相对便宜，出口会增加。而进口商品则变得比较贵，中国对外国进口商品的需求就会减少。这样，进口减少、出口增加会增加中国的经常账户盈余或者减少中国的经常账户赤字。图 8.1 为 1970—1988 年美元汇率和美国净出口曲线。

这个图显示美元的汇率与美国的净出口有很高的相关性。美元贬值，美元的出口就增加；反之，美元增值，美元的出口就减小。

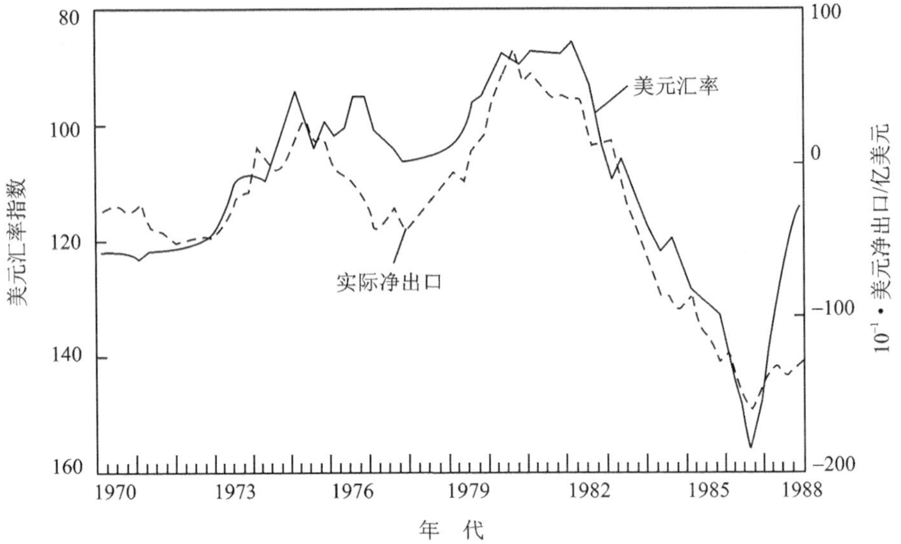

注：图来源于美国，Economic Report of the President，1988，p. 27。

图 8.1　1970—1988 年美元汇率和美国净出口曲线

经常账户盈余通常会对汇率产生向下的压力。当投资人发现某个国家有很高的经常账户盈余时，他们会认为这个国家的货币会增值，则会投资这个国家货币。这样在国际市场上，对这个国家货币的需求就上升，需求上升最终会导致货币升值。所以经常账户盈余会对货币产生向上的压力，也就是说货币会增值。相反，如果贸易逆差上升，经常账户余额减少，那么投资人会抛售这个货币，导致这个货币贬值。

(2) 货币供应量的变化

货币供应量的增加会增加本国对商品和服务的需求。这种需求的增加通常会导致本国的生产增加，也会导致通货膨胀加剧。通货膨胀就是本国货币贬值。所以货币供应量的增加通常会导致货币贬值，也就是汇率上升。本国总需求的增加也会增加对外国商品和服务的需求。对外国商品和服务的需求增加有可能减少经常账户盈余或增加经常账户赤字。

(3) 财政政策的变化

扩张性财政政策如增加政府开支，可以提高国内对商品和服务的需求。其效果类此于增加货币的供给。这样，国内生产的增加也会带来通货膨胀和汇率的上升，也就是货币贬值。

(4) 劳动生产率的变化

假如其他的东西都一样，一个具有比较高的劳动生产率的国家通常会看到其汇率下降，即货币增值。劳动生产率的提高会提升一个国家的经济竞争力，推动出口的增加，经常账户盈余会增加，货币通常会增值。

(5) 理性和非理性的期望

1960—1980 年，和美国比，日本的劳动生产率提高速度更快。假定其他条件都不变，那么日元对美元的汇率就会下降，也就是说日元会相对地升值。我们说这是一个理性的期望；相反，如果我们期望日元的汇率上升，或日元贬值，那么我们说这是非理性的期望。

无论人们的期望是理性的还是非理性的，只要他们在外汇市场上有足够多的资本投入，那么这个期望就会对汇率产生影响。假如在 2000 年，国际投资者期望中国的劳动生产率会比其他国家增加得高，那么他们会把资本投入人民币，造成人民币需求上升，人民币升值。人民币升值会吸引其他投资人加入购买人民币的行列，所以人民币就更会升值。为什么国际投资者愿意拥有另外一个国家的投资，即便这个国家的投资利息率比较低？假如他们预计这个国家的货币会增值，他们就会这样做。如果这个国家的货币价值低于它的长期均衡价值，那么这样的事情就会发生。[27]

(6) 对本国和外国商品需求的变化

对本国和外国商品需求的变化会影响经常账户的余额。它会影响国际贸易的平衡，产生贸易顺差或贸易逆差。如果国内对外国商品的需求增加，那么进口商品会增加，国际贸易就会向增加国际贸易逆差或减少贸易顺差的方向发展。这样，金融投资者就会预期这个货币贬值，从而对汇率产生升值压力。相反，如果国内对外国商品的需求减少，那么进口减少，国际贸易就会向减少国际贸易逆差的方向发展，或向增加贸易顺差的方向运动。这样，货币金融投资人和机构就预期这个货币会增值，从而对汇率产生下降压力。

(7) 支付和资本账户余额

国际收支账户包括下面两种。第一，经常账户余额。经常账户余额包括商品和服务的进口和出口。第二，资产的收支余额，也就是购买或销售资产、证券等。无论是资产收支余额变化还是经常账户余额变化，都会影响汇率的变化。

8.2　汇率必须是单一的汇率

汇率会影响整个经济的资源配置。汇率太高、太低都会对经济效益产生负面的影响。最佳汇率就是可以获得最佳资源配置的汇率，它是使经济达到最大的经济效益的必要条件。

下面要证明最佳汇率必须是单一汇率。世界上曾经有过多种不同的汇率制度。一个国家可以有两三个甚至 4 个汇率，每种汇率适用于不同的经济活动。到 1989 年，曾经有 21 个国家使用过多种汇率制度。[28] 中国只是使用多种汇率制度的国家之一。下面用中国经济作为例子来证明双重汇率制度会降低经济效益。

在双重汇率制度下，本国货币兑换外国货币实行一种汇率，而外国货币兑换成本国货币实行另外一种汇率。

1985 年以前，中国曾经实行过双重汇率制度。如表 8.1 所列，人民币兑换美元用一个汇率，从美元兑换成人民币使用另外一个汇率，这就是双重汇率制度。当然，双重汇率制度有很多种，我们只讨论这一种。当时的中国为什么使用双重汇率制度？[29]一种猜测是中国那个时候外汇短缺，很多东西都需要进口。我们用假设的美元和人民币的兑换率来说明双重汇率是怎样工作的。（为计算和分析简单，我们使用假设的汇率。）

表 8.1 双重汇率分析(1)

美元兑换人民币	人民币兑换美元
1 美元兑换 6 元人民币	4 元人民币兑换 1 美元
出口商用这个汇率把出口中国商品赚得的美元换成人民币	进口商会用这个汇率把人民币换成美元，然后在国际市场上买进口的货物

假如出口商要换回 1 美元，那么需要出口多少人民币的中国商品呢？汇率是 1 美元兑换 6 元人民币，所以出口商最多愿意付出 6 元人民币。为了分析简单，假设国际贸易的交易成本为零。如果考虑交易成本，那么情形是这样的。出口商出口 200 万公斤大米，每公斤大米的国内采购成本是￥6，平均出口 1 公斤大米可以收入＄1.01。出口 200 万公斤大米的收入是

$$(1.01\times 200\text{ 万公斤})\times 6\text{ 元/公斤}=1\ 212\text{ 万元}$$

大米的国内采购成本是

$$6\text{ 元/公斤}\times 200\text{ 万公斤}=1\ 200\text{ 万元}$$

出口商的毛收入是

$$1\ 212\text{ 万元}-1\ 200\text{ 万元}=12\text{ 万元}$$

我们进一步假设，1 元人民币代表 1 个小时的社会必要劳动时间，也就是 1 个小时的劳动价值。假如中国出口一个玩具，人民币价格是 6 元，美元价格是 1 美元。另外一个中国公司进口工具，这个工具在美国的价钱是 1 美元。进口汇率是 4 元人民币兑换 1 美元，所以这个工具对进口商的成本是 4 元人民币。所以这个工具就包含了 4 个小时的劳动价值。但这个工具在中国市场上的价格是 4 元人民币（这里忽略国际贸易成本）。那么这个进口工具的真实劳动价值应该是多少呢？6 个小时。因为中国经济为此付出了 6 个小时的社会必要劳动。因为这 1 个美元是通过出口 1 个玩具换来的。这个玩具的国内采购成本是 6 元，它代表 6 个小时的社会必要劳动时间。假设条件如表 8.2 所列。

表 8.2 假设条件

序　号	1	2	3	4
假　设	中国投入 6 个小时社会必要劳动生产 1 个玩具	出口这个玩具可以换 1 美元	进口商使用这 1 美元进口了一个美国造工具	进口商用 4 元人民币换得 1 美元。所以这个工具成本就是 4 元人民币

中国经济付出了 6 个小时的社会必要劳动时间，由此换回来 1 个工具，它对进口

商的成本是 4 个劳动小时。而这个工具的价格只代表 4 个小时的社会必要劳动时间。这就违反了等价交换的原则。按照等价交换的原则，付出 6 个小时社会必要劳动换回来的美国造工具，也应该反映 6 个小时的社会必要劳动时间。我们知道，违反了等价交换的原则就会降低经济效益。造成这种非等价交换的原因是中国实行了双重汇率制度。所以，双重汇率制度会降低经济效益。其他非单一汇率的制度也有同样的问题，也就是它们的均衡价格违反了等价交换的原则。但这不能说明单一的汇率制度就必定可以实现等价交换的原则，单一汇率是实现等价交换的必要前提。关于这一点，我们会做进一步的分析。

上述汇率制度中，进口商品会变得相对便宜而出口商品会相对贵。其结果就是中国经济会进口多而出口不足，导致国际贸易逆差和外汇储备持续短缺。这正是中国改革开放前的状态。反之，如果我们的进出口汇率反过来，就有表 8.3 所列的情形。

表 8.3 双重汇率分析(2)

美元兑换人民币	人民币兑换美元
1 美元兑换 4 元人民币	6 元人民币兑换 1 美元
出口商用这个汇率把出口中国商品赚得的美元换成人民币	进口商会用这个汇率把人民币换成美元，然后在国际市场上进口货物

其本质是一样的，这个例子中，如果出口 1 个 4 元人民币的商品，则换回 1 美元的商品。进口商使用 6 元人民币兑换 1 美元，并用这 1 美元在国际市场上采购 1 个 1 美元的工具。对于进口商来说，这个工具的成本是 6 元人民币或 6 个小时的劳动价值。但实际上出口商只用了 4 元人民币就换得了 1 美元。这个工具的真实成本应该是 4 元人民币或 4 个劳动价值小时。也就是说，双重汇率制度违反了等价交换的原则，它是一种低效率的汇率制度，会降低经济运行的效率。所以，单一汇率制度是实现最大经济效益的必要条件。

8.3 单一汇率制度

现今大多数国家实行单一汇率制度。从理论上说，单一汇率制度是经济效益最大化的一个必要条件。但这并不是说任何单一汇率制度都会满足等价交换的原则。单一汇率制度只是在特定的条件下才能实现等价交换，才能帮助我们实现经济效益的最大化。

单一汇率制度是一国货币当局对本国货币只规定一种买卖价格，这个价格可以是管理的价格或者是市场决定的价格。比如人民币兑换美元的汇率是 6.1 元人民币换 1 美元，那么把美元换成人民币也是 1 美元换 6.1 元人民币。（在实际操作中，买入价和卖出价有点差距，这是银行利润。）

表 8.4 是美元对人民币的汇率价格(2014－7－24 19:00:01)。

表 8.4　美元对人民币的汇率价格

币　种	交易单位	中间价	现汇买入价	现钞买入价	卖出价
美元(USD)	100	619.50	618.26	613.31	620.74

现实世界里,会有许多影响国际贸易等价交换原则的因素,如进出口限额、进出口税等。每个国家都尽力保护自己国家的利益和幼稚工业。如美国从第二次世界大战后也一直鼓吹自由贸易,但它的自由贸易是以美国经济利益为前提的。如果美国政府认为这个国际贸易对美国不利,那也是不许可的[30]。美国就曾迫使日本采取自愿出口限额(VER)[31],如 1956 年对纺织品的限额,1970 年对钢材的限额,1981 年对汽车的限额。2019 年,美国特朗普政府对中国打贸易战,并且取消了多个贸易协议。

8.4　最佳汇率理论

要实现最大的经济效益,商品的均衡价格必须能够反映它的劳动价值。为了使商品的价格反映它的价值,投入一个黑箱的劳动价值必须等于收回的劳动价值。设定货币兑换、投资等并将其看成是黑箱里面的操作,如图 8.2 所示。

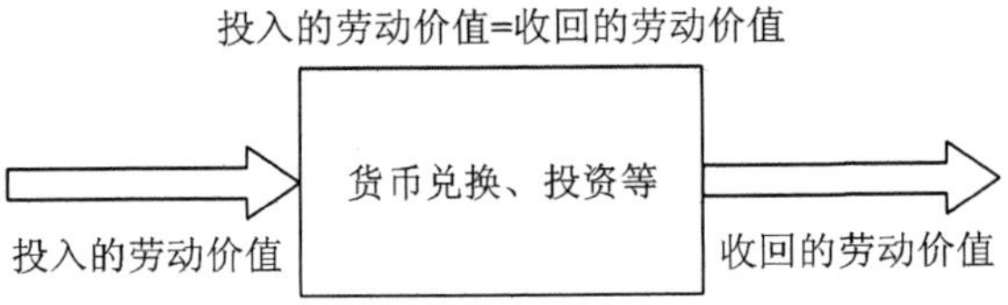

图 8.2　汇率和等价交换

下面用等价交换原则来推导最佳汇率。根据等价交换原则,如果投资美元金融市场 100 劳动小时的劳动价值,那么应该收获 100 劳动小时的劳动价值。为简化分析,假设这些投资是无风险的。假定本国金融市场的利息率等于最佳利息率。老李把钱投资于外汇市场。他有人民币 M_0 用于投资,投资期限为 1 年,1 年后他收回投资 M_t。根据等价交换原则,M_t 和 M_0 应该代表同样的劳动价值。可以用公式表示:

$$劳动价值(M_0)=劳动价值(M_t)$$

式中,$M_t=M_0+$投资所得利息。

假设本国金融市场的利率是 R_d,那么,$M_t=M_0(1+R_d)$。

以下 V_0 为年初每单位劳动价值代表的货币价值,V_t 为年末每单位劳动价值代表的货币价值。投资举例如表 8.5 所列。

表 8.5 投资举例

时　间	年　初	年　末
每个劳动小时人民币/元	$V_0=10$	$V_t=12$
人民币资本	M_0	M_t

投资的资本如果转化成劳动价值，那么年初的投资额等于年末的投资额(劳动价值小时)。

所以

$$M_0/V_0=M_t/V_t$$

$$M_0/V_0=(M_0+M_0R_d)/V_t$$

下面再来看投资于国外金融市场的情况。

$$M_t=M_0/E_0\times(R_f+1)E_t$$

式中　M_0——年初用本国货币衡量的资本，如 1 000 元人民币。

M_t——本国货币表达的总回报，包括本金和利息。

E_0——年初汇率，如 6.2 元人民币兑换 1 美元。

E_t——年末汇率，如 6.1 元人民币兑换 1 美元。

R_f——国外金融市场的年利率，比如 5%。

在上面的公式中，M_0/E_0 代表年初以美元为单位的投资量，把人民币的投资量除以年初的汇率，就是以美元为单位的投资量。1 年后，获得的美元为 $M_0/E_0\times(R_f+1)$，乘以年末的汇率，就转换成了人民币。不论是投资国内还是国外，收回的资本应该相等，这样才能实现等价交换。

因为 $M_t=M_0(1+R_d)$，整理后得到

$$M_0(1+R_d)=M_0/E_0\times(R_f+1)E_t$$

简化成

$$(1+R_d)=E_t/E_0\times(R_f+1)$$

变换成

$$E_t/E_0=(1+R_d)/(1+R_f)$$

这个公式就是最佳汇率公式。

式中　E_0——在投资开始时候的汇率；

E_t——在投资结束时候的汇率；

R_f——外国金融市场的利率；

R_d——国内金融市场利率。

根据上面的最佳汇率公式，假如国内利率比国外金融市场利率高($R_d>R_f$)，那么汇率应该升高($E_t/E_0>1$)(本国货币贬值)。相反，如果国内利率比国外金融市场的利率低($R_d<R_f$)，那么汇率应该降低($E_t/E_0<1$)(本国货币升值)。

根据西方经济学，汇率市场会自动达到均衡，只要市场能够达到均衡，那么就可

以有效地支配资源。当国内利率高于国外时,外国资本会流入国内,这会迫使本国货币升值。但通过上面的分析,我们知道这个时候本国货币应该贬值,汇率应该上升。

那么有没有经济历史来说明汇率市场是无效市场呢?有。下面用美元计算日本GDP的例子说明日元是被人操控,被高估了。“假如用1995年日本的GDP[按1美元=79日元(这是日元的最高值)]来计算,那么得到5.4万亿美元($5.4trillion),大约等于美国经济的GDP。没有人相信这个数值接近现实。”[32]这个日元的汇率说明,汇率市场是无效市场。在一个自由浮动的汇率市场,大国或金融家可以随时操控你的汇率。

从上述分析可以得出以下结论:① 汇率市场是无效市场,也就是说汇率不会自动地向最佳汇率的方向运动。② 西方经济理论关于只要市场可以自动达到均衡并使资源得到最佳配置的结论没有理论根据。③ 既然汇率市场是一个无效市场,因此政府必须管理汇率。④ 汇率不能由市场决定。⑤ 主流经济学家建立了许多汇率模型,但它们没有能够预测汇率的变动,其原因在于汇率市场是一个无效市场。换句话说,经济模型是不可能预测一个完全由市场来决定的汇率的。市场汇率是由供求决定的,市场决定的汇率不会向最佳汇率回归。

8.5 最佳汇率公式应用的例子

我们用人民币作为本国货币,假如本国金融市场的年利率是10%,而国外金融市场的年利率是1%。假如在一年期开始的时候,汇率是6.2元人民币兑换1美元,那么人民币的汇率应该如何变动?每天变动多少?

因为 $$E_t/E_0=(1+R_d)/(1+R_f)$$

所以 $$E_t=E_0(1+R_d)/(1+R_f)=6.2\times(1+10\%)/(1+1\%)=6.752$$

这个结论表明年终最佳汇率是6.752元人民币兑换1美元,也就是人民币相对美元贬值。根据这些数据,我们可以估算每天的汇率应该变动多少。

8.6 最佳汇率的分析

下面进一步分析,最佳汇率对经济会产生什么影响,它如何使经济发展得更快更好,最佳汇率对生产商有什么好处。假设 E_0 为人民币期初的汇率,这个汇率可以为中国带来足够的贸易顺差和经常账户盈余。用美元作为国外的货币。

1. 国内利息率高于国外利息率的情况

前面分析过如果国内金融市场利率高于国外金融市场利率,那么按照上述最佳汇率理论,本国货币人民币应该贬值。这样,我们的假定可以用下面的公式表达:

$$E_t/E_0=(1+R_d)/(1+R_f)>1$$

$$E_t/E_0 > 1$$

既然利息率会影响汇率，那么是什么因素决定利息率呢？根据经济效益理论第三定律，最佳汇率公式里的利息率可以用下面的公式表达。

因为

$$\frac{V(1)}{V(0)} = (1+I)(1+S) = (1+B)(1+C)$$

$$= 1 + L = 1 + P = 1 + R$$

式中　I——通货膨胀率；

S——劳动生产率提高率；

L——每小时劳动的货币价值的增加率；

P——利润率；

R——利息率；

$V(0)$——年初平均每小时劳动的货币价值；

$V(1)$——年末平均每小时劳动的货币价值。

所以

$$\text{最佳利息率} = R = (1+S)(1+I) - 1$$

从上述公式可以看到，最佳利息率是由通货膨胀率和劳动生产率的提高率决定的。当劳动生产率提高率 $S=0$ 时，国内最佳利息率是由通货膨胀率决定的。

$$\text{最佳利息率} = R = (1+S)(1+I) - 1 = (1+0)(1+I) - 1 = I$$

换句话说，通货膨胀率的提高会导致最佳利息率的提高和人民币汇率的提高，也就是说造成货币贬值。

假如一个沙发年初是 1 000 元人民币，年底变成 1 250 元人民币，说明货币贬值了。根据最佳汇率理论，我们需要按照最佳通货膨胀率来贬值人民币，也就是提高人民币对美元的汇率。假如保持汇率不变而不是按照最佳汇率理论来贬值，相比汇率提高的情况，出口的商品价格会比较高而进口的商品价格会比较低。其结果是出口可能减少，进口可能增加，可能造成贸易逆差。

假如通货膨胀率 $I=0$，那么

$$\text{最佳利息率} = R = (1+S)(1+I) - 1 = S$$

因为
$$E_t/E_0 = (1+R_d)/(1+R_f), \quad \text{最佳利息率} = R = S$$

所以
$$E_t/E_0 = (1+S)/(1+R_f)$$

这样最佳汇率由下面两个因素决定，即国内劳动生产率的增加率和国外金融市场的利息率。假定国内金融市场的利息率高于国外金融市场的利息率，也就是说本国劳动生产率的提高率高于国外金融市场的利息率，即 $S>R_f$，那么

$$E_t/E_0 = (1+S)/(1+R_f) > 1$$

在这种条件下，根据最佳汇率理论，汇率应该上升或人民币贬值。国内商品的出口价格下降，而出口商品数量上升。如果国内劳动生产率提高的速度比国外劳动生

产率提高的速度快，则将刺激出口，贸易顺差会延续，因为通常劳动生产率的提高会带来生产成本的降低和技术的进步。

当国内金融市场的利息率高于国外金融市场的利息率时，如果人民币不按最佳汇率理论贬值(汇率升值)，那结果如何呢?

首先，外国资本会大量流入国内→国内货币扩张→刺激通货膨胀→刺激利息率提高→进一步吸引更多国外资本。这样形成恶性循环。其次，当国内金融市场的利息率或利润率达不到国外市场的投资回报时，外国资本会流出中国。如果资本突然或大量流出，则有可能引发金融危机。但如果按照最佳汇率理论，让人民币汇率上升(人民币逐渐贬值)，那么外国资本(热钱)就不会因为金融市场的利息不同而大量进入中国。在最佳汇率理论管理下，中国金融市场和美国金融市场会给投资者带来同样的回报。这样，我们会迫使资本寻求更佳有利的实体投资，如开办企业等，那么经济的运行就会更加有效。

所以最佳汇率理论可以阻止有害的和非生产性的资本流动，还可以减少汇率的波动，减小国际贸易和国际投资的风险，从而促进国际贸易和跨国投资经济活动。

2. 最佳汇率理论使国内和国外的回报相等

一个国家的最佳汇率是否会对另外一个国家的经济利益造成损失呢? 我们要证明对于国外的投资者来说机会是均等的，国内国外投资的回报是一样的。

首先，假定一个外国投资者持有 N 美元资本，投资周期为 1 年。他投资于美元金融市场的回报是

$$N\times(1+R_{\mathrm{f}})$$

他投资于中国金融市场的总回报是

$$N\times E_0\times(1+R_{\mathrm{d}})/E_t$$

式中 N——投入的美元资本，以美元为单位；

R_{d}——本国金融市场的年利息率或投资回报率，也就是人民币金融市场的利息率；

R_{f}——外国金融市场的年利息率或投资回报率，也就是美元市场的利息率；

E_0——在投资期开始的时候人民币的汇率；

E_t——在投资期结束的时候人民币的汇率。

让我们来看一下这个公式，把 N 美元的资本在投资的开始兑换成人民币，就是 $N\times E_0$。在投资了 1 年以后，这个资本按人民币金融市场利息率 R_{d} 增长，得到 $N\times E_0\times(1+R_{\mathrm{d}})$，这个资本的单位是人民币。把它兑换成美元就是 $N\times E_0\times(1+R_{\mathrm{d}})/E_t$，这个资本的单位就是美元。

因为用美元表达的总投资回报是

$$N\times E_0\times(1+R_{\mathrm{d}})/E_t$$

又因最佳汇率公式是

$$E_t/E_0=(1+R_d)/(1+R_f)$$

它可以表述为

$$E_t(R_f+1)=E_0(1+R_d)$$

也就是

$$E_0(1+R_d)=E_t(R_f+1)$$

所以,对于投资人民币金融市场的资本,美元的总投资回报可以表达为

$N\times E_0\times(1+R_d)/E_t$

$=N\times E_t(R_f+1)/E_t$　（替换代入 $E_0(1+R_d)$）

$=N\times(1+R_f)$　（投资美元金融市场的回报）

$=$投资于美元金融市场的回报

上面的推理证明,在最佳汇率的条件下,对于一个拥有美元资本 N 的投资者来说,投资于美元金融市场和投资于人民币金融市场的总回报是一样的。这能减少国际资本投机的机会。

3. 国内利息率低于国外利息率的情况

根据最佳汇率理论,当本国金融市场利息率(R_d)低于国外金融市场利息率(R_f)时,汇率应该下降,本国货币应该升值。

那么如果本国(如中国)货币不升值,结果会怎样呢？由于国外金融市场利息率高,为追求高回报,部分本国资本会转向国际金融市场。这样,本国货币会被大量兑换成美元,外汇储备下降;严重的话,会使投资者对本国货币信心动摇,引起本国货币(人民币)贬值。这进一步说明汇率市场是一个无效市场,汇率不会自动回归到最佳汇率。

4. 最佳汇率和实体投资评价

最佳汇率和投资决策有什么关系呢？下面讨论实体投资的评价和选择。用最佳汇率理论管理的汇率使得公司的投资决策变得容易。

假定本国货币是人民币,在美国进行投资,中美利息率一样。根据最佳汇率理论,汇率应该保持不变。假如有家中国公司,有两个投资项目,一个是在中国的项目 J,一个是在美国的项目 K。投资额都是 N 元人民币。项目 J 的投资年利润率是 10%(人民币计算),项目 K 的年利润率是 13%(美元计算)。哪一个投资项目回报会更多呢？我们可以这样计算。

投资额$=N/E_0$　（美元）

每年的利润$=P_fN/E_0$　（美元）

利润转换成人民币$=P_fE_tN/E_0$　（人民币）

因为

$$E_t(R_f+1)=E_0(1+R_d)$$

所以

$$E_t/E_0=(1+R_d)/(1+R_f)$$

国外投资项目的利润(人民币)$=P_fE_tN/E_0=P_fN(1+R_d)/(1+R_f)$

国外投资项目的利润率=国外投资项目的利润(人民币)$/N$

$$=P_fE_t/E_0=P_f(1+R_d)/(1+R_f)$$

或

$$P_{dc}=P_f(1+R_d)/(1+R_f)$$

本国的市场利息率和国外的市场利息率相等，即

$$R_d=R_f,\quad P_{dc}=P_f$$

式中　P_{dc}——国外投资项目的利润率(以人民币计算)；

P_f——国外投资项目的利润率(以外币计算)；

R_d——本国金融市场的年利息率；

R_f——外国金融市场的年利息率；

E_0——投资期初人民币的汇率；

E_t——投资期末人民币的汇率。

所以在国内外市场利息率相等时，用人民币结算的国外投资利润率等于用美元结算的国外投资利润率。这样，投资人可以方便地比较国内和国外的投资机会。如果汇率完全由市场决定，那么比较投资项目可能就没有那么容易。

5. 本币(人民币)过度升值的影响

如果汇率下降的速度超过最佳汇率的速度(过度升值)，那么对出口商会有什么影响呢？

我们用 P_s 代表国内商品的采购价格，期初汇率是 E_0，期末汇率是 E_t。

期初出口价格(美元的价格)$=P_s/E_0$。

在汇率 $E_0=6.2$ 的时候，￥500 的某钟表其美元价格是￥500/6.2=＄80.64。

期末出口价格(美元的价格)$=P_s(1+I_d)/E_t$。

如商品价格上涨率为 I_d，则期末出口价格(美元的价格)$=P_s(1+I_d)/E_t$。

如这个钟表价格上涨率为 10%，期末汇率为￥4.2 兑换＄1。

期末出口价格(美元的价格)$=P_s(1+I_d)/E_t=$ ￥500(1+10%)÷4.2=＄130.95。

不同汇率条件下出口商品价格的变化如表 8.6 所列。

表 8.6　不同汇率条件下出口商品价格的变化

时　间	汇　率	商品价格上涨率/%	商品价格	商品出口价格＄
期初	￥6.2 兑换＄1		￥500	＄80.64
期末(1)	￥4.2 兑换＄1	10	￥500×(1+10%)=￥550	￥550÷4.2=＄130.95
期末(2)	￥3.2 兑换＄1	0	￥500×(1+0%)=￥500	￥500÷3.2=＄156

我们看到如果汇率下降(人民币升值)，出口价格提升，则商品的国际竞争力会降低。

经济史上日本就是一个很好的实例。二战后，日本实行有政府干预的浮动汇率制度。从 1970—1995 年，日元升值近 4 倍(见表 8.7)。对于日本的很多企业，海外市场是主要市场。所以日元的剧烈浮动和升值，导致出口商品价格急剧攀升，市场分

额减少，造成日本很多出口企业的困难和倒闭。许多汽车企业就是在这个时期被外国公司收购的。

“4 月 19 日日元汇率一举突破 80 价位，使原本尚有生机和活力的日本制造企业和工人陷入一片恐慌。日元居高不下，原处于缓慢复苏阶段的日本经济又告停滞。绝望和听天由命的情绪开始蔓延开来，在第二阶段衰退中，仅靠单个企业进行大规模重组已经无济于事了。”[33]

表 8.7 日元汇率的变化

年份	日本汇率对美元(日元兑换 1 美元)
1970	360
1995	90

6. 国际收支

既然最佳汇率必须要能够产生足够的国际收支经常项目顺差，那么必须能够产生足够的外汇储备。我们希望通过下面的分析来决定外汇储备的下线和上线。

下面来看国际经常项目在估算最佳外汇储备时需要考虑哪些因素，如表 8.8 所列。

国际收支总差额＝经常项目差额＋资本项目差额＋金融项目差额＋净差错与遗漏经常项目差额

表 8.8 国际收支

国际收支项目	计算式
贸易	出口价值－进口价值
服务	服务出口价值－服务进口价值
收入	中国在外国的财产收入－外国财产在中国的收入
国际收支经常项目	贸易＋服务＋收入

如果中国的国际收支经常项目是顺差，那么它会增加中国的外汇储备；如果中国的国际收支经常项目是逆差，那么它会减少中国的外汇储备。所以这些项目每年都有变化，但是通常它们变化的幅度不大。

资本项目如表 8.9 所列。

表 8.9 资本项目

资本项目	计算式
直接投资	外国资本在中国的投资－中国资本在海外的投资
交易性金融资产	外国资本在中国金融资产的投资(股票、债券)－中国资本在海外的金融资产的投资(股票、债券)
净贷款	外国给中国的贷款－中国给外国的贷款
单方资本转移(如赠与)	—
统计误差	—
资本项目余额	直接投资＋交易性金融资产＋净贷款＋单方资本转移＋统计误差

外汇储备的下限应该满足所有流动性资产兑换的需要，因为当金融形势不好时，只有流动性资产可以在几天内撤出。国际收支经常项目一般流动性不好，也就是说，这些资本需要比较长的时间才能撤出投资的领域。在资本项目里，流动性都比较强。对外汇有需求的项目是：

外汇储备的下限＝外国资本在中国金融资产的投资（股票、债券）＋
外国给中国的贷款

但是，当外国资本撤出中国金融资产的投资时，外国资本还会得到股票的升值、红利、利息，等等。所以，如果外国资本在中国10年前投入1 000万元人民币，那么当外国资本撤出时，外国资本可能得到6 000万元人民币。再加上汇率的变动、人民币的升值，可能需要8倍原先投入的美元资本，才能满足这笔资本兑换成美元的需要。所以上面的公式应该改写成

外汇储备的下限＝外国资本在中国金融资产的投资（股票、债券）＋
外国给中国的贷款＋
外国资本和贷款的收益（利息、红利、升值，等等）

我们认为外汇储备的上限应该是一个可以满足所有流动性资产兑换的储备量。

外汇储备的上限＝外国资本在中国金融资产的投资（股票、债券）＋
外国给中国的贷款＋
外国资本和贷款的收益（利息、红利、升值，等等）＋
本国公民和企业流动资产的总和

最佳外汇储备是一门管理艺术，不是硬科学，很难在最佳外汇储备方面达成一致的看法。

7. 最佳汇率和最佳汇率政策

最佳汇率是由最佳汇率公式（见下式）决定的单一汇率，它必须能够产生足够的外汇储备，这些外汇储备必须能够满足潜在的外汇兑换需求。

$$E_t/E_0=(1+R_d)/(1+R_f)$$

式中 E_0——期初汇率；
E_t——期末汇率；
R_f——国外金融市场的利率；
R_d——国内金融市场的利率。

最佳汇率的实现有三个条件。第一，政府必须按照最佳汇率公式来管理汇率。第二，政府必须实行一定程度的资本市场控制。第三，汇率不能由市场供求来决定。前面讨论过汇率市场是一个无效市场。完全由市场决定的汇率不可能是最佳汇率。第四，最佳汇率必须能够产生足够的贸易顺差和经常项目顺差。其目的就在于产生足够的外汇储备，这些外汇储备必须能够满足潜在的外汇兑换需求。

公式中外国金融市场的利率如何确定呢？我们主要考虑硬通货。现今世界金融

交易和国际贸易中使用最多的是美元和欧元。我们使用最高利息率的那个 R_f 来计算最佳汇率。图 8.3 中给出了决定最佳汇率的因素。

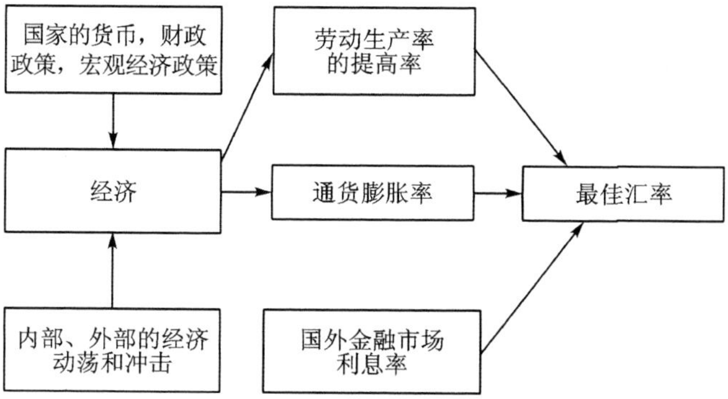

图 8.3　决定最佳汇率的因素

因为最佳汇率是

$$E_t/E_0=(1+R_d)/(1+R_f)$$

所以，如果政府需要调整最佳汇率，比如提高汇率（人民币贬值），从而产生贸易顺差，那么就是 $E_t>E_0$，或者 $E_t/E_0=(1+R_d)/(1+R_f)>1$。

又因经济效率理论第二定律

$$1+R_d=(1+S)(1+I)$$

所以

$$E_t/E_0=(1+S)(1+I)/(R_f+1)>1$$

式中　S——劳动生产率的提高率；

I——通货膨胀率。

从这里可以看到，如果政府要提高汇率，那么必须使得上面的不等式关系成立。为了实现上面的不等式关系，政府需要利用货币政策和财政政策。

相反，如果中国需要降低汇率（人民币升值），那么

$$E_t/E_0=(1+S)(1+I)/(R_f+1)<1$$

8.7　自由浮动汇率制度

自由浮动汇率制度又称为不干预浮动汇率制度，是指货币当局对汇率上下浮动不采取任何干预措施，完全听任外汇市场的供求变化而自由涨落的一种浮动汇率制度。下面是自由浮动汇率的问题。自由浮动汇率给逐利的资本投机提供了机会，因为市场决定的汇率不会自动地回归到最佳汇率，所以自由浮动汇率市场不是有效市场。外汇市场不是一个完美的竞争市场。政府可以操纵外汇价格，投资者的预期、大众传播媒介也会影响汇率。按照最佳汇率理论，当我们需要汇率提高（贬值）时，市场会迫使它下降（升值）。当我们需要汇率下降（升值）时，市场又会使汇率升值（贬值）。

市场的力量常常会把汇率推向相反的或错误的方向。自由浮动汇率会降低经济资源的配置效率。这是因为市场决定的汇率是随机的,可能会引发汇率变动引起的金融危机和经济危机,因而是低效率的。所以自由浮动汇率制度不能帮助我们实现最大经济效益。

8.8 固定汇率制度

固定汇率(fixed exchange rate)的汇率大小是一个固定值。通常的做法是规定本国货币和一个主要外币的比值为一常数,又称联系汇率。固定汇率制度是一国货币的汇率与某一基准货币或一篮子货币挂钩的制度。通常的做法是把本国货币与国际贸易货币(vehicle currency)挂钩。

固定汇率制度存在以下问题:

① 固定汇率不可能把汇率维持在最佳汇率上。

② 假如一个国家的外汇储备太少,需要增加外汇储备,它就需要使本币贬值。但是,由于使用固定汇率,那么贬值就不可能。

③ 在外汇储备不足的时候,本国货币容易受到国际货币投机家的攻击,容易发生金融危机。

所以,固定汇率制度不是理想的汇率制度。

8.9 管理浮动汇率制度

今天世界上很多国家实行管理浮动汇率制度(managed floating or "dirty" floating exchange rate regime)。它是一个受管制的浮动汇率制度。汇率由市场的供求决定,但是汇率管理当局可以在任何时候干预汇率,使汇率的浮动控制在一定的范围之内。当汇率管理当局认为汇率太高(本币贬值太多)时,汇率管理当局可以在交易市场上使用本国的外汇储备买回本国的货币。这样,汇率就会下降,本币就会升值。相反,当汇率管理当局希望本币贬值时,可以出售本币,而换回外汇。

这种管理汇率的制度本身只是一种管理汇率的方法,它不能告诉我们什么是理想的汇率。所以许多国家不能够根据最佳汇率理论来管理汇率。这种管理不能实现经济效益最大化。

理想的汇率制度应该是以最佳汇率理论为指导,使用管理浮动汇率制度来实现最佳汇率的汇率制度。

8.10 如何管理汇率

当我们试图使用这个最佳汇率来管理汇率时,就会发现如下问题。

问题 1：

在劳动生产率快速提升时，出口增加，通常会产生持续贸易顺差，外汇储备增加。这样就带来了本国货币增值的压力。在这样的高速发展时期，本国最佳利息率会高于国外金融市场的利息率。为什么会这样呢？

因为

$$\frac{V(1)}{V(0)}=(1+I)(1+S)=1+L=P+1=1+R$$

所以

$$1+R=(1+I)(1+S)$$

当 $I=0$ 时，也就是如果通货膨胀率等于零，那么 $R=S$。也就是，最佳利息率等于劳动生产率的提高率。

当 $I>0$ 时，也就是如果通货膨胀率大于零，那么 $R>S$。也就是，最佳利息率大于劳动生产率的提高率。

特别地，本国利息率会高于美元（国际贸易货币）金融市场的利息率。

通过前面的分析发现，如果国内金融市场的利率高于国外金融市场的利率，那么按照上述最佳汇率理论，本国货币（人民币）应该贬值。可以用下面的公式表达：

$$E_t/E_0=(1+R_d)/(1+R_f)>1$$

$$E_t/E_0>1$$

这样，矛盾在于，一方面，外汇储备的增加，提高了本国货币升值的压力；但另一方面，按照最佳汇率理论，我们又应该对本国货币进行贬值。

如何保持汇率的稳定呢？途径是政府增加基建投资，提高国内有效需求。这样CPI（消费品价格指数）会上升，通货膨胀率会增加。当本国货币在通货膨胀中贬值的时候，本国货币在汇率关系上升值的压力就会减小或消失。这样，就可以在经济高速发展的时期保持汇率的基本稳定。

问题 2：

如果情况相反，应该如何管理汇率呢？当劳动生产率没有提升时，出口减少，贸易出现逆差，外汇储备减少，本国货币贬值压力增大。在这样的缓慢发展时期，本国最佳利息率会低于外国外金融市场的利息率。按照最佳汇率公式计算，应该使货币升值。

因为 $$E_t/E_0=(1+R_d)/(1+R_f),\quad R_d<R_f$$

所以 $$E_t/E_0=(1+R_d)/(1+R_f)<1$$

所以 $$E_t<E_0$$

这期间，汇率必须下降，从 E_0 下降到 E_t，即本国货币需要升值。这里矛盾在于，一方面，我们需要对本国货币贬值，这样才能促进出口，获得足够的外汇储备；另一方面根据最佳汇率理论，又应该对本国货币升值。如何破解这个矛盾呢？

首先，为了能够维持外汇储备，需要刺激出口，实现贸易顺差。我们就需要实现货币贬值，也就是汇率上升。所以，$E_t > E_0$。

$$E_t / E_0 = (1 + R_d)/(1 + R_f) > 1$$

要实现

$$(1+R_d)/(1+R_f)>1$$

$$R_d/R_f > 1$$

所以

$$R_d > R_f$$

也就是说本国的利息率必须高于国外金融市场的利息率。

又因为经济效益最大化的运行条件为

$$\frac{V(1)}{V(0)} = (1 + I)(1 + S) = 1 + L = P + 1 = 1 + R$$

式中 I——通货膨胀率；

S——劳动生产率的提高率；

L——每小时劳动的货币价值的提高率；

P——利润率；

R——利息率；

$V(0)$——年初平均每小时劳动的货币价值；

$V(1)$——年末平均每小时劳动的货币价值。

假设国外金融市场的利息率 R_f 是不变的，那么我们需要提高 R_d，也就是提高本国的最佳利息率。通过上面的公式，我们看到

$$R_d + 1 = (1 + I)(1 + S)$$

我们看到，在劳动生产率的提高率(S)提高比较慢的时期，可以通过提高通货膨胀率(I)来达到提高 R_d 的目的。通货膨胀率的提高可以通过增加基建投资和科研投入来间接地实现。

第 9 章

自然无损耗商品

9.1 自然无损耗商品的概念

有这样一类的商品，比如土地、空域、江湖水域、江湖航道、无线电频谱和声谱等，我们将它们称为自然无损耗商品(Natural Non-diminishing Goods，NNG)或自然无损耗资源。自然无损耗商品具有以下特征：

① 这类商品在人类文明出现之前就自然地存在，我们也称它们为自然无损耗资源。

② 这类自然商品的数量不会减少，即供给通常是固定的。举例来说，一个城市市中心的土地供应量是固定的。因此，由于这个特性，拥有这些资源就形成了自然垄断。

③ 这些商品是"无损耗"的，是因为对这些商品的使用并不会减少其数量。

④ 这类商品市场是无效市场。这是它不能满足完美竞争市场的条件。

这里需指出的是，并非所有自然商品都在本章考虑和研究的范围之内。例如所有种类的矿产，如煤、金属等都不是自然无损耗商品。这是因为随着它们的被消耗，这些资源会逐渐减少。

9.2 自然无损耗商品的供求曲线

下面以土地为例来分析。

自然无损耗商品的交易通常具有两种形式：租赁或者出售。这些资源应该如何管理才能实现最大的经济效益呢？

自然无损耗商品的供应和需求曲线如图 9.1 所示。

图中有三条需求曲线 D_1、D_2 和 D_3。这三条需求曲线展示了千百年文明所产生

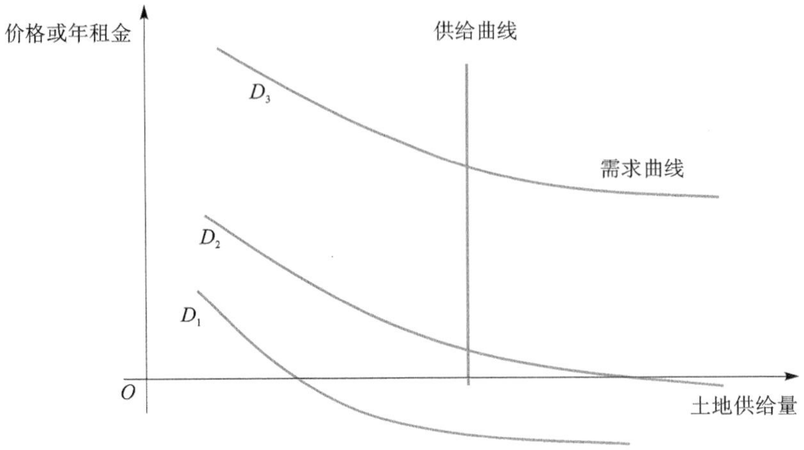

图 9.1　自然无损耗商品的供需曲线

的需求变化。如数千年前,相对小规模的人口而言有着广袤的土地可供使用,世界上许多地区可能并没有土地价格一说,需求曲线 D_1 代表这个时期的土地需求。它和土地的供给曲线没有相交点。随着人口不断增长,生产力不断提高,土地的需求就会增加。需求曲线 D_2 代表这个时期的土地需求。它和土地的供给曲线相交,它的相交点决定土地的租金或土地的出售价格。随着人口的进一步增加,人们对土地的需求也进一步增加。需求曲线从 D_2 移动到 D_3。需求曲线 D_3 代表这个时期的土地需求。它和土地的供给曲线相交,它的相交点决定土地的租金或土地的出售价格。这个时期的土地成本比以前高了许多。

图中供给曲线是一条垂直线,这是因为这类商品的供应量通常是固定的。例如,加州洛杉矶市中心的土地面积是固定的。需求曲线从左往右是下降的。换言之,如果土地的售价或租金比较低,则土地的需求量就比较高。当售价或租金较低时,更多的个人或企业买得起土地。如果土地的售价或租金较高,则土地的需求量就比较低。需求曲线和供应曲线的交点决定了土地的市场售价或租金。

在上面的分析中,我们有一个暗含的假设。这个假设就是这些自然无损耗商品本身不会带来利润,它不会成为人们投资的对象。

此外,图中的租金或价格可以低于零,但现实生活中,租金或者商品的价格是不会低于零的。但是,当自然无损耗商品成为投资对象,有利润可求时,名义价格高于零,而实际价格低于零。我们在下面会进一步分析这种情形。

从这个模型的分析中我们可以看到,当一种自然无损耗商品需求量非常低时,商品供应量大于需求量,租金和售价都是零。这种市场状态下,没有必要去担心自然无损耗商品的使用效率是否最大化了,因为它还不是一种稀缺资源。

我们可以得到这样的结论:

① 当供应量大于需求量时,自然无损耗商品如何分配或者使用并不会影响经济

运作效率。

② 只有当需求量大于供应量，自然无损耗商品成为一种稀缺资源时，自然无损耗商品的分配才会成为一个经济体运作效率的决定因素，也就是，在这样的条件下，这个资源或商品配置才会影响经济效益。

所以在下面的分析中，我们假定自然无损耗商品（资源）已经成为影响和决定经济效益的因素之一。

9.3　自然无损耗商品是否会影响经济效益

尽管本章研究的自然无损耗商品并非是由人类劳动力生产出来的，但是它们在经济体中的使用和分配仍将影响到给定人类劳动力条件下的经济体的总体产出。

如图 9.2 所示，一个经济体的投入是人类劳动力，经济体的产出是用于最终消费的商品和服务。劳动投入包括直接和间接人类劳动力投入。图中，列出了自然有损耗资源和自然无损耗商品（或自然无损耗资源）。我们将考虑自然无损耗商品的投入。这是因为当自然无损耗商品的需求量大于供应量时，自然无损耗商品将成为影响经济效益的一个决定因素。图 9.2 中虽列出了自然有损耗资源，但是本章不讨论它的效率问题。

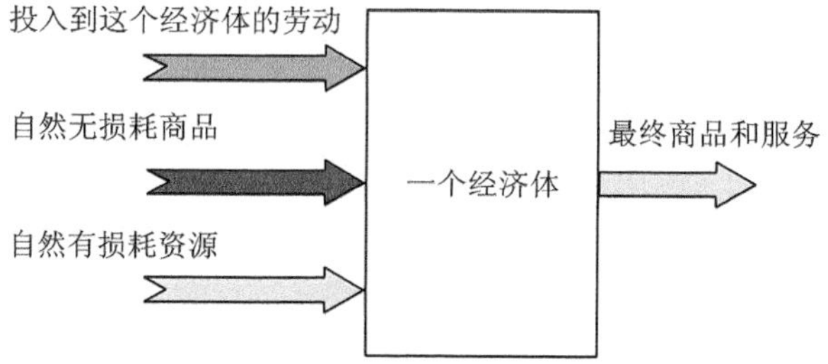

图 9.2　自然无损耗商品在最终商品中的构成

下面，使用一个模型来说明自然无损耗商品和经济效益的关系。

在商品 A 的产出和土地使用关系图（见图 9.3）中，展现了一个农产品生产者的土地使用量和他的商品产出量的关系。假设在一个经济体里有两个生产者。第一个是农产品生产者。这个经济体有 100 个单位土地可以用来生产。这个土地可以用来生产农产品，也可以生产轻工业消费品。但是每个单位的土地只可以用于一个用途，即生产农产品或者生产消费品。

在商品 A 的产出和土地使用关系图中，右边的 0 点代表土地使用量是零。图上的曲线代表农产品的产出和土地使用量的关系。随着土地使用量的增加，产出增加。可以想象在曲线上的一个点，从 0 点开始向左移动。在图的左边有一条垂直的虚线，这条虚线代表 100 个单位土地都被使用了。

在商品 B 的产出和土地使用量关系图（见图 9.4）中，展现了一个消费品生产者

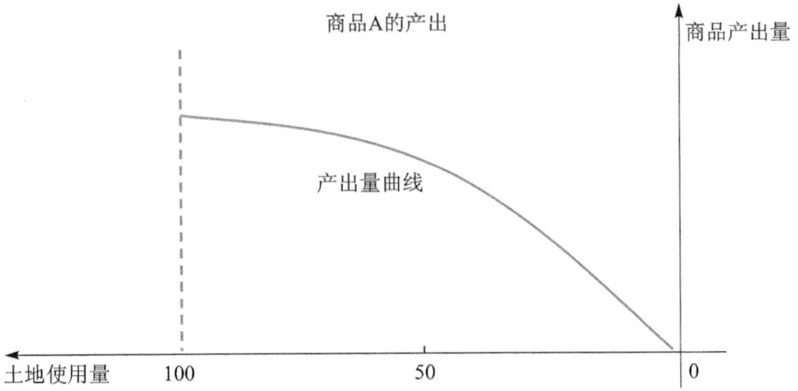

图 9.3　土地和商品 A 的产出

的土地使用量和他的商品产出量的关系。第二个生产者是消费品生产者。100 个单位的土地中,如果农产品的生产者使用了 80 个单位的土地,则消费品生产者只有 20 个单位的土地可以用来生产工业消费品。

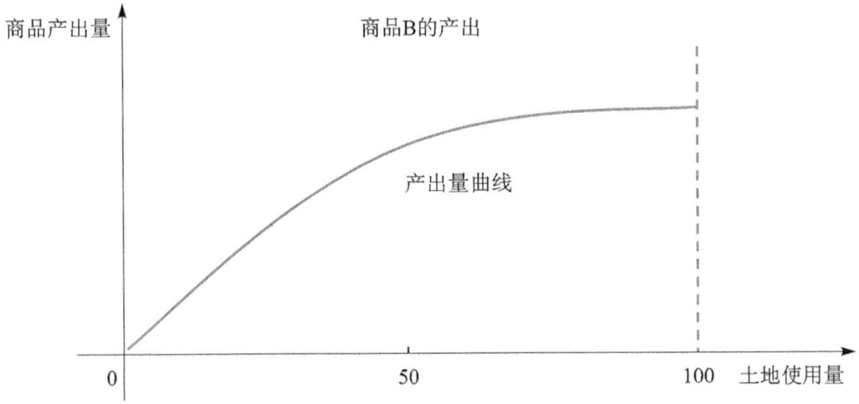

图 9.4　土地和商品 B 的产出

在商品 B 的产出和土地使用量关系图中,左边的 0 点代表土地使用量是零。图上的曲线代表商品的产出量和土地使用量的关系。随着土地使用量的增加,产出量增加。可以想象在曲线上的一个点,从 0 点开始向右移动。在图的右边有一条垂直的虚线,这条虚线代表 100 个单位土地都被使用了。

我们把两个生产者的模型合并在一起。生产者 A 和生产者 B 共有 100 单位的土地。生产者 A 生产农产品,而生产者 B 的行业属于消费品。他们每个人都希望有更多的土地用于生产过程,因为有更多的土地将更具有更多的生产力。我们在两个图中没有使用直线代表生产量,因为考虑到土地的边际生产率在递减。当然,如果使用直线来代表生产量和土地使用量的关系,那么也不会影响我们的结论。

在这个两类产品和两个生产者的模型中,假如将所有 100 单位的土地都给生产者A。生产者B的生产力将变为零，因为生产者B在不占用土地的情况下将无法生产任何东西。这个时候，消费者只有食物，而没有工业消费品。如果100%的土地都由生产者A使用，生产者A的产出达到了最大值。但消费者的效用并没有达到最大，因为消费者希望消费两种商品：商品A和商品B。另外，如果将所有100单位的土地都给生产者B，生产者B将不能生产任何农产品，我们将没有食物。在这种情况下，消费者只有工业消费品而没有食物。显然，这也不会给消费者带来最大的效用或最大的满足。

从上述分析我们发现，最大的总效用（见图9.5）是在图形中间的某个位置，最高效的土地分配处于中间的某一点。确切的最优坐标并没有在图中标注出来，但我们从上面的分析中可知它必然存在。尽管这个例子是关于土地资源在两个生产者之间的分配，但这一原理同样适用于许多消费者和许多生产者。这个分析原理也适用于其他自然无损耗商品。

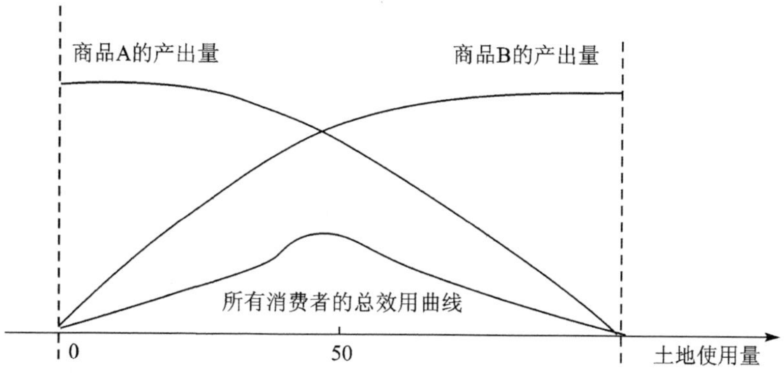

图9.5 土地和总效用

这个双生产者经济体的综合效用曲线是钟形的。土地分配在水平轴两端中的某一点时效用可以达到最大。当土地对两种商品的边际效用相等时，我们会得到最大效用，相应的土地分配就会使得经济体达到最大经济效益。

因此，我们得到这样的结论，尽管自然无损耗商品并非由人类劳动力产生，但对它的分配与使用的不同仍将影响总体经济效益，而且存在一个最优分配使得经济体达到最大经济效益。

9.4 相关经济学思想回顾

有许多流派的经济学思想解释了土地是如何分配的以及土地租金是如何产生的。有许多的经典经济学理论试图解释土地租金问题。如亨利·乔治对单一土地税制的论证非常接近我们试图解决的问题。

亨利·乔治和他的追随者们发展出了一种支持土地增值税的学说，很亨利·乔治的代表作是他的《进步与贫困》一书[34]。他们主张根据土地价值而不是财产价值收取单一税种。今天,大多数财产税是根据房产的市场价值收取的。同现在普遍的做法不一样,亨利·乔治主张只对土地征税,而不对土地上的房产或土地的改良课税,因为土地改良的价值是农民耕作和施肥的结果。也就是说,我们不应该对房子征税,而应该对房子占用的土地的价值课税。这个主张支持现存的私有制和产权制度,但理论上亨利·乔治将社会视作土地的真正所有者,各种名义上的所有人实际上是租客,他们以土地增值税的形式缴纳了土地租金。税收收入应当被用于平常的政府支出,比如供水、供电、交通、公园、图书馆和大学。亨利·乔治认为土地的投机买卖造成了经济萧条,而解决经济萧条的办法就是对土地价值收取单一税收。他认为:① 土地增值税将有益于更公平的财产分配;② 土地增值税将抑制土地投机买卖这种对经济生产力有害的行为。"从1950—1970年,美国纽约州的农用土地减少了580万英亩,但是在同一时期,美国纽约州的城市用地只增加了60万英亩。土地的短缺,不是真实的缺少土地,只是在经济意义上的土地短缺,土地投机是引起这个短缺的主要原因。"[35] ③ 每个人都有获得必要的供自己使用的土地的自然权利。没有人有权拥有超过必要数量的土地。这些论述构成了土地税收的伦理依据[36]。

在亨利·乔治的经济学研究中,他提出了我们的土地政策应该是怎样的。但是亨利·乔治和他的追随者们并没有通过可靠的经济学理论将土地政策和经济效益联系起来。他们也没能将税收水平和经济效益联系起来。亨利·乔治和他的追随者们从道德的层面上论证为什么亨利·乔治的土地政策是正确的。但是这种道德哲学上的论辩不足以成为一个经济学理论。社会科学家常常举出支持他们经济与政治观点的例子来建立他们的想法与"理论",同时他们有意地回避了不支持他们态度和观点的反例。一个真正的经济学理论必须提供有可能被证伪的结论,并且经受得住证伪的考验。亨利·乔治的经济学论述不满足成为硬科学或科学理论的条件。

下面对比分析自然无损耗商品与可再生产商品的效用的不同之处。

在图9.6中有两条曲线。边际效用曲线从左到右向下倾斜,在垂直虚线位置达到0。在垂直虚线左侧,边际效用为正。如果边际效用曲线继续向垂直虚线右侧延伸,它将变为负的。总效用会随着商品消费量的增加而上升,直到垂直虚线为止,从这里开始由于边际效用在垂直虚线右侧转为负数,所以总效用开始呈现下降趋势。在边际效用为负值的时候,多消费一个单位的商品只会给消费者带来不满或痛苦。这样的消费会减少这个消费者的总效用。

从图9.6可以推断,如果总消费量不变,总效用也不会变化。对于一个效用最大化的消费者,如果他消费更多的商品,则我们推断他达到了一个更高的效用水平。这种边际效用和总效用之间的关系适用于普通商品,比如苹果、面包、自行车等。

然而,自然无损耗商品的边际效用曲线和普通的消费商品的边际效用曲线有所不同。图9.6描绘了可再生商品的典型的总效用曲线和边际效用曲线。自然无损耗商品的边际效用曲线一开始和普通商品的类似,但是当获得或者消费了更多的自然无损耗商品之后,边际效用不会跌到0,并且永远不会变为负的。

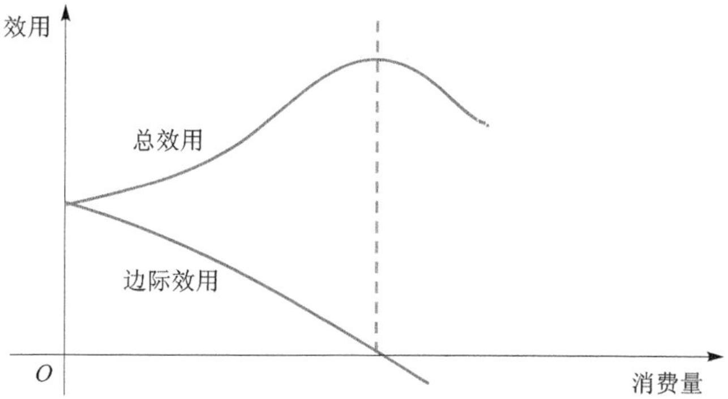

图 9.6　可再生产商品的总效用和边际效用

9.5　自然无损耗商品的市场

自然无损耗商品具有两种市场：自然无损耗商品的买卖市场和自然无损耗商品的租赁市场。那么，在哪一种市场里，自然无损耗商品可以获得有效的资源配置呢？

1. 自然无损耗商品的买卖市场

还是以土地为例。通过下面的分析，我们将试图证明自然无损耗商品的买卖市场（销售市场）不能使一个经济体达到最大经济效益。

假设李先生购买了一块土地并在它上面造了房子。土地的效用可以由图 9.7 表示。

图 9.7　土地每年的效用

我们将这个效用展现为一条水平直线，这是因为随着时间的推移，商品的总消费量维持不变。如果商品总消费量不变，则这块土地每年产生的总效用也不变。

李先生的寿命是有限的，但是无论谁住在这片土地上都能够享用它，因此土地的效用永远不会归于零。如果我们考虑经过消费者世代后每年的效用，我们可以认为这条水平线代表了所有现在和未来的年效用水平的平均值。

因此，土地的总效用是无穷大，因为总效用是每年效用之和。但是年数（土地寿命）是无穷大的。消费者可以永远使用这一块土地。使用效用曲线（直线）会如图所示向右延伸到无穷。我们可以用数学式表达：

$$\text{总效用} = \sum_{t=1}^{\infty} U(t) = \int_{t=1}^{\infty} U(t)\,\mathrm{d}t = \infty$$

式中 $U(t)$——第 t 年的效用；

t——年数。

假设李先生可以选择两种商品（土地和酒）来使其效用最大。而有一个给定的预算限制 \$2 000。假定 W 是花费在酒上的金额，那么花费在土地上的金额是（\$2 000－W）。

总效用＝土地总效用＋酒总效用＝∞，　土地数量＞0

这个等式说明，无论购买力在酒和土地之间如何分配，总效用总是无穷大。换句话说，只要消费的土地数量非 0，总是具有最优的资源分配，无论消费了多少土地和多少酒。我们知道这个结论是错误的，因为在前面的分析中已经展示了，自然无损耗商品的资源分配存在一个最优点。前面的分析同样显示了自然无损耗商品的分配会影响经济效益。

有鉴于此，我们无法在自然无损耗商品的销售市场内找到最优土地分配以实现效用最大化。

假如我们试图计算土地每单位劳动价值小时带来的总效用，那么我们可以计算每一年每单位劳动价值带来的总效用。

一年里每单位劳动价值折旧的土地带来的总效用＝土地一年的总效用/土地一年的折旧费用

如果考虑土地的寿命是无穷大，则土地每年的折旧为 0。

上式中，如果土地一年里的总效用是 100，而土地的折旧是 0，那么 100/0＝无穷大，就是说土地会带来无穷大的效用。也就是说，如果土地可以买卖，那么你购买多少土地都不会太多。所以，在这样的制度安排下，土地会短缺。

如果我们用 30 000 元购买一块土地，并除以土地的寿命年限——无穷大，则每年的土地成本是 0。这意味着对任一特定年来说，我们没有任何花费就可以使用土地。这没有任何道理。这种经济制度（销售自然无损耗商品制度）不会产生最优的资源分配。

因此，可以推断，如果自然无损耗商品通过在市场上购买和销售的方式进行分配，自然无损耗商品不会被最优分配，而经济体也无法以最大经济效益运作。与主流经济学思想相反，我们可以推断市场均衡未必能够实现经济效益最大化。私有财产权作为一种经济制度必须要求私有财产——土地，实现自由购买或销售，因此对于自然无损耗商品而言，私有制并不是一种与最大经济效益相适应的经济制度。

无论什么资源或商品，如果它是免费的，消费者就不会节约使用；对于一种稀缺的资源，如果使用者需要付出成本，那么他会尽量提高该资源的利润率。因此，当土地成为稀缺资源并且能够带来利润时，消费者就会把土地作为一种投资项目，而在特定的政策条件下，如中国的房地产市场（1990—2015 年），使用土地对消费者甚至没有产生真实的成本或代价。这样，土地或房产就不会合理地利用，有钱人可以拥有多套房产，而没钱的人则可能无家可归，导致“鬼城”现象的出现[37]，加大了社会贫富差距。在这种情况下，自然无损耗资源是不能有效利用的。

让我们用一个现实中的例子来理解这一点。在 2000 年，某消费者花 20 万元买了一套房子，然后出租，获取了 10 年的租金。10 年以后，这套房子的市场价格是 200 万元。这个消费者获得了 10 年的使用权，10 年以后他把这套房子出售获得 200 万元。我们可以通过下面的公式计算他 10 年使用权的代价或花费是：

买入价格－卖出价格＝20 万元－200 万元＝－180 万元

使用这套房子的代价是－180 万元。也就是说，他拥有这套房子的使用权，不管他是自己住，还是出租给别人住，他的代价低于 0。这 180 万元的收入，不是他的劳动所得。从上面的分析可知，资源或商品只有在消费者有成本时才可能得到最佳配置。

让我们把目光转向国外。在美国和日本，由于土地私有，许多钉子户阻止公路、飞机场、码头和桥梁的建设。由于受到钉子户的阻碍，在一些城镇，美国联邦政府计划的高速公路网不得不放弃原来的计划。在日本，因为钉子户不愿搬迁，好几个飞机场不能扩建。从一定程度上讲，土地私有蕴含个人利益阻挡经济社会发展的可能性。

当自然无损耗商品可以作为商品买卖的时候，消费者可以用有限成本获取无穷大的总效用。这导致了自然无损耗商品的年成本趋于 0。所以，我们无法确定如何分配资源才能实现效用最大化。

最后，让我们回到主题，通过上面的分析，我们得到这样的结论：为了有效地使用有限的自然无损耗资源，使用或占有这个资源必须给使用者或占有者带来成本。因此，我们可以得到第二个结论：自然无损耗商品的私有制和自由市场均衡不能自动实现资源的最佳配置。

2. 自然无损耗商品的租赁市场

在下面的分析中，我们将试着依次解决四个与此相关的问题，从而更加清晰地得到关于自然无损耗资源的最优配置的结论。

注：在中国，“鬼城”或“空城”的评定标准是城区人口与建成区面积的比值在 0.55 以下。根据国家住建部的占用地标准，每平方千米建成区容纳 1 万人口。如果 1 平方千米的建成区，目前只有 0.5 万人或达不到 0.5 万人，那么它就是“鬼城”。

“鬼城指数”＝平均每平方千米建成区目前常住人口÷1 万人；也就是说，“鬼城指数”低于 0.55 就是“鬼城”。

(1) 自然无损耗商品的租赁市场能否实现最优资源配置

在土地的租赁市场,我们可以确定每个生产者的租赁最大可能性曲线。

下面来分析一个双商品模型。假设有100单位的土地,通过分析其最大的总效用从而找到最优分配。生产者A生产农产品,而生产者M生产工业产品。如图9.8所示,Q_1和Q_2的连接直线是土地配置的约束线。在它右边的每一个点都代表一个土地资源的配置,但是右边的这些点的土地配置是不可能的配置,因为它需要使用比100个单位更多的土地。Q_1和Q_2的连接直线,也就是土地配置的约束线,与X和Y轴形成一个三角形,在这个三角形区域内的每一个点都代表一个可以实现的资源配置。这些配置最多只使用了100个单位的土地。土地配置的约束线Q_1Q_2,它上面的每一个点都代表土地在两个生产者之间的最大配置。最大配置是指其中一个生产者A使用了全部的可用土地。在第一个生产者A使用全部土地的时候,他使用的土地面积是Q_1。这时,第二个生产者使用的土地面积是0。相反,在第二个生产者M使用全部土地的时候,他使用的土地面积是Q_2。这时,第一个生产者A使用的土地面积是0。其中U_1和U_2代表两个等效用曲线。最高总效用可以在效用曲线U_2与连接Q_1到Q_2的约束线的切点处达到。在最大总效用点,得到土地使用的最优分配,即生产者A获得Q_a的土地以及生产者M获得Q_m的土地。

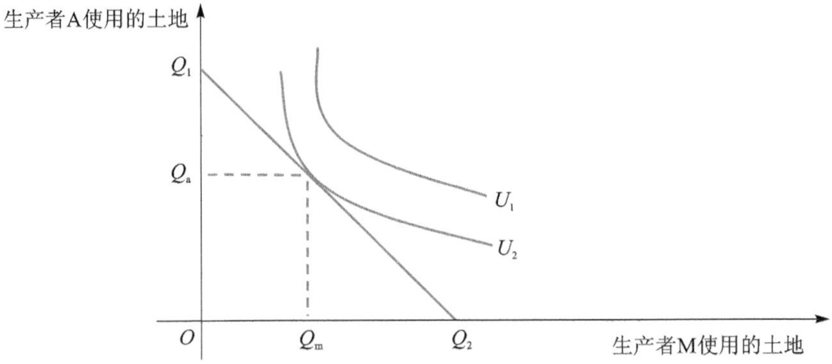

图9.8 两个生产者的土地效用最大化

图9.8只是说明在有限的土地条件下,生产者之间的土地分配存在一个最大经济效益的点,也就是土地的配置和最大经济效益是有关系的。

结论1:

对于资源配置来说,在土地的租赁市场模型中,土地存在一个最优的资源配置,它可以实现最大经济效益。土地的使用者可以使用土地并支付租金,但是土地的使用者没有权利买卖土地。

(2) 如何实现自然无损耗资源的最优配置

我们已经知道,在自然无损耗商品的租赁市场,能够实现资源的最优配置。那么,自然无损耗资源在各个使用者之间应该如何分配,才能实现自然无损耗资源的最佳配置，以便达到最大的经济效益呢？

为讨论方便，假设出租期为 1 年。在两个生产商的土地资源支配模型中，假定初始条件是土地获得最佳配置，生产商 A 生产 Q_a 量的商品，而生产商 M 生产 Q_m 量的商品。对于两个生产商来说，额外使用自然无损耗商品可以减小总劳动价值的投入。假如某单位有 100 平方米土地和两位商品生产者，生产者 A(agriculture)和生产者 M(manufacture)。A 和 M 谁该使用这 100 平方米的土地呢？应该给予能够利用它节省最多劳动价值的生产者。假定在 1 年时间内，生产者 A 可以利用额外的 1 单位自然无损耗商品节约 1 000 个劳动价值小时，而生产者 M 利用同样额外的 1 单位自然无损耗商品只能节约 800 个劳动价值小时。为了实现最大经济效益，应该允许生产者 A 来使用这额外的 1 单位自然无损耗商品。因为他可以节约比较多的劳动价值小时。一般而言，额外的自然无损耗商品应当给予那个产出相同而能节约最多劳动时间的生产者。

结论 2：

为了实现最大经济效益，土地(自然无损耗商品)应该出租给可以节省最多劳动价值小时的生产商。

(3) 自然无损耗资源与劳动价值可以替换吗

从生产者的角度来看，无论使用自然无损耗商品还是劳动力都没什么区别。如果生产者雇佣 1 个劳动者 1 年，那么生产者或企业需要支付劳动者 1 年的薪水，即 2 000 小时劳动价值(假设按照每年 250 个工作日，每个工作日 8 小时，8 劳动小时×250＝2 000 劳动小时)。这里我们假设，生产者可以利用 1 个单位的自然无损耗商品从而节省 2 000 劳动小时的劳动价值，因此，租赁自然无损耗商品 1 年的租金即是 2 000 单位社会必要劳动时间。在理想情况下，如果额外 1 单位自然无损耗商品每年可以为生产者节约 2 000 单位社会必要劳动时间，那么租赁它 1 年的成本应该是 2 000 单位社会必要劳动时间。这是因为商品的交易应当遵从等价交换的原则；换言之，商品的价格应当能反映这些商品的成本。这个例子中，这 1 单位自然无损耗商品的成本即是它可以节约 2 000 小时的社会必要劳动时间。

那么问题就来了。商品的劳动价值是再生产这个商品需要使用的社会必要劳动时间。显然土地不是我们生产出来的。那么它的劳动价值怎么就会是 2 000 小时的劳动价值呢？

如果把这个生产系统看作一个黑箱子，那么，生产商 A 可以使用 2 000 劳动价值小时的劳动投入，也可以使用 100 平方米的土地，这两个生产要素对生产 A 商品是一样的，是等价也是可以替换的，都可以让生产商 A 实现 Q_a 的生产量。所以，虽然土地不是劳动创造出来的，但是它和劳动要素一样，对生产的贡献是没有区别的。所以，可以说这 100 平方米土地的劳动价值是 2 000 劳动价值小时。

换句话说，土地的劳动价值是它的机会成本，也就是不使用这 100 平方米土地可能损失的劳动价值。

对于这个生产者来说，使用这样1个单位自然无损耗商品和使用1个劳动者是一样的。既然1个劳动者的成本是每年2 000劳动小时，那么这样1个单位的自然无损耗商品也应该具有同样的成本。所以我们可以得出，自然无损耗商品的租金应该等于使用这1单位自然无损耗商品可以节省的最大的劳动价值。

在宏观经济层面，假设我们从一个经济体中去除1单位自然无损耗商品，它原本用来代替每年2 000单位劳动时间的人类劳动，那么为了维持原有的产出水平，我们需要雇佣额外的2 000劳动小时的劳动价值。如果我们从这个经济体中不是拿走1个单位自然无损耗商品，而是去除经济体中2 000劳动小时的劳动投入，那么我们会看到这个经济体的总产出减少了同样的量。从以上分析中看出，为了研究如何实现最大经济效益，可以把对经济体的自然无损耗商品投入视作和人类劳动投入一样的劳动价值的投入。因此，为了研究经济效益最大化，不需要区分人类劳动投入和自然无损耗商品投入，只要它们都以劳动价值来测量就可以了。

对于消费者也是这样。如一个消费者选择住在杭州的离单位近的某街道，这样可以每天节省2个小时上下班的交通成本。由于杭州有较高的薪酬和杭州城市的便捷，他愿意支付比乡村更高的土地(房地产)价格。节省的2个小时上下班时间，相当于给了他2个劳动价值小时。

本书讲述经济效益理论的初衷就是在产出不变的条件下，尽量减少劳动价值小时的使用。所以，如果在我们节约1单位的土地(100平方米的土地)的时候，就可以给社会每年节约2 000个劳动价值小时，那么1单位的土地和2 000个劳动价值小时就不存在不同了。

那如何证明节约了1单位的土地也就节约了2 000个劳动价值小时呢？假如还有一个生产商C，他使用了这1个单位的土地，且他并不能从使用这1个单位的土地中节约劳动投入，那么生产商A就不能使用这1个单位的土地，生产商A就只能每年使用2 000个劳动价值小时来替代这1个单位的土地投入。这样，我们就看到，如果没有节约这1个单位的土地，那么这个经济体就会每年多使用2 000个劳动价值小时的投入。所以，节约土地也就是节约劳动投入，也就是提高了经济效益。所以，土地的租赁价格应该由它的机会成本来决定。

结论3:

某种程度上，自然无损耗商品(如土地)和劳动价值是可以替换的。所以，我们可以将自然无损耗商品看成是一种劳动投入，尽管它们并非由人类劳动产生。

(4) 土地租金的价格如何产生

土地不是人类生产的，那么如何解释土地租金的价格呢？下面将对此进行一个简要的分析。

我们做一个思想实验。比如杭州某地每平方米土地每年给赵先生带来收益20元(假如10元等于1个劳动价值小时，那么20元相当于2个劳动价值小时)。按照等价交换，政府应该按照这个价格出租。假定在众多使用者中，这块土地给赵先生的效用最高，也就是说其他使用者获得的效用小于每年 20 元。赵先生愿意支付的土地租金也最高，也就是土地的出租价格也应该是每平方米每年 20 元(2 个劳动价值小时)。如果政府按每平方米每年 20 元出租，则消费者支付 2 个劳动价值小时(20 元)。这里的等价交换双方是消费者与政府，消费者支出 2 个劳动价值小时的财富，获得 2 个劳动价值小时的土地使用权。依据等价交换原则，土地出租能够实现经济效益最大化，这个结论也适用于其他自然无损耗商品。

结论 4：

土地租金的价格，是由消费者与政府依据等价交换的原则共同决定的，土地租金的价格等于其能够带来的最大收益价值。

此外，还要说明的是，政府出租土地符合经济效益理论第一定律。城市土地升值是因为政府提供了良好的基础设施、服务设施和公共服务，所以政府征收土地租金是有根据的。按照等价交换的原则，政府应该把土地出租税收用于支付城市服务的费用。城市基础设施包括能源、供水、交通、教育、医疗、养老、安全等，投资巨大且建设周期和使用周期较长，政府出租土地的税收收入(即房地产税)应该支付的是城市基础设施的折旧费。

9.6 影响自然无损耗资源配置效率的其他因素

在租赁一个自然无损耗商品时，为了增大经济效益必须考虑几个主要的租赁因素。① 自然无损耗商品的大小(范围)和位置；② 自然无损耗商品的租赁期限；③ 自然无损耗商品的租金支付频率。

(1) 自然无损耗商品的大小和位置

自然无损耗商品的大小和位置会影响经济效益。如土地面积太小则耕作成本可能很高。又如无线电频谱，12～12 000 001 MHz 的频段会太狭窄，使用价值非常有限，不足以用来做无线电通信服务。在位置偏远的城郊、乡村地区，人们生活十分不便，那里的土地用于建设普通居民住房则收益很低，房产难以成功出租。

由于自然无损耗资源的大小与位置对经济效益有影响，因此必须按照商业的需要来决定自然无损耗商品的大小。只有按照最优面积大小、最佳位置来出租这些资源时，才有可能实现最大经济效益。

(2) 自然无损耗商品的租赁期限

为了达到最大经济效益，自然无损耗商品租期应该根据用途的不同而不同。如农民租赁土地耕作来生产粮食就需要一个稳定、长期的租赁。网络服务商租用无线电频段也可能需要几十年租期。

(3) 自然无损耗商品的租金支付频率

租金支付的频率也会影响自然无损耗商品的经济效益，如图 9.9 所示。这是一块土地的理论租金。假设这块土地每年的理论租金不变，每平方米 2 个劳动价值小时(2 劳动价值小时/米²)。这块土地的理论总租金随着租赁期的延长而升高。比如这块土地租期 50 年,那么总理论租金就是

$$2\text{ 劳动价值小时}\times 50=100\text{ 劳动价值小时}$$

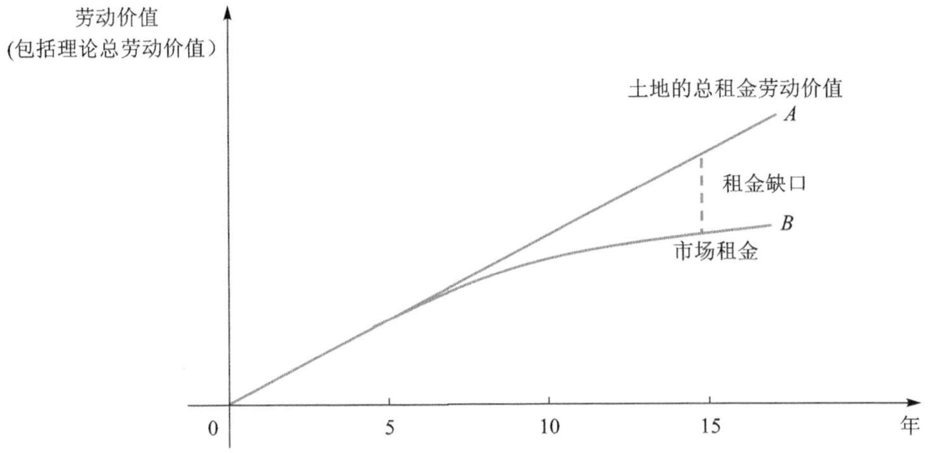

图 9.9　首付总租金模型

举例来说,如果这块土地的理论租金(它可以获得的最大效用)或者可以节省的最大价值是每年 2 000 劳动价值小时,那么这块土地 15 年租赁期的理论租金将会是 30 000 劳动价值小时(2 000 劳动价值小时×15=30 000 劳动价值小时)。租赁期和总理论租金之间呈现线性关系。作这个假设是为了讨论的便利,但是实际情况要更复杂。根据上面的理论分析,土地必须以它的理论租金交易也就是等价交换才能实现经济效益最大化。在这一例子中,这块土地必须根据图 9.9 中的直线和租赁期共同决定的理论租金进行交易,才能实现经济效益最大化。但在现实社会里,可能有两种操作方式。① 承租人一次付清自然无损耗商品的总理论租金。比如,一次付清 30 000 劳动价值小时来租用上面所述的 15 年租赁期土地。② 要求承租人每个月支付租金。上例中,土地的理论租金是每年 2 000 劳动价值小时,那么每个月就是 166.6 个劳动价值小时(2 000 劳动价值小时÷12=166.6 劳动价值小时)。所以承租人每个月需要支付 166.6 劳动价值小时的租金。那么这两种方法是否都可以实现最大经济效益呢?

如果使用第一种方式来管理自然无损耗商品,那么我们会看到市场上的租金和这一块土地的理论租金有一个缺口。从图中可以看到。为了实现最大的经济效益,自然无损耗商品的租赁价格必须处在直线 A 上。直线 A 上的每一点都代表相应不同租期的总理论租金。承租人一次付清自然无损耗商品的理论租金。在上例里,对于 15 年租期的土地,承租人需要付清 30 000 劳动小时的劳动价值。除了这条直线外,还有一条曲线 B 表示了对应不同租赁期的市场租赁价格。对于租期是 15 年的土地来说,它的市场租金(出租的价格)低于土地总租金的价格(劳动价值),也就是低

于理想租金价格。这是由于承租人的支付能力有限。对于长期出租的土地，市场租金会低于土地的理论租金。

由于租户资金有限，只有有限的钱用来支付长期租赁，随着租赁期的延长，市场租赁价格跟不上直线（随租赁期变化的自然无损耗商品的总理论租金）的增长。土地的理论总租金和市场租赁价格之间的差距随着租赁期的延长而增大。这在图中被标为租金缺口。在首付所有未来租金的管理体制下，租金缺口会随着租期的延长而增大。租金缺口的增大，也就是经济效益的下降。租金缺口表明市场的租金交易价格背离土地的理论总租金价格。

如图 9.10 所示，横轴表示租赁期。原点表示零长度的租赁期。横轴向右，是租赁期逐渐延长。在首付未来租金的制度下，经济效益随着租赁期的延长而减小。

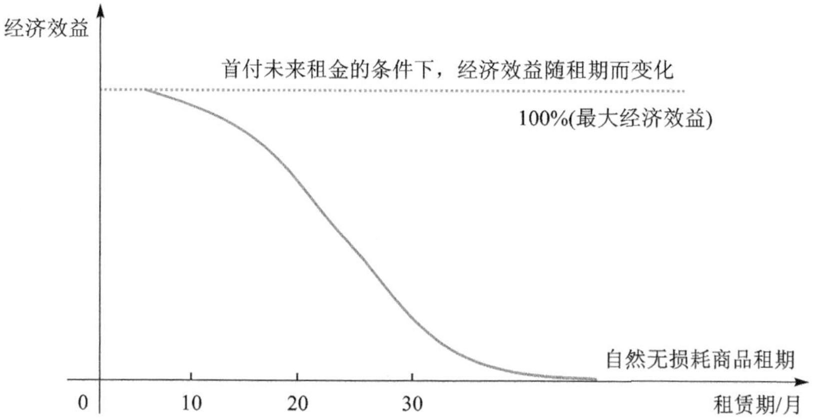

图 9.10　首付总租金的经济效益

由此可得出结论：要求承租人一次付清自然无损耗商品的理论总劳动价值的经济管理方法是不利于实现最大经济效益的。随着租赁期的延长，经济效益损失越来越大。

而第二种方法即按月付租会有更高的经济效益，因为这样的方法不会产生租金缺口。

最后，让我们对本章内容做一总结：要实现最大经济效益，自然无损耗商品的交易和市场应满足下面的条件。

① 自然无损耗商品应该归公共所有；

② 必须通过租赁市场实现配置；

③ 政府出租自然无损耗商品的行为必须符合等价交换的原则。

第 10 章

自然无损耗商品理论的应用——房地产改革和政策

本章,我们根据前面的分析来研究房地产的政策。

10.1 土地税和房地产税

目前对土地征税的方法有两种:一种是土地税;一种是房地产税。“土地和房产的所有者有义务为国家的安全支出承担部分成本,其承担成本的主要形式就是缴纳房地产税。政府将缴纳上来的房地产税用来给土地和房产产权所有者提供公共产品和公共服务,这样,产权所有人不用付款就可以享受到免费的公共服务。”[38] 房地产税,“作为财政政策的重要组成部分,税收不仅是政府财政收入的重要来源,而且还具有优化资源配置的功能,从而能够实现国家的宏观调控目标。政府开征房地产税,有利于对闲置土地、房屋的充分利用,遏制房地产投机,实现资源的合理流动,使资源得到尽可能充分的利用。”[39]

土地税就是指对土地的使用征税。根据土地使用的性质(农业、工业用地或住房用地等)、地段来征税。

房地产税在英文中也称为财产税(property tax),按房地产的市场估价征税。世界上的许多国家、地区实行房地产税。在美国,房地产税是由地方政府决定的,这个税由地方使用,不需要交给美国联邦政府。美国联邦政府不征收房地产税。美国没有统一的房地产税制。[19]

房地产税是根据房子的市场价格征税。影响房价的因素有地理位置、环境、房子质量等,另外贷款利率也影响房地产价格。

前面我们经过分析得出结论,就是政府应该建立土地租赁市场,按租赁的土地的价格征收土地税。但是我们没有提到对房产征税。房地产税是两个税的总和。

19 世纪末期,美国知名社会活动家和经济学家亨利·乔治(Henry George)认为,土地是财富不平等的主要根源,提倡征收土地单一税率。18 世纪以来,经济学家就认为对土地征税可以提高土地的经济效益。而亨利·乔治主张单一地价税。他认为土地应该国有化，征收的土地税应该归公共所有，废除一切其他税收，使社会财富趋于平均。他说如果对土地上的房子或建筑物收税，那么就增加了人们改进房屋或建筑物的成本，因此人们就不愿意对房屋进行修缮。所以，不应该征收房地产税，而应该只对土地的使用征税。

但是，土地税的实施比较困难。比如说，我们不能给一个国家制定一个固定的土地税率。比如土地税率每月每平方米 10 元，那么对于一个两层楼 300 平方米的农村乡镇家庭，每年支付土地税为 10 元/(月·平方米)×300 平方米×12 月＝3.6 万元。即便这个家庭的院子只占 150 平方米，那么他也需要支付 1.8 万元的土地税。这个税率对乡镇家庭来说就太高了。但在大城市，因为同样是 300 平方米土地的高楼，可以住上 10 个家庭。那么，每个家庭的年土地税负担就只有 3.6 万元÷10＝0.36 万元＝3 600 元。理论上，按照等价交换的原则，城市家庭能够享受更多更完善的城市基础设施，所以承担的土地税应该更高。为了实现等价交换和公平性，不同区域地段的土地，应建立不同的土地税税率。而同一个地方，经过基础设施改造和建设，如城市化外延，今天的郊区乡镇几年后也发展成城市的一部分，所以土地税率还得调整。所以，土地税的管理成本会非常高。

现在大多数国家使用房地产税，好处有：① 房地产税比土地税更容易实施。土地上如果没有建筑物，我们就没有一个好方法可以估算出这个土地的最大租金。把房地产看作一个财产征税，这样比较简单，因为我们可以根据附近的相似房子的出售价格估算它的市场价格。② 在大多数的情况下，使用房地产税会使富人支付更多的税，而减少穷人的赋税量。这样有利于减少贫富差距。

房地产税的实施比土地税来得简单。比如房地产月税率为 0.1%。如果乡镇的一套房子市场价格是 20 万元，那么每月房地产税为 20 万元×0.1%＝200 元。如城市的一套房子市场价格是 200 万元，那么它的每月房地产税为 200 万元×0.1%＝2 000 元。

根据上面的分析，我们认为，房地产税比土地税有更多的可操作性、公平性，实施成本比土地税低。

10.2　实现最大经济效益的房地产税收制度

如何使房地产市场实现最大经济效益呢？我们需要设计一套经济制度和税收体系来保证实现土地租赁市场的上述特征。① 土地应该归公共所有。② 房主每月支付房地产税。③ 保证房地产作为一种消费商品。④ 税收应该和土地的需求有关。房地产的价格越高，税收就应该越高。[20-21]

对于消费者来说，如果房子的出售价格高于它的买入价格且平均利润率高于银行存款利率，那么房地产就是人们可以选择的投资项目。所以，我们要使消费者的房地产投资年平均利润尽可能不高于银行存款利息率。那么可以采用哪些税收手段呢?

① 根据房地产的市场价格来决定房地产税。房地产的市场价格上涨,税收就高。

② 交易税。芬兰、英国、加拿大、葡萄牙和法国的二手房交易税分别为34%、28%、27%、26.5%和19%。[2]美国的交易税比较低,是在0%~6%之间。美国的房地产交易税比较复杂,有联邦政府的税(对一部分高收入群体)、州税、地方税、社区费等。

③ 房地产交易增值税。对房地产出售价格高于买入价格的部分征收的税。

房地产净利润=出售房地产价格－买入房地产价格－其他买卖费用

根据前面的讨论,房地产税应该是每月缴纳一次,也就是房地产月税。建立这样一个房地产月税计算公式,把每个劳动价值小时的货币单位融入这个公式中。这样做的目的是在通货膨胀的时候,也不会造成穷人负担不起房地产税。房地产月税率计算公式如下:

$$R = 0.008 - \frac{0.007}{1 + \left[\frac{20P(t)}{600V(t)}\right]^3}$$

式中 R——房地产月税率;

$P(t)$——某房地产在某个时间 t 的价格;

$V(t)$——1个劳动价值小时所代表的货币量。

假设:$V(t)=20$ 元代表1个劳动价值小时,那么,可以计算出下面的数据,如表10.1所列。

表10.1 计算数据

房地产的市场价格/万元,$V(t)=20$ 元	房地产的市场价格/万元,$V(t)=40$ 元	房地产月税率
10	20	0.001 000 032
100	200	0.001 032 258
500	1 000	0.003 565 982
1 000	2 000	0.006 756 579
5 000	10 000	0.007 944 444

第一列代表 $V(t)=20$ 元的条件下不同房地产价格,第二列代表 $V(t)=40$ 元的条件下不同房地产价格,第三列是房地产价格对应的每月房地产税率。

比如,如果1个劳动价值小时等于20元,那么,我们看到,对应100万元的房地产,每月房地产税是100万元(市场价)×0.001 032 258=1 032.258元。

房地产月税率和房地产市场价格的关系如图10.1所示。

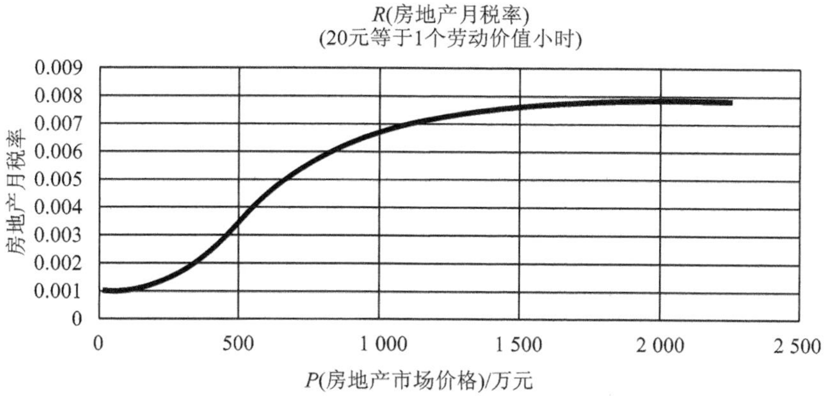

图 10.1　房地产月税率和房地产市场价格的关系

10.3　如何解决全国和地方等价交换的矛盾

我们看到有两种方法实现等价交换：一种是在全国范围内的整体上的等价交换；一种是每个行政区域（地方政府管辖区域）的等价交换。这看起来也是一对矛盾。那么如何解决这个矛盾呢？

什么是第一种等价交换呢？它就是全国的等价交换。在上面的分析中，如果确定了某个房地产税率公式，在这个公式决定的税率水平上（由一个房地产月税公式决定），可以实现全国范围的等价交换。也就是说，全国的房地产月税总额可以支付并且等于所有地方和中央政府在全国范围的基础设施的折旧费用。它应该能够支持中国地方和中央政府的大部分基础设施服务相关的项目运行费用。这就是在全国范围实现等价交换，并且支付基础教育的大部分有效费用。因为，基础教育是不收费的政府提供的强制教育。

第二种等价交换是地方政府的等价交换，也就是地方政府决定房地产月税率，保证地方政府的等价交换。地方政府的房地产税在扣除交付中央的一部分之后，必须能够支付所有地方政府基础建设的折旧费用和部分运行费用（比如基础教育的费用）。这样，每个地方政府会决定不同的房地产月税率。可能湖南长沙的房地产月税率比怀化的房地产月税率低。

我们把 R 称为基准房地产税率。地方政府可使用房地产税率计算公式来决定地方政府管辖地域的房地产税率。但这个税可能太少，那么地方政府可以加一个系数 k，如设置 $k=2$。这样，这个地方政府就获得了比较多的房地产月税，从而可以最终实现等价交换。也就是，实现房地产月税，能够满足地方政府管辖的基础设施的折旧费用和部分运行费用。

那么这两种房地产税的区别在哪里呢？第一种房地产税，是在全国实行统一的房地产税征收政策。无论它是在中心城市还是在边疆,政府都会征收同样的房地产月税。而第二种房地产税收政策是,每个地方政府按照自己的财政收入需要制定自己的房地产税率。这样,每个地方的房地产税率都会不一样。比如同样市场价格为100万元的房子,在宁夏会比在上海需要支出比较多的房地产月税。

每一种方法都会给经济体带来不同的资源配置和经济效益。这两种等价交换的资源配置有何不同呢?假设使用第一种等价交换方法。在 $k=1$ 的时候,全国房地产月税收入满足等价交换的条件,也就是房地产税可以支付应该支付的中央和地方政府的基础建设折旧费。但假设中国使用第二种等价交换方法,也就是税收的权利在地方政府。在这样的条件下,假如湖南怀化市,为了实现等价交换,需要 $k=1.4$,而不是 $k=1$。假设湖南怀化需要得到的房地产税收入是一个固定的值,比如每年500万个劳动价值小时。无论中国采用哪一种房地产税征税方式,怀化政府需要的财政收入都是一样的。那么如果中国使用第一种等价交换方法,湖南怀化的房地产月税总额就会比在第二种等价交换的条件下房地产月税总额低。这是因为如果中国采用第二种等价交换方式,怀化必须自己实现等价交换,也就是通过使用自己的房地产税收来实现财政预算平衡。但是,怀化的平均收入低于全国的平均收入水平,为了支持山区昂贵的基础建设费用,所以怀化的房地产月税率就会比较高。比如湖南怀化就会需要 $k=1.4$,而不是 $k=1$。也就是说,怀化在第一种等价交换的方式下会获得中央政府的财政补贴,而在第二种等价交换的方式下,怀化不会获得中央政府的财政补贴。这样,我们看到这两种不同的等价交换会带来不同的资源配置。

那么哪一种等价交换会带来最大经济效益呢?第一种等价交换比第二种等价交换的经济效益更高吗?让我们考虑下面的问题。

对于中国这样一个大国来说,它的地区贫富差距很大。有没有可能避免转移支付呢?我们发现,无论采取哪一种等价交换房地产税收方式,都需要政府转移支付。比如,如果采用第二种等价交换的方式,那么,地方的贫困县,如湖南沅陵,就不可能获得足够的房地产税用来支撑发展经济所需要的基础设施的折旧。所以为了均衡地发展全国的经济,转移支付就是必须的和不可避免的。无论采用哪一种房地产税的征收方式,既然转移支付是不可能避免的,那么第二种房地产的税收方式就不能实现地方政府的等价交换,也就是说,贫困地区的地方政府不可能获得足够的房地产月税收入来支付基础建设折旧。由地方政府决定房地产税收,还会引发富裕地区和贫困地区的矛盾。比如,上海可能就不愿意自己的税收被中央政府调走用来支持西部。富裕地区的政府就会尽力减少房地产税,尽量把财富保留在自己的地区。

这样,既然我们的目标是提高整个经济体的经济效益,那么第一种房地产征税的方法,也就是第一种等价交换的方法,是可以实现最大经济效益的方法。因为它的等价交换是全国性的等价交换。那么它就会促进全国的经济效益的提高。而第二种方法,由地方政府决定房地产税率的方法,试图实现地方财政的等价交换是不可行的方法。因为,我们无法避免中央财政的转移支付,也就是说,贫困地区自己没有能力实现本地区的等价交换，无法实现本地区的基础建设投资需要，所以依赖转移支付是经济发展的前提。

10.4　房地产税制如何改革

房地产改革的目标一是让房地产不再成为投资对象；二是房地产税收应该能够支付政府的基础建设折旧费和公共设施的运行费用；三是保证金融稳定。为实现这三个目标，房地产改革必须是渐进式的改革。

下面以 20 年作为例子，来说明实行渐进式改革的一种方案。

房地产的税率每年调整直到它实现上述的最佳房地产税率。房地产交易税、房地产净利润税可以一步到位。

那么如何具体地实现逐渐增加房地产月税呢？用下面的例子说明。按房地产月税率计算公式，假定房价是 500 万元，那么房地产月税率是 0.003 565 982（见表 10.2）。

表 10.2　房地产月税计算

年	某房子的市场价格/万元	按每年增加 1/40 的房地产税率直到实现直接用公式决定房地产的月税/元	房地产的月税/元
1	500	500×0.003 565 982/40	445.75
2	500	500×0.003 565 982×2/40	891.5
3	500	500×0.003 565 982×3/40	1 337.24
4	500	500×0.003 565 982×4/40	1 782.99

上述计算很繁琐，为简单起见，不必每年对房地产做市场价格评估。我们可以估算一个地区的房地产的价格与 $V(t)$ 的比值，然后根据下面的公式计算出这个地区房地产的价格变动率。

$$R = 0.008 - \frac{0.007}{1 + \left[\frac{20P(t)}{600V(t)}\right]^3}$$

10.5　房地产税能否给政府提供足够的财政收入

研究表明："房地产价格越提高，企业上缴的税收越低；房地产价格上升 1 倍，企业总税收占工业总资产值的比重下降 5 个百分点，企业增值税、所得税、主营业务税金及附加占工业总资产值的比重分别下降 3.1、1 和 0.8 个百分点。换言之，如果政府通过推高房价获取更高的土地租金收入，则必然导致企业税收的下降，这种'租税替代'机制意味着房地产价格上涨并不能导致政府租税总收入上升。"而且，高房价对经济发展还有副作用。“高房价地区，一定程度上还会影响优秀人才的汇集和城市化。我们看到的事实是：一些地理位置较好的地区，例如距离大城市不远的地区或城市周围的小镇，开始有房价低、生活还算方便的优势，一些优秀人才乐意前去购房、定居，在吸引投资的同时，他们也愿意去创业。可是，由于房地产价格的快速上涨，这些地区很快失去这些优势。由于对人才失去了吸引力，对投资也失去了吸引力，实际上会使这些地区的城市化和工业化减速。”[40]

我们先从理论上比较两个税收系统。第一种系统是政府出售土地，虽然土地名义上是有出租期限，但实际上政府只是在出售土地的时候获得收入。所以政府只有一次机会获得土地收入。第二种系统是政府可以出售土地，但是出售土地以后使用者必须每个月缴纳房地产税。

在第一种税收系统中，一个城市一旦出售了所有的土地，它就断绝了从土地上获得财政收入的渠道，尽管开始时土地出售可以获得巨大的财政收入。

在第二种税收系统中，一个城市的政府可以出售土地给开发商，但是同时开发商和使用者必须每个月缴纳房地产税。这样，这个城市的政府可以从两个渠道获得财政收入，而且从长远看，政府的房地产税可以远远地超过出售土地本身的收入。

表 10.3 为房地产的两种制度比较。

表 10.3　房地产的两种制度比较

类　别	第一种房地产系统(改革前的房地产税制)	第二种房地产系统(改革后的房地产税制)
土地出售价格	每平方米 6 万元	每平方米 3.6 万元
房地产价格	每平方米建筑面积 6 万元	每平方米建筑面积 3.6 万元
政府出售土地的一次性收入	6 万元/平方米×1 万平方米＝6 亿元	3.6 万元/平方米×1 万平方米＝3.6 亿元
政府出售土地的一次性收入(劳动价值小时)	6 亿元÷20 元/劳动价值小时＝3 000 万小时	3.6 亿元÷20 元/劳动价值小时＝1 800 万劳动价值小时
房地产总建筑面积	3 万平方米	3 万平方米
开发后的房地产市场价格总额	6 万元/平方米×3 万平方米＝18 亿元	3.6 万元/平方米×3 万平米＝10.8 亿元
每年房地产税	0	10.8 亿元×3%＝0.324 亿元
每年房地产税(折合成劳动价值小时)	—	0.324 亿元÷20 元/劳动价值小时＝162 万个劳动价值小时
按 70 年计算的政府总收入	3 000 万个劳动价值小时	1 800 万小时＋(162 万小时×70)＝13 140 万小时＝1.314 0 亿小时
政府财政收入总额的比值	1.314 0 亿小时÷0.3 亿小时＝4.38	

根据网上的数据，北京最高土地出售价格在 2016 年达到每平方米 6 万元，70 年使用权。据估计，这样的房子每平方米的居住面积价格也有大约 6 万元。我们知道，无论土地的出售价格有多高，这个数值也是有限的。

我们进一步假设，中国在 2010 年完成房地产改革，并且设立房地产月税制度。假设在改革后的房地产制度下，土地的价格是每平方米 3.6 万元，而房地产的价格也是每平方米 3.6 万元。我们假设 20 元人民币代表 1 个劳动价值小时。

根据这些数据，让我们来看一个城市的税收模型。假设有一个城市，面积 1 万平方米，房地产的容积率是 3。

因为　　　　房地产的容积率＝建筑面积÷占用土地面积

所以这个城市的建筑面积＝房地产容积率×土地面积＝3×1 万平方米＝3 万平方米。

为什么土地价格和房子的价格在两种房地产系统中不一样呢？由于在第二种房地产系统中，每年的消费者必须支付房地产税，房地产年税率是 3%，所以在消费者支付能力一定的条件下，土地价格和房地产价格会相对稳定。而第一种房地产系统中，由于没有房地产税，所以价格会逐年上升。

得出如下结论：

① 第一种房地产系统在土地出售以后，政府会因为没有财政来源而陷入财政困难。而第二种房地产系统中，政府可以获得健康的财政收入。

② 第二种房地产系统可以获得比第一种房地产系统多的财政收入。按 70 年计算，如果房地产年税率是 3%，那么第二种房地产系统的财政税收是第一种的 4.38 倍。

③ 上面的计算没有包括房地产交易税、净利润税和房地产的个人所得税收入等。所以实际上，政府从新的房地产税制上获得的财政收入应该远远高于 4.38 倍。

所以，房地产改革会给政府带来更多的收入。按照等价交换的原则征收房地产月税能提高经济效益。

10.6　工商房地产的月税率如何确定

上面我们讨论了民用住宅的房地产税率，根据等价交换的原则，它应该能够支付基础建设的折旧费用和一部分公共事业的运行费用。那么工商业房地产的税率如何确定呢？

表 10.4 为我们假设的支出项目及支付情况。

表 10.4 支出项目及支付情况

支出项目	人民币/亿元	住宅房地产税	工商房地产税
基础建设折旧(不包括教育的基础建设)	1 000	支付	支付
教育(基础建设和部分运行费用)	2 000	支付	不支付
治安	100	支付	支付
国防	1 500	支付	支付
科学技术研究	400	支付	支付
总额/亿元	5 000	5 000	3 000

为什么工商房地产税不应该包括教育费用呢?为什么工商房地产税应该支付其他费用呢?简单地说,商业企业需要涉及基础建设、治安、国防等,所以工商房地产税应该被用于支付这些支出。而教育是对人不对企业。如果两个企业占有同样市场价格的房地产从事商业或工业活动,企业 A 雇佣 10 人,而企业 B 雇佣 1 000 人。但是由于房地产税是和房地产的市场价格相关联的,所以企业 A 和企业 B 需要支付同样的房地产月税。如果工商房地产税也用来支付教育费用,那么企业 A 和企业 B 就会支付同样的教育费。这显然违背了等价交换的原则,因为企业 A 只有 10 个雇员,而企业 B 有 1 000 个雇员。就基础教育而言,10 个人的基础教育费用一定会少于 1 000 个人的基础教育费用。所以按照等价交换的原则,企业 B 支付的教育费用应该是企业 A 教育费用的 100 倍。所以让企业 A 和企业 B 负担一样的基础教育费用就是违背了等价交换的原则。而企业的布局通常不会在意学区问题,也就是企业通常不会选择最好的学区作为公司的地址。所以,工商房地产税不应该用于支付教育费用。

10.7 出租房制度的实施方法

谁来投资成立出租房公司呢?政府可以鼓励出租房公司的成立。保险公司、退休金投资公司、出租房的房客应该成为出租房公司的股东。为什么保险公司、退休金投资公司应该投资出租房公司呢?出租房公司拿到土地后,要开发商竞标开发,以便降低成本。为了竞标公平,开发商不应该让出租房公司拥有可以控股的股票份额。

1. 出租房的房地产税制

政府应该无偿转让最好的 40%~80% 的城市用地用于出租房的建设。政府只收取出租房的月房地产税。现在,人们不愿意住出租房,那是因为买房可以有利润收益。如果买房没有了利润收益,那么人们就会改变看法。

如何决定出租房公司的房地产月税的多少呢?计算房地产出租房月税的根据就是等价交换。如果我们知道一个城市的基础设施的折旧、运行费用等政府开支,然后除以家庭数量(假设每个家庭租用一套出租房),就可以估算出每个家庭平均应该负担的月房地产税额。然后按 80%的出租房出租率(市场上的出租房出租率通常大约是在 80%),计算出一个出租房公司对一个小区的月出租房地税数量。也可以按照平均居住面积来计算,这样似乎更合理。此外,由于出租房的地段不同,可以获得的租金也不同。根据等价交换的原则,好的地段的房子应该支付更多的土地税。所以,房租应该由市场决定。

按照等价交换的原则,他们应该支付更多的房地产月税。根据这样的分析,我们可以建立下面的出租房月税公式:

出租房月税额=出租房月租金×33%

为什么是 33%?这个数是怎么来的?根据美国对出租房房客的建议,一个家庭在住房上的开支,应该不超过 30%的税后收入,也就是不超过家庭可支配收入的 30%。这样,一个家庭才能有足够的钱维持家庭开销。在美国新泽西州,房地产税大约是占家庭税后收入的 10%。我们就用 10%作为一个家庭可以承受的最大房地产税。

一个家庭可以承受的最大房地产税为

出租房的月租金+房地产月税=家庭税后收入总额×30%

房地产月税=家庭税后月收入总额×10%

这里的出租房月租金是税前的租金。解上面的公式:因为

出租房的月租金(不包括房地产月税)+房地产月税=家庭税后收入总额×30%

家庭税后收入总额=[出租房的月租金(不包括房地产月税)+房地产月税]÷30%

又因为　　房地产月税=家庭税后月收入总额×10%

所以

房地产月税={[出租房的月租金(不包括房地产月税)+房地产月税]÷30%}×10%

=(出租房的月租金+房地产月税)×33%

因为

出租房的总月租(包括房地产月税)=出租房的月租金+房地产月税

所以　　房地产月税=出租房的总月租(包括房地产月税)×33%

上面的公式给制定房地产月税率提供了一个上限,也就是政府可以在房租上征收房地产月税。比如房地产税率是 30%,一套房子的月租金是 3 000 元,那么就可以很容易地计算出出租房公司应该向政府交纳的房地产月税。

房地产月税=3 000 元×30%=900 元

也就是每个月出租房公司应该向政府交纳 900 元的房地产税。

如果出租房公司不能支付土地税,那么政府可以根据法律对出租房公司处以罚款。为了保证房地产税的缴纳,政府可以在转让土地的时候收取土地税押金。

由于土地的买入价格是 0,所以出租房公司的出租房应该是比现行房地产制度下的居住房更加便宜。消费者就可能租得起大面积的房子。

2. 租房会比买房更划算吗

出租房会便宜,那是因为它的土地不是买来的,而是租来的。所以,出租房公司不需要支付土地买卖费用;而房客除租金外还需支付房地产月税,所以房子的租金会非常便宜。当然,这是市场经济,需求的拉动会提高房租。如果需求旺盛,那么出租房公司就可以挣到超额利润。

我们可以估算一下出租房的最低房租,如表10.5、表10.6所列。

表10.5 最低房租的估算

成本类别	定　价	折合成劳动价值小时(按¥10 1个劳动小时计算)	每个月的折旧(房子50年,装修20年,设备10年)
房子的建筑成本	每平方米¥2 000	200个小时1平方米	200÷50÷12=0.33(小时/月)
房子的装修成本	每平方米¥2 000	200个小时1平方米	200÷20÷12=0.83(小时/月)
房子的设备成本	每户¥10 000	每户1 000个劳动小时	1000÷10÷12=8.33(小时/月)

表10.6 不同档次出租房的最低房租

出租房大小/平方米	每月的房租成本(劳动价值小时)(房子设备,按3个档次估算,8.33、8.33×3和8.33×5,大房子需要比较多、比较好的家庭设备)	出租房出租成本+出租房公司利润和管理成本(按10%估算)+房地产税(假设出租房税是30%),¥10代表一个劳动价值小时
50	(0.33+0.83)×50+8.33=66.33(元)	66.33×1.1×1.3×10=948(元)
150	(0.33+0.83)×150+8.33×3=199(元)	199×1.1×1.3×10=2 846(元)
250	(0.33+0.83)×250+8.33×5=332(元)	332×1.1×1.3×10=4 743(元)

从上面的分析,我们看到出租房可以非常地便宜。一个50平方米的居住房,需要每个月支付66.33个劳动价值小时的成本,大约是半个月的基本最低工资。但是,在城市生活的今天,大多数劳动者每个月的劳动可能相当于几倍到几十倍最低工资的收入。所以他们可能只需要工作20个小时的收入,就可以负担一个50平方米的居住房的租金。

那么150平方米的出租房需要多少租金呢?根据上面的估算,我们需要199个劳动价值小时,大约是199个小时的最低工资收入。对于有两个人工作的家庭,每个月有大约320个劳动小时的收入(40小时/周×4周×2=320小时)。对于低收入家庭,这个成本大约是199个劳动小时的收入,大约是63%的家庭收入。对于高收入家庭,这个成本只占家庭收入的10%~20%。所以可以看到,出租房的居住成本是比较低的。

但是,出租房的价格还是由市场决定的,所以,市场决定的房租会远远高于上面的估算。租房会比买房合算,在新的房地产制度下,使用出租房更划算。

上面估算的是房租的底线。但是市场最终决定出租房的租金。政府可以调节需求和供给来管理出租房的房租。

结论:我们的估算说明,出租房可以提供优质的(我们预算了很高的装修、设备费用)廉价的居住房。我们建议把 80%最好的土地用于出租房的建设。因为出租房会有超额的利润潜力,所以出租房的股东应该是房客、退休基金以及保险公司。这样超额利润就会比较平均地分配给股东,有效地减小贫富差距。

10.8　部分国家房地产税

在世界上,我们可以看到每个国家都有自己的土地管理制度,但是大多数政府(包括地方政府)所实行的土地管理政策都很相近。下面,我们来看几个重要的土地制度。

美国:

美国的土地政策是由地方政府来决定的。在美国的大多数地方,政府会收房产税,它是房子市场价值乘以一个百分比。比如,一个房子的市场价值是 100 万美元,房产税率是 3%,那么这一年需缴纳的房地产税就是 3%。这里面通常包括学校税(school tax) 和财产税(property tax)。[24] 由于地方政府的预算每年都会增加,所以通常每年的房地产税都会增加。房地产税归地方政府所有。由于土地的管理权在地方政府,所以土地税收的多少也就有很大差异。美国没有一个全国统一的土地管理的经济制度。有些地方政府实行了土地价值税,也就是只对土地收税而不对建筑物和土地的改良收税。美国每个州的房产税率有很大的不同。美国地方政府对农用地普遍实行免税或减税的政策,所以农业土地的税很少。下面的例子是 2014 年美国纽约州的农业、林业土地税,如表 10.7 所列。

表 10.7　农业、林业土地税

一英亩土地的用途	2014 年土地税/美元
农业	1 019
林业	377

注:来源于 http://www.tax.ny.gov/。

下面是我们估算的房地产税(2015 年)。美国的房地产税和房地产所在地域有关,如表 10.8 所列。

表 10.8　估算的房地产税

州　名	房子的市场价格/美元	房地产税/美元
新泽西州	250 000	12 000
宾夕法尼亚州	250 000	6 000
加利福尼亚州	250 000	3 000

在25万美元价位的房地产，通常只占不到0.5英亩的土地，但它的税率远远高于农用土地。表10.9为美国一个县、州的最高和最低房地产税率，表10.10为2019年印第安纳州的最高和最低房地产税率。

表10.9　美国一个县、州的最高和最低房地产税率[25]

类　别	本县和本州的汇总统计数据	
	费耶特县的房地产税率/%	印第安纳州房地产税率/%
最高	5 185 3	6 521 2
最低	2 150 2	0
中间值	2.19	1.93

表10.10　2019年印第安纳州的最高和最低房地产税率

类　别	房地产税率/%
最高	8.635 4
最低	0
中间值	2.02

注：来源于 http://www.stats.indiana.edu/taxframe.html。

在美国，你必须每年向政府的税务部门汇报你出售的房地产。在个人所得税的表格里有这样一项。以前，曾经对房地产的净利润征收40%的房地产税。现在，可能只是把它算入个人收入。也就是，房地产的净利润是个人的收入，那么按照个人收入的税率征税。

美国的房产税没有使美国的土地实现最大的经济效益。在美国，土地投机非常普遍。世界上大多数国家的房产税都与美国的房产税相近，包括英国、加拿大等。

德国：

德国的土地税和土地政策是与众不同的，而且是最值得我们研究和学习的土地政策。在德国，“大马士革也主张涨价归公，但是与乔治主张的区别是只坚持涨价归公，而不考虑其收入在城市政府财政支出中的地位，即对其单一税制进行了改良。大马士革特别注重土地用途的改变产生的新增收益的分配。他首先提出采用土地价值税（后来为土地增值税）作为土地涨价归公的手段。这一改革建议先后被一些城市（法兰克福、科隆等）采纳，并很快推广到全国，作为土地改革运动的伟大成果。后来德国取消了土地增值税，将这个工具合并进了所得税”。[41] 在德国，每个不动产（房地产）财产主都必须要付税。不同的财产付不同的税率。A类房地产包括农业用地和森林用地。B类房地产包括有建筑物的土地或者可以建筑房屋的土地。房地产税是由以下的因素决定的：评估的房地产价值、房地产税率和本地政府乘数，如表10.11所列。

表 10.11 德国的房地产税

评估的房地产价值/欧元	100 000
房地产税率/%	3.5
本地政府乘数/%	400
房地产税/欧元	14 000

100 000 欧元×3.5%×400%=14 000 欧元

评估的房地产价值是由德国政府的税务局根据房地产评估的法律来决定的。德国的税务局还对房地产的买卖征收物业转移税(property transfer tax)。估计物业转移税会提高到 5%。

如果出售房地产,则还要交 15%的差价利润税。如果房子出售的价格太好,超出合理的房地产价格,那么买房人可以到法院追回超出的房价。

德国房地产的交易税如表 10.12 所列。

表 10.12 德国房地产交易税

类　别	占比/%	支付者
房地产转移税	3.50~6.50	买方
公证费	1.20~1.50	买方
注册费	0.80~1.20	买方
中间费	1.5~3(+19%增值税) 1.5~3(+19%增值税)	买方 卖方
买方成本	7.23~12.77	—
卖方成本	9.02~16.34	—

注:来源于 http://www.globalpropertyguide.com/Europe/germany/Buying－Guide。

德国的房地产价格从 2007—2014 年有大约 10%的波动,在这 7 年里,房地产的实际价格(在考虑到通货膨胀以后)没有上升。从长期看,德国的房地产每年只上涨 1%。在这样的国家里,土地投机和房地产投机都是非常困难的。在德国由于几乎没有房地产投机,所以德国的房地产的资源配置就会有比较高的经济效益。

那么,是什么保持德国的房地产价格低?为什么德国人不买房?首先,在房屋租赁市场上,房屋供给良好。其次,德国有比较完善的保护承租人的法律,使他们安心租房。柏林 90%的住宅是出租房。根据经济合作与发展组织(OECD)的调查,93%的德国受访者表示对目前的住房条件满意。这是在发达国家中最高的满意度。德国的房子租金常常是其他发达国家相似房子租金的 50%。德国政府、地方政府、公共公司是出租房的主要提供方。德国政府在许多出租房公司中有投资。出租房公司是保险公司资本的最好投资项目,因为它收入稳定,风险很小。以营利为目的的上市出租房公司也得到发展。“从 20 世纪 50 年代开始,德国政府就大量兴建公租房,已经累计建成'福利住房'超过 1 000 万套，超过全德家庭总数的 40%。"[42]

德国政府给低收入家庭提供住房补贴，联邦政府和州政府各出一半。在德国，政府通过各种方式控制房价的上涨。如果政府发现出售的房子的价格超出理想的价格，政府可以要求房子降价出售。买房者可以通过法律程序要求卖房人退款。

中国：

在房地产政策改革以前，中国大陆的房地产的管理政策很像香港和英国的房地产政策。政府对土地的税收几乎为 0，也就是房主不需要每年缴纳房地产税，政府希望把未来的土地税一次收清。根据我们前面的理论分析，一次把未来的土地税收清的管理方法会产生租金缺口，这个租金缺口越大，经济效益越低。所以那时在中国，土地和房地产成为投机的对象。在最近 30 年里，这样的房地产制度使少数人发财，加剧贫富差距。"近十几年来，随着房价大幅度增长，我国的房价与收入比也呈现快速增长趋势。据上海易居房地产研究院的数据显示，2010 年以后，北、上、广、深四个一线城市的房价与收入比都在 10 以上，是世界银行标准的 3 倍左右。2017 年深圳的房价与收入比高达 31.7，是世界银行标准的 7 倍左右。如此高的房价与收入比也为说明我国房产市场存在泡沫提供了佐证。"[43]

房地产市场的投机也会阻止技术创新和发展，一些投机者买房不是为了自住，而是为了投资。因为在没有房地产税的条件下，房地产买卖可以赚到超额利润。房地产的利润率远远超出最佳利润率，这样，社会的资源就会撤出技术性的开发投资，社会资本会被房地产项目吸引。网上有一条新闻，任正非一语道破，挡住中国芯片技术崛起的，不是光刻机，不是高通，而是房地产。"众所周知，搞通信是非常辛苦的，不仅辛苦而且还不赚钱，现如今最赚钱的就是房地产了，当大家都去热衷于搞房地产的时候，自然没有多少人愿意苦苦地在通信方面死磕，这正是它能够阻挡国芯崛起的重要原因。"①

所以，我们看到像房地产这样的无效市场，会大大阻止科学技术的创新和发展。因为这样的市场资源配置，使得房地产投资者获得比科学技术开发更多的利润，夺走了应该投资于科研、创新的资本和人才。这样的房地产政策，导致社会资源获得最差的配置。

所以，为了能够实现科技进步，政府应该把这样的无效市场转化为有效市场。

---

① https://www.360kuai.com/98c090000986ae153?djsource=iaMQdc&refer_scene=&scene=iaMQdc&sign=360_cf71a426&tj_url=98c090000986ae153&uid=5c035b5a892b0571f5767783c1501c0d。

第11章

充分就业理论

对于一个经济体来说，当接近充分就业的时候，我们可能会遇到一个问题，这就是边际劳动力的劳动生产率下降的问题。什么是充分就业？充分就业不是指失业率一定是零，它是指在一个经济体里，想要工作的人都可以找到工作。他们的报酬是市场决定的，其报酬与劳动力的技能、知识和经验相适应。在充分就业的条件下，我们的经济体仍然会存在摩擦性失业、技能不匹配或结构性失业、地理位置不匹配失业和期望不匹配失业等。

摩擦性失业。摩擦性失业指临时的、短期的失业。通常，劳动力从失去一个工作到换新工作需要一定的时间。

技能不匹配失业或结构性失业。这种类型的失业是因为劳动力技能的不匹配。"技能不匹配"指的是就业市场中的劳动力技能不能满足需求对劳动力技能的要求。通过提高失业劳动者的教育水平和职业培训，可以解决或减少这样的失业问题。

地理位置不匹配失业。这是指工作的机会所在的地理位置和求职人员居住地的差异。如中国宁夏某个公司需要 1 000 名信息工程师，而且工资高。而上海信息工程师供大于求，但难以找到工作的信息工程师也不愿意去宁夏工作。我们把这种不匹配称为地理位置不匹配。

期望不匹配失业。就业市场提供的待遇、工作环境、安全条件等不能满足求职者的期望等。

那么如何定义充分就业呢？充分就业就是一个经济体失业率很低，且引起失业的原因仅限于摩擦性失业、技能不匹配失业或结构性失业、地理位置不匹配失业、期望不匹配失业，那么就说这个经济体实现了充分就业。实现充分就业是实现最大经济效益的必要条件。

如果一个人愿意为收入而工作，但他找不到工作，那这种状态就是失业。失业率是一个反映整体经济状况的指标，我们通常用一个百分比来表达。

失业率＝失业人数/(在业人数＋失业人数)

失业率越高，经济效益就会越低。整个的社会财富会因为失业减少，失业的劳动者失去了给社会创造财富的机会，而他们需要物质和财富才能生存。社会必须给他们提供所有的生活必需品，如食物、医疗、住房等。

根据美国的研究报告，长期找不到工作的人有更多可能性患上抑郁症等疾病，自杀率也较高。他们自信心比较低，常常有心理问题，“失业人得抑郁症的风险增加了1倍”[44]。

图 11.1 为英国失业率。

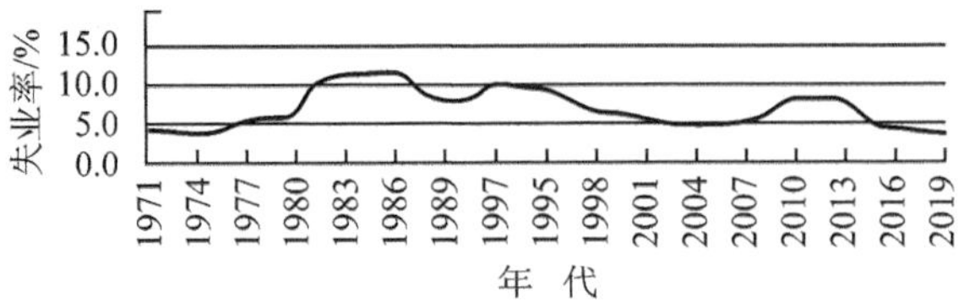

图 11.1 英国失业率(季节性调整，16 岁以上的劳动力)

失业问题是一个长期的无法解决的问题。图 11.1 中，1980—1995 年，英国的失业率在 8% 上下浮动，1983 年高达 11.5%；2001—2008 年在 5% 左右[45]。新加坡 2000—2016 年的失业率比较低，在 2% 左右，但在 1990 以前也达到过 5% 左右。最大经济效益理论要求我们实现充分就业，充分就业是实现最大经济效益的必要条件。

11.1 关于失业的经济学理论

过去的经济学家对失业有什么样的理论呢？他们是如何看待失业问题的呢？

(1) 赛伊定律(Say's law)

在 1803 年，赛伊提出他对失业的解释。他提出供给会产生需求，市场会实现均衡和充分就业。事实告诉我们，赛伊的结论是站不住脚的，失业是一个长期的普遍的问题。

(2) 凯恩斯就业理论

1936 年，凯恩斯在他的《就业、利息和货币通论》中，认为生产不产生需求，人们的消费决定需求。生产是按需求来调整的，需求多，生产就多；需求减少，生产就减少。失业是由于有效需求不足引起的，缺少有效需求的原因是消费者倾向于保存财富，消费者收入只有一部分变成市场上对商品和服务的有效需求。凯恩斯相信工资是刚性的，工资不会因为失业而降低到可以实现充分就业的水平。有效需求不足也是由于投资的不足，因为投资人对经济的未来或者投资的项目没有信心。凯恩斯的经济政策就是要提高总有效需求，为了提高总有效需求，政府必须鼓励消费，鼓励投资。凯恩斯的经济政策在实践中获得部分成功。但是，政府消费也导致通货膨胀率的提高。为了防止过度通货膨胀，鼓励消费和投资的政策必须得到限制。所以实际上凯恩斯的政策无法实现充分就业。这样，通货膨胀率和就业率就成为一对矛盾。

在低通货膨胀率的条件下，还没有办法实现充分就业。

1968 年，菲利普斯(A. W. H. Phillips)使用经济统计数据揭示了货币工资的增加率和失业率的关系。这个关系被称为菲利普斯曲线。菲利普斯曲线说明，一个经济体不可能同时获得低通货膨胀率和低失业率。[26]失业率的降低是以通货膨胀为代价的。当货币工资增加率比较高的时候，失业率比较低；相反，当货币工资增加率比较低的时候，失业率比较高。这个关系可以用图来表现。最初的菲利普斯曲线是根据 1861—1913 年英国的经济数据绘制的，那个时候西方主要国家都实行金本位制度。

菲利普斯猜测在失业率很低的时候，劳动力市场比较紧，许多企业需要劳动力。这样，企业为了能够吸引比较稀缺的劳动力会提高工资。工资在失业率低的时候就会增加得比较快。菲利普斯曲线描述了工资和失业率的关系。经济学家进一步发现，工资的增加和通货膨胀率成正比。这样，经济学家发现通货膨胀率和失业率也有某种关系，经济统计的数据表明，这种负相关的趋势是存在的。

当我们使用中国的经济数据的时候(见图 11.2)，并没有发现菲利普斯所描述的关系或趋势。菲利普斯曲线对中国的通货膨胀率或失业率没有预测的能力。但也许有人会说中国的经济不是传统的市场经济，所以菲利普斯曲线可能不适用。我们可以看一看加拿大的菲利普斯曲线(见图 11.3)，也没有看到菲利普斯试图描述的那种明显的关系。换句话说，在通货膨胀率提高的条件下，失业率也可能会提高而不是减少；相反，在通货膨胀率下降的时候，失业率也会下降而不是上升。

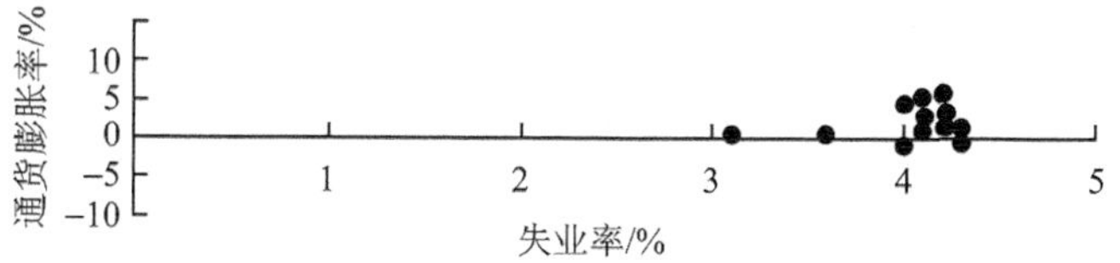

注：资料来源于中国国家统计局。

图 11.2　中国 2000—2014 年失业率和通货膨胀率的关系

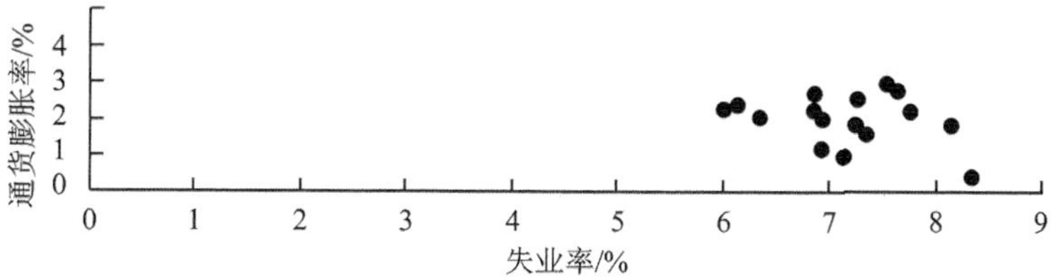

图 11.3　加拿大 2000—2015 年通货膨胀率和失业的关系

所以，上面的经济现实的数据说明，菲利普斯曲线已经被经济现实的数据证伪。但是，这种通货膨胀率和失业率的趋势，我们在图中还是可以隐约地看到。

(3) 粘性工资理论(sticky wage)

粘性工资指的是工资提高比较容易而降低比较难。企业比较习惯于提高工资，有时候宁愿裁员，也不愿意降低在职员工的工资。工资降低会对职工造成打击，影响他们的生活。在市场变化的条件下，如果需求减少，企业不能减少工资就只能减少生产。这样就导致经济衰退和失业率上升。换句话说，如果工资能够灵活变化，那么市场可以达到新的平衡，解决失业问题。所以根据粘性工资理论，僵硬的工资是造成失业的主要原因。

但经济史表明，即使降低工资也不能解决失业问题。在 1930 年的大萧条时期，美国工资水平下降接近 40%，但并没有解决失业问题，其 1933 年的失业率高达 25%。这表明即便工资下降，工人愿意接受比以前低的工资，也无法解决市场上多余的劳动力问题，即失业问题。所以，虽然工资刚性在一定程度上是存在的，但是工资的可变性并不是解决失业问题的根本要素。凯恩斯理论没有能够给粘性工资一个令人满意的解释。粘性工资理论不能满意地解释失业问题。

11.2 造成失业的原因

是什么原因造成失业呢？似乎所有的经济变量都会影响失业率。经济学家提出了 4 种主要理论来研究失业的机理和产生的心理影响：人力资本理论、岗位匹配理论、相对剥夺理论、再就业控制理论。人力资本理论认为劳动力的知识、技能、经验、健康等和市场对劳动力的需求不匹配时会引发失业。岗位匹配理论主要研究雇佣的能力和工作岗位的匹配程度，如果不匹配会引起失业。相对剥夺理论认为当员工发现自己处于劣势的时候，会产生剥夺感。而再就业控制理论强调求职过程的平衡。[46]

(1) 劳动力市场的供给和需求

根据西方经济学理论，就业率是由市场上劳动力的供给和需求决定的。对劳动力的需求是由整个经济对最终商品的有效需求决定的（假设排除国际贸易的影响）。假如我们增加一个经济体的总有效需求，那么这个经济体就需要更多劳动力来生产这些商品。所以，任何影响最终有效需求的经济因素都会影响就业率和失业率。

我们可以用传统的劳动力市场供给和需求曲线来决定市场对劳动力的需求，如图 11.4 所示。劳动力的需求曲线（用简单的直线代替）是从左到右的下倾斜曲线。它表明，在劳动力价格下降时，社会对劳动力的需求会上升；相反，如果劳动力价格上升，市场对劳动力的需求就会下降。

劳动力的供给曲线是一条近似垂直的曲线（用简单的直线代替）。社会上劳动力数量是基本固定的。如果能赚到较高收入，人们会投入更多的劳动。但是劳动力数量的变化范围是比较小的。如果市场上劳动力价格下降，家庭收入减少，一个劳动力收入不足以养家，那么家庭其他成员如妻子或者丈夫就会出去工作。

但是，这个传统的市场劳动力供求曲线有一个问题。它暗示在劳动力工资具有弹性时，劳动力市场可以实现充分就业。但我们前面讨论了这个问题，工资的下降并不会完全解决失业问题。此外，根据前面的分析，为了实现最大经济效益，每年工资

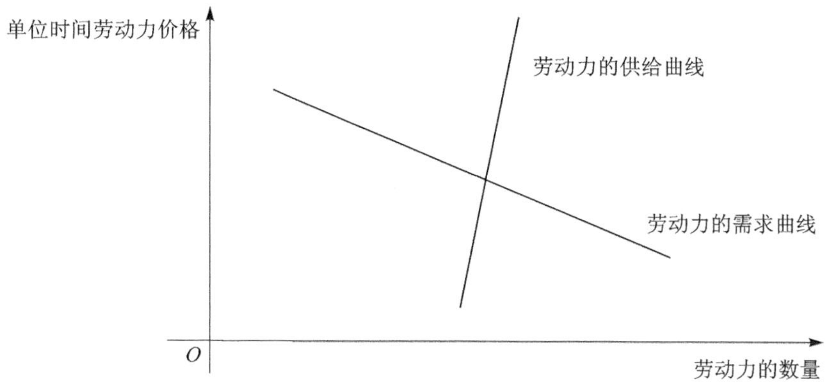

图 11.4　劳动力市场的均衡

的增加率必须是正值。这样，建立在工资降低基础上的充分就业和经济效益就产生了矛盾。根据西方传统经济学理论，只要劳动力市场富有弹性，也就是劳动报酬随劳动力供求而变化，即在劳动力供过于求时劳动报酬就会下降，从而实现充分就业。但最大经济效益的实现要求工资必须每年上涨。所以西方经济学关于实现充分就业的理论和经济效益理论是相矛盾的。换言之，即便降低工资可以实现充分就业，我们也不能这么做，因为我们的目标是实现经济效益最大化。

(2) 教育对就业的影响

教育对就业会有比较大的影响。从经济学方面讲，教育对经济的作用在于它提供了高质量的人力资源。当然，大学的学位只是表明一个学生完成了大学规定的学习科目和研究项目，它不是衡量一个人能力的指标。

在我国，除了普通教育外，职业教育也同等重要。职业教育是直接为国家经济发展服务的，肩负着传承技术技能、培养经济发展急需的各类技术人才、增加就业的重任。有学者认为："不同的教育结构对青年失业率产生深刻的影响。以工学深度结合、校企深度合作为主要特征的现代学徒制(双元职业教育制度)能够更好地解决市场需求与劳动力供给之间的矛盾，使在市场上占劣势地位的青年顺利实现就业。"[47]

一个国家的教育系统应该是市场驱动、对需求有反应的教育系统。市场需要哪个方面的教育，教育就应该向市场提供哪个方面的教育。教育系统的客户包括用人部门(如企业、政府等)和学生。

受教育的年限比较多的人，他们的收入也会比较高。图 11.5 说明了这个问题。

从统计情况来看，受教育多则失业率比较低。这表明提高劳动力的受教育水平是减少失业率的一个重要方面(见图 11.6)。

(3) 劳动生产率对失业率的影响

假设某个经济体在某一个时期处于平衡状态，即没有劳动生产率的变化。这个经济体每年产出 100 亿人民币的最终消费品，而消费者的支出也是 100 亿人民币，那么生产和消费达到平衡。如果这个经济体有 2%的失业率，那么这个失业率将会持续。

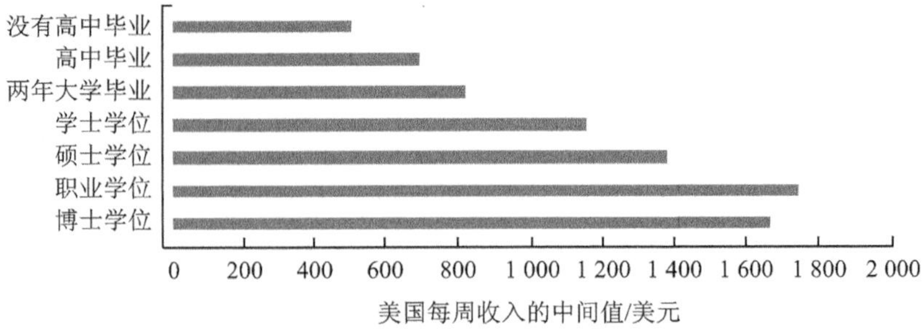

注：资料来源于美国劳工部网站[48]。

图 11.5 教育水平和收入的关系

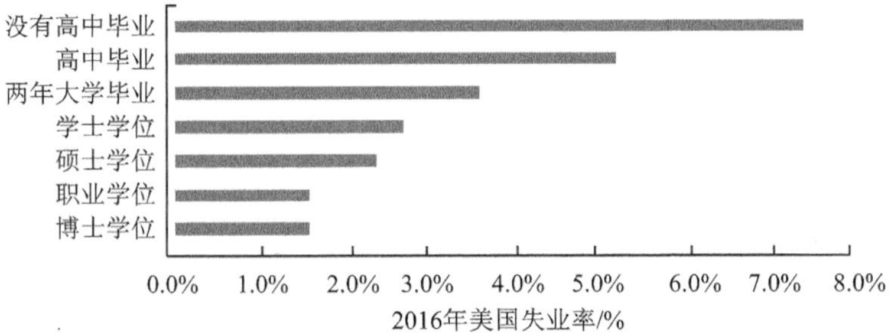

图 11.6 教育和失业率的关系

如果劳动生产率提高了，那么失业率会提高还是下降呢？我们假设有一个企业的劳动生产率提高了 50%。也就是说如果原来的劳动投入为 100 个劳动小时，那么现在只需 50 个劳动小时。为了方便计算，假设在劳动生产率提高以前，它雇佣这个经济体中 10%的劳动力，而在劳动生产率提高以后，它只需 5%的劳动力。这里劳动生产率的提高是因为他们改进了工艺流程，实际上并没有给其他企业带来需求的提高。假定它没有降低商品的价格，由于劳动生产率的提高，所以它可以减少工人的数量。假定原来雇工 100 万人，现在只需 50 万人。这样，技术进步就造成了 50 万劳动力的失业。所以从短期看，劳动生产率提高会增加失业人数。

11.3 解决失业问题的方案

失业问题已成为影响各国经济发展和社会稳定的重大问题之一，当前各国政府都已将降低失业率作为宏观经济政策的基本目标之一。对于失业问题，经济学家提出了各种解决失业问题的方案，当然，美国和西方国家在不同时期采用过凯恩斯主义的主张。“凯恩斯明确指出，在经济衰退时期，克服衰退是首要的问题，政府不仅可以有财政赤字，而且应该有财政赤字。”[49]

基本收入(universal basic income)。政府给每个人发放最低的收入，不论这个人有无工作。收入和工作应该分开，这样可以增加公民意识和真正的自由。这个基本收入来源于政府的税收。这个基本收入用来取代给低收入人群的福利。这个解决失业问题的方案是平均主义的方法。

就业补助方案(employment subsidy)。许多发达的国家都会发放失业救济金。经济学家认为发放救济金可以增加有效需求,最终达到新的平衡。而就业补助就是奖励或补贴低收入工人的工资,让他们挣得合理的收入,鼓励他们工作。因为如果工资太低,工人就不愿意参加工作。

凯恩斯的就业理论。凯恩斯认为,失业是有效需求不足引起的,所以政府应该积极干预经济发展,增加有效需求从而减少失业。许多国家用凯恩斯理论来缓解失业问题,获得一定的效果,但是这种经济刺激方法也带来了通货膨胀。

新中国成立以来,中国就业政策总体上经历了"计划化—市场化"的演变,建立起政府宏观调控下的市场竞争就业机制,目标是"充分而有质量的就业"。发挥政府在促进充分就业方面的作用,不断提高就业质量。实行"劳动者自主就业、市场调节就业、政府促进就业和鼓励创业"的就业方针。通过职业培训、岗位创造、中小企业扶助、公共就业服务等方式,千方百计促进全社会就业。

美国解决失业问题的政策包括:调节和改善劳动力供给,扩大劳动力市场需求。政府在立法层面的目标就是保障充分就业。如1946年1月,美国通过了《1946年就业法》,其中提到:"联邦政府有责任采取一切切实可行的持续性的政策措施,综合协调工商业、农业、劳动部门及地方政府,共同努力,通过培育和鼓励自由竞争企业发展和公共福利条件改善,为那些有能力、有意愿寻求工作的人提供有用的就业机会(包括创业),以促进充分就业,充分释放生产力和购买力。"在政策实施层面,地方政府基本都有针对企业创造就业岗位的税收减免政策。

11.4 充分就业的可能性

充分就业是指在一个经济体中想要工作的人都可以找到工作。有一些经济学家认为,充分就业是不可能的,因为菲利普斯曲线显示失业率和通货膨胀率有反比关系。根据菲利普斯曲线,为了实现充分就业,通货膨胀率必定会很高。这个高通货膨胀率可能导致经济运行失控,从而对经济造成更多的损害。所以,高通货膨胀率给经济带来的损害可能大于充分就业带来的好处。

那么充分就业是可能的吗?经济史也提供了充分证据说明,在一个合理通货膨胀率下充分就业是可能的。

第一个例子是美国。在第二次世界大战期间,美国经济达到充分就业。战争时期,经济总量急剧增加,通货膨胀得到控制。原来很多身为家庭主妇的美国妇女,二战期间也被工厂雇用生产战争物资。战争期间,为了满足战争和社会对商品需求的增加,工厂工人三班倒,每天24小时生产。战前农业生产过剩,但战争对农产品需求的急剧增加使得农业生产也不得不扩大。为了抵消通货膨胀,美国政府控制了市场价格、工资和生产成本。二战期间的美国实现了充分就业。可以说,美国的充分就业是在价格管制、成本管制下才实现的。这说明要实现充分就业,就必须实行成本和价格管制。但是,价格的变化是市场实现商品等价交换的运行方式,商品价格围绕它的劳动价值变动是实现等价交换的方式。所以不能长期实行市场价格管制、成本管制,因为这样会降低经济效益。

第二个例子是日本。从1960—1975年,日本实现了充分就业。它的失业率只有2%或更低。日本经历了第二次世界大战以来的快速经济增长,它没有实行价格管制,也没有高通货膨胀率。所以日本的经济发展历史说明,实现充分就业是可能的。这个经济历史的事实也说明菲利普斯曲线所描述的关系被日本的经济历史证伪,充分就业和低通货膨胀率可以并存。

第三个例子是德国。第二次世界大战以后,德国经济开始恢复。从1960—1970年,德国的失业率在2%左右,其中有6年是低于2%的。在这个时期德国实现了充分就业,如图11.7所示。

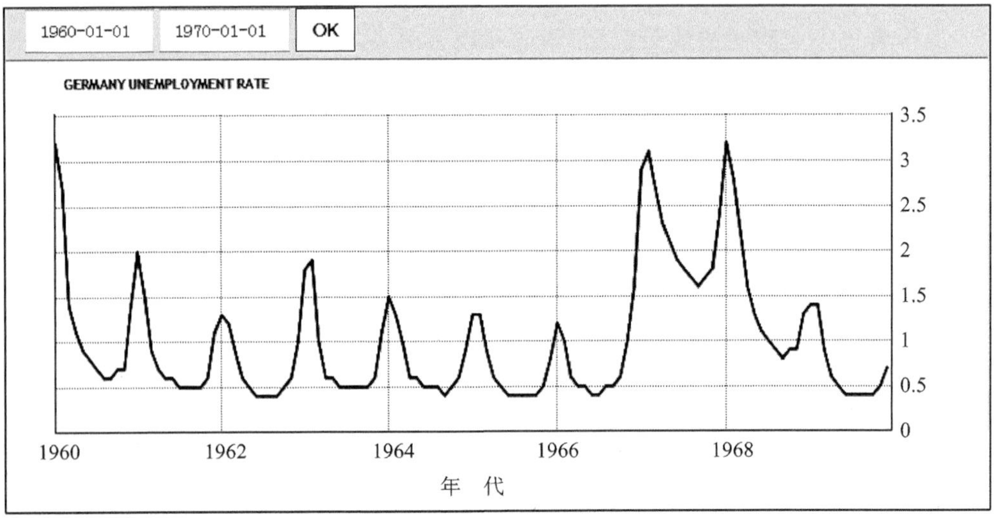

图 11.7 德国的失业率

第四个例子是英国。从1960—1970年,英国的失业率只有2%。[50]

上述例子说明,在没有价格管制的条件下,经济可以实现充分就业。在充分就业的条件下,可以最大限度地实现经济增长,实现最大的经济效益。

11.5 充分就业理论的基本概念

第一个模型是要说明在需求结构不合理的时候,我们无法达到充分就业。所谓需求结构指宏观最终需求结构,并且把宏观最终需求分为两个部分:近期消费品需求

（现在商品）和远期消费品需求（未来商品）；同时，把商品分为两种最终商品：现在商品和未来商品。需求结构如表 11.1 所列。

表 11.1 需求结构

需求和商品分类	现在消费的商品和服务	未来消费的商品和服务
需求	近期消费需求	远期消费需求
商品（包括服务）	现在商品	未来商品
服务	现在服务	未来服务

现在商品：现在或者当期消费的商品。比如 1 个月用完的牙膏。

现在服务：现在或者当期消费的服务。比如，我们在本年度看了几次医生，医生给我们提供医疗服务。这个医疗服务就是现在服务。我们上个月去看演唱会，那么这个演唱会也是现在服务。

未来服务：它包括我们未来会消费的服务。比如 10 年、20 年以后消费的服务。它也包括现在或过去提供的某些服务，但是它的价值被转移到未来的商品中。这种商品给我们提供一个机会，把现在的劳动价值转移到未来的消费品中去，比如教育。付学费上大学，希望工作后高工资来收回这个教育投资。这个高工资就把过去教育的投资转移到现在生产的产品中去。所以，教育是一种未来服务。

未来商品：它包括我们在未来消费的商品。未来商品可以是现在生产的可以使用很多年的商品。一般基础建设也是未来商品。铁路、码头等也可以使用几十年甚至百年以上。

近期消费需求（现在商品）：是我们生活中个人对商品和服务的需求，比如旅游、餐饮。

远期消费需求（未来商品）：是劳动者在未来对商品或服务的需求，是现在或过去生产但是在远期消费的商品，比如公路、铁路、机场、通信系统、供水系统、能源系统等。这些系统通常需要一年以上的时间才能建成，但可以提供很长的服务时间。

11.6 对于失业原因的探究——一个人的生命消费周期模型

1. 现代社会的财富储蓄问题

在自给自足的农耕社会里，依靠子女来养老，所以人们愿意多生孩子、生男孩。在现代社会中我们的养老问题已经社会化了。政府通常会提供一部分养老的保证，如美国的社会保险计划、养老福利计划等。另外，通过个人储蓄计划，获得养老收入的一部分。部分低收入家庭，包括中国大部分农村地区家庭还会依靠子女来养老。

货币有财富的储藏功能。当货币是黄金时，可以依靠储蓄黄金来实现财富储蓄。而纸币的储藏功能来源于市场和别人的生产。如果当年消费者只需 100 万个手机，那么生产商也就只会生产大约100万个手机。如果把货币用于储蓄财富，那么财富就不会在当期被生产出来。如果消费者决定把10亿人民币用于储蓄而不是购买手机，那么，这些手机就不会生产出来。消费者希望储蓄财富是期望今后如30年以后享用。可以想象他们30年后需要的消费品如粮食、衣服、汽车等今天并没有生产出来。

这样，就存在一个矛盾：既希望现在生产财富，又希望未来可以消费。如果现在不消费(储蓄)，那么财富不会生产出来，也就无法在未来消费。如果现在消费，财富就被生产出来，结果也就没有了储蓄，也就没有了未来消费的财富。这就是未来财富的储蓄和现在财富生产的矛盾。那么在现实社会，这个储蓄矛盾在数量上有多大呢?

2. 现代社会的平均消费倾向

表11.2列出了家庭开支占GDP的百分比。这个消费不包括购买房子，但包括房租。表11.2中，我们看到每个国家的平均消费倾向是不同的，亚洲国家的消费倾向比较低。消费倾向最高的是美国，消费倾向最低的是新加坡。

表11.2　平均消费倾向

国　家	家庭开支占GDP的百分比/%
德国	54.6
瑞典	45.2
新加坡	36.2
美国	68.4

注：资料来源于世界银行2014年的数据。

以中国为例，从1952—2000年，中国的消费者(劳动力)的平均消费倾向是65%。2000年的平均消费倾向是60.8%。换句话说，在2000年，劳动力为了未来的消费，储存了39.2%的财富。根据中国国家统计局的数据(中国经济年鉴，2002)，2019年中国最终消费率是55.4%(http://data.stats.gov.cn/easyquery.htm?cn=C01&zb=A0209&sj=2019)。从这里我们看到，在人们很穷的时候，消费者会有比较高的平均消费倾向。随着收入的增加，消费者的平均消费倾向会下降。除了养老以外，消费者还有其他动机来储存财富。他们为了购买大件商品(房子、汽车、家具、养育孩子、医疗和教育费用等)而储蓄。此外，储蓄也是人们的一种保险系统，人们还需要为了意想不到的开销而储蓄，如失业时消费的开销、长期生病的开销、失去工作能力时的开销等。

但实际的经济数据似乎不支持上面的分析，因为如果中国的消费倾向是60.8%，那么中国的失业率是否就应该有39.2%了呢?但中国没有那么高的失业率。下面做进一步分析。

3. 市场经济下失业的根本原因

从本质上讲，失业是由于人们为了将来的消费而储存财富的需要引起的。在自给自足的经济中，生产单位是家庭。一个家庭自己生产，自己消费，自己生产现在的消费品，也生产将来需要的商品，那么就没有失业问题。当社会经济发展以后，生产方式发生了转变，从以个人和家庭为生产单位变成了社会化大生产。生产商品是为了市场。在这种生产方式下，我们仍然需要为了将来而储存财富。但过去，一个家庭会自己看管、储存财富，而今，未来财富（实体的商品）是由社会看管的。如果一个劳动力把他的收入放进银行，那么他放进银行的财富就不会被生产出来。除非银行把这个钱贷款给另外的消费者，但这种消费是暂时的，因为这个消费者最终还是要归还这个贷款。所以这个消费者最终还是使用自己的钱购买消费品。比如老王贷款 20 万元买汽车，3 年里他还回贷款。这里，最终消费只有 20 万元，老王最终支付了这 20 万元。所以，我们放进银行的钱没有最终变成最终商品的消费能力。因为这个货币没有用于最终消费，所以那个潜在的消费品就没有被生产出来。那么，如何解决这个问题呢？

如果有这样一个魔法箱子，它可以向所有失业工人提供工作机会，它可以储蓄所有失业工人的工作小时。当这些劳动力变老需要使用商品时，魔法箱子会使用它们过去投入的劳动把商品生产出来，那么失业问题就解决了。

如何解决未来财富的储蓄和现在财富生产的矛盾呢？因为我们无法保存劳动小时，就无法把今天多余的劳动小时保存到 10 年以后拿出来用。所以，对未来商品的需求和劳动小时的瞬时性质就产生了整个经济的有效需求不足。劳动小时的瞬时性是指劳动小时只能发生在每个时间、地点，它不能储存，不能随意把劳动小时从某一个时空位置转移到另外一个时空位置。有效需求不足就造成了社会不需要所有劳动力的投入，也就是说它引起失业。

比如一个经济体可以投入生产的劳动价值小时是每年 100 亿个，如果消费者的消费倾向是 60%，那么每年消费的商品就只有 60 亿个劳动小时。由于劳动力不消费其创造的所有财富，那么，这个经济体只需要投入 60 亿个劳动小时就足够了。这样，就会有 40% 的失业率。

所以，失业的根本原因在于未来财富的储蓄和现在财富生产的矛盾。当消费者只消费一部分财富而决定储蓄另一部分财富时，他们就创造了自己的失业处境。经济越发展，人们越富有，就倾向于储蓄越多的财富，这样就造成更多的失业。所以经济非常繁荣的时候，也就是经济危机最容易开始的时候。

经济发展的历史正好证实了这一点。看看美国 1930 年大萧条前的经济状况。对于美国人来说，1920—1929 年是很好的年代，生产和就业都在增加。虽然工资增长不多，但是物价相对稳定。更多的人获得了更好的生活，富人变得更富有。从 1925—1929 年，4 年的时间里，美国的产出从 608 亿美元增加到 680 亿美元。从 1921—1929 年，美联储的工业生产指数从 67 增加到 1929 年 6 月的 110。也就是说，在 9 年的时间里，美国的工业生产几乎翻番。“在 1926 年，美国生产了 4 301 000 辆汽车，而 3 年以后，1929 年，美国汽车生产量增加了超过 1 000 000 辆，达到了 5 358 000 辆汽车。这个汽车生产数量接近1953年美国第二次世界大战以后的新汽车注册量5 700 000辆，企业收入快速增加。”[51]

11.7 劳动力在纸币市场经济下的生命周期消费模型

1. 劳动力的储蓄模型

让我们想象这样一个市场经济模型(不包括国际贸易)：在一个纸币媒介的市场经济下，假设劳动者小耿每星期可以工作40个小时，一年工作50个星期，那么一年的劳动投入就是：

40小时/周×50周/年＝2 000小时/年

假设劳动力的平均消费倾向是80%，也就是说小耿本年消费了80%的劳动成果，保留20%为了养老。他使用1 600(2 000×80%)小时生产消费品和服务。为了实现充分就业，他必须消费所有的产出。或者他必须为了他的未来消费而生产未来的商品，这将使用400个(2 000－1 600)劳动价值小时。那么我们知道他不能生产近期消费品，因为大多数消费品不能长期保存价值。所以他必须生产远期消费品，也就是未来商品。最好的远期消费品或未来商品是基础建设。

一个经济体中的净未来商品总量就是过去生产的未来商品的净值。未来商品的净值为过去投资(购买)未来商品的总额减去未来商品的折旧。这样，经济体中的未来商品净总额(不包括已经折旧的劳动价值小时)等于人们的储蓄总额。

如果小耿生产自己消费的商品而不生产未来商品，他试图生产2 000个劳动价值小时的消费品，那么由于他只消费1 600小时的消费品，多余的消费品就不能出售。因为，他只消费1 600小时，也就是说他从市场买回1 600小时的消费品。市场上就有400个劳动价值小时的消费品无法出售。其他劳动者也同样如此。这样，生产商就会减少生产，减少雇佣劳动力，结果就是失业率上升。

所以，在一个经济体中的未来商品总额(减去已经折旧的劳动价值小时)等于储蓄总额。解决失业问题的方法就是小耿使用400个劳动价值小时去生产未来商品。

似乎上面的分析没有考虑机器、原料等资本的参与。前面章节里讨论过所有的资本包括机器等都可以折合成劳动价值并转移到最终商品中。下面是资本价值转移的讨论。

2. 资本的劳动价值转移

(1) 1 000台机器的模型

假设有一个经济体。在第一年，有1 000台机器，寿命是10年，每年转移1/10的劳动价值。在短期内可以认为资本数量不变，即资本按劳动价值衡量的存量不变。

实体资本的劳动价值转移如表11.3所列。

机器的劳动价值小时÷使用寿命＝2 000个劳动价值小时÷10年＝200个劳动价值小时/年

表 11.3　实体资本的劳动价值转移

1 000 台机器总劳动价值小时	2 000 小时×1 000 台	200 万小时
每年折旧小时总值	200 万小时÷10 年	20 万小时
为了补偿折旧的资本，每年投入的新资本的劳动		20 万小时

机器等资本通过转移它们的劳动价值到最终消费品的方式来实现等价交换。

(2) 小方格的资本转移模型

我们使用小方格来解释资本的转移过程。方格代表资本，每一个方格代表 100 亿个劳动价值小时的资本(机器、技术等)。这 11 个方格代表某个经济体中的实体资本。进一步假设，这个经济体中的资本一年中不变。在这一年里，有 400 亿个劳动价值小时的投入，也有 400 亿个劳动价值小时的资本(机器的价值)转移到最终消费商品中。

1	2	3	4	5	6	7	8	9	10	11

1～4 的 4 个方格代表这一年转移到最终消费品的资本。

1	2	3	4

12～15 的 4 个小方格代表在这一年里 400 亿个劳动价值小时投入到这个经济体中。

12	13	14	15

5～15 的 11 个方格代表年末仍然留在经济体中的实体资本。

5	6	7	8	9	10	11	12	13	14	15

下面的分析是建立在等价交换的原则基础上的。我们投入的总劳动价值小时用 4 个方格 12、13、14 和 15 代表，每个单位就是 100 亿个劳动价值小时。在生产消费品的过程中，资本转移到最终产品之中。假定每年这个经济体都生产 4 个单位的资本商品，如机器设备。

假设投入的劳动价值都会在一年里转移到最终消费品中，从实体资本中转移到最终消费品的劳动价值等于新生产的实体资本(机器)的劳动价值。这样，经济体中新生产的机器设备(实体资本)的劳动价值刚好等于折旧损失的劳动价值。如某年，一个经济体生产 100 亿个劳动价值小时的消费品(包括服务)，其中机器折旧转移过来 30 亿个劳动价值小时。假设正好生产了 30 亿个劳动价值小时的实体资本(机器设备)来补偿转移的资本品(生产资料)的劳动价值。本章分析中，假设为了生产消费品而折旧的机器设备的劳动价值小时正好等于为了替代这些机器设备而新生产的机器设备。

(3) 资本转移的图示方法

下面用图示说明资本商品(生产资料)是如何转移到最终消费品的。图 11.8 中这个经济体一年里有 100 个劳动价值小时的投入,输出的最终消费品也是 100 个劳动价值小时(按等价交换原则)。

在图 11.8 中投入的 100 个劳动价值小时分成三个部分:60 小时投入消费品的生产;30 小时投入资本商品(生产资料)的生产;10 小时直接投入生产用于生产资本商品的生产资料,生产资料的劳动价值最终转移到最终的消费品中。这样最终消费品的总价值是 100 个劳动价值小时。

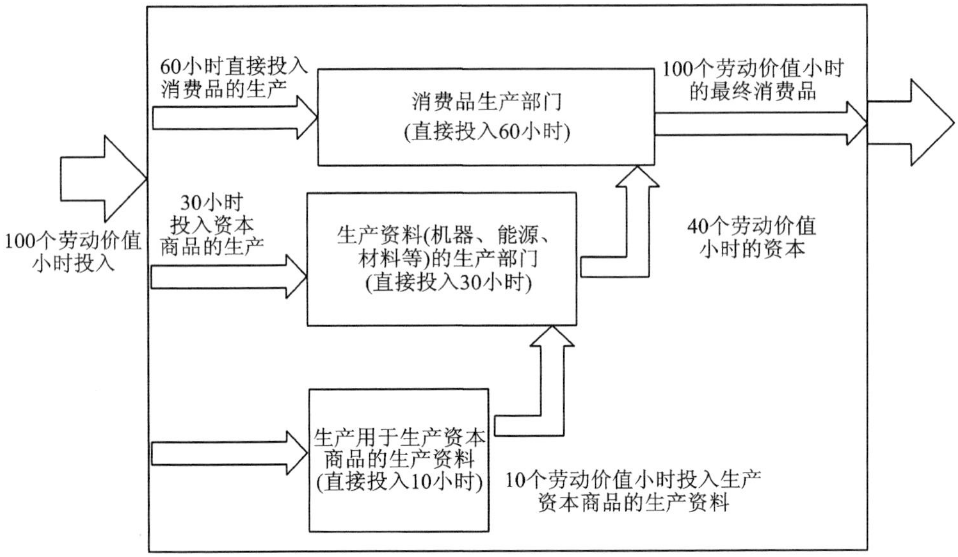

图 11.8　资本价值转移示意图

图 11.8 中有 40 个劳动价值小时的生产资料被转移到最终消费品的生产中,最终成为消费品劳动价值的一部分。但现实情况是,在消费品的生产部门(如轻工业),生产资料折旧的劳动价值总额是 40 个劳动价值小时,也就是在会计账面上,从轻工业的生产资料里减去 40 个劳动价值小时。这样在轻工业(消费品)生产部门的生产资料就减少了 40 个劳动价值小时。在同一时期里(一年内),有 40 个劳动价值小时的新生产资料被补充到轻工业(消费品)生产部门。可以理解为轻工业接受了新的机器,这些新机器的价值是 40 个劳动价值小时。

上面分析的假设前提条件是等价交换,我们按劳动价值进行分析得出结论。当然现实市场经济不是 100%的等价交换。

3. 结　论

从这个思想实验可以得出失业是由有效需求不足引起的。有效需求不足的原因是储蓄财富的行为引起的。未来财富的储蓄和现在财富生产的矛盾是造成失业的根本原因。而解决这个问题的方法就是生产未来商品。这样,在一个经济体中的未来商品净总额(不包括已经折旧的劳动价值小时)等于人们的储蓄总额。如果有一部分储蓄投资到了未来商品,那么实际经济体的失业率会比通过消费倾向估算出的失业率要低。

11.8　未来商品实现充分就业的模型

1. 四年模型

消费倾向会影响失业。下面我们引入未来商品来分析它是如何减少失业的。假设一个经济体有 100 亿个劳动价值小时的劳动力希望工作。为了分析方便,这里不包括政府税收。这四年是不连续的,假设为 1960 年、2000 年、2005 年和 2010 年。四年模型如表 11.4 所列。

表 11.4　四年模型

类　别	第一年	第二年	第三年	第四年
消费倾向占比/%	100	60/90=67	90/95=95	90/100=90
劳动者总收入/亿劳动价值小时	100	90	95	100
劳动者的总消费/亿劳动价值小时	100	60	60	60
非劳动者的消费/亿劳动价值小时	0	30	30	30
消费品总产出/亿劳动价值小时	100	90	90	90
生产未来商品(服务)/亿劳动价值小时	0	0	5	10
这一年的总有效需求/亿劳动价值小时	100	90	95	100
就业率/%	100	90	95	100

在第一年(1960 年),假设消费倾向是 100%,也就是说 100%的收入用于消费品和服务的消费。把经济体看成一个黑箱,投入多少劳动价值小时就会获得同等劳动价值小时的最终消费品。不考虑对外贸易。如果把一部分劳动价值小时投入到实体资本的生产,那么也转移同样多的劳动价值小时的资本到最终消费品中。下面为了分析方便,不包括不工作人群的消费,也没有通货膨胀。

第一年(1960 年),这个经济体实现了 100%的就业率,平均消费倾向是 100%,社会劳动力的总收入是 100 亿个劳动价值小时。其中,20 亿个劳动价值小时用于生产资料的生产,价值转移到最终商品。前面已经解释了实体资本的劳动价值转移,所以没有在表格中列出这项。

第二年(2000 年),假设消费者消费了 60 亿个劳动价值小时的消费品。社会里还有非劳动者(退休者、食利阶层等)的消费,他们消费的商品不是他们自己本年度生产的。所以为了他们,我们还生产了 30 亿个劳动价值小时的消费品。所以消费品的有效需求是 60 亿个劳动价值小时+30 亿个劳动价值小时=90 亿个劳动价值小时。

在第二年，生产商发现如果还生产 100 亿个劳动价值小时的消费品，就有 10 亿个劳动价值小时的消费品不能卖出（不能实现劳动价值）。所以生产商会减少生产量，导致减少雇佣员工。这样需求降低到 90 亿个劳动价值小时，这包括 60 亿个小时的劳动者消费和 30 亿个小时的非劳动者消费。这样这个经济体对劳动力的总需求就是 90 亿个劳动价值小时。结果 100 亿个劳动价值小时－90 亿个劳动价值小时＝10 亿个劳动价值小时得不到就业，失业率就是 10％。

在第三年（2005 年），消费者的消费习惯决定了他们需要支出 90 亿个劳动价值小时来满足他们的生活需要，这包括 60 亿个小时的劳动者消费和 30 亿个小时的非劳动者消费。假设，这个经济体里，社会购买 5 亿个劳动价值小时的未来商品。这样，总的社会有效需求就是 95 亿个劳动价值小时。

在第四年（2010 年），消费者支出了 90 亿个劳动价值小时用来购买消费品，这包括 60 亿个小时的劳动者消费和 30 亿个小时的非劳动者消费。假设这个经济体中，社会（消费者整体或政府）购买 10 亿个劳动价值小时的未来商品。这样，总的社会有效需求就是 60 亿个劳动价值小时＋30 亿个劳动价值小时＋10 亿个劳动价值小时＝100 亿个劳动价值小时，这样在第四年，这个经济体实现了 100％的就业率。

劳动者的总收入＝劳动者的最终消费＋非劳动者的消费

2. 结　论

为了实现充分就业，必须生产足够的未来商品来抵消消费倾向下降带来的总消费不足。

11.9　建立充分就业的必要条件

1. 消费要素

在现代化的市场经济中，消费产生需求。这里讲的是最终消费需求。

(1) 第一个消费因素：政府消费

政府的消费和工业企业的消费有所不同。工业企业的消费是为了生产而产生的消费（如原材料、能源、机器、厂房等）。工业企业的消费会把这些作为生产成本转移到最终产品中。政府消费要素的分析如表 11.5 所列。

表 11.5　政府消费要素的分析

类　别	特　性
1. 政府办公、国防开支等	它是消费者集体的消费行为，可称为集体最终消费
2. 转移开支	这也是一种最终消费，归入对最终消费品的总需求
3. 基础建设	生产未来商品的消费
4. 科学研究和技术开发等	未来服务

(2) 第二个消费因素:国际贸易

出口产品相当于生产未来商品,因为我们可以指望在未来几十年以后购买国外的商品。但是进口商品会导致消费者减少对国产消费品的消费。假定消费者的消费倾向是 60%,他一年收入 10 万元,那么他会购买 6 万元的消费品。如果他购买 1 万元的进口商品,那么他对国产消费品的需求就从 6 万元减到 5 万元。相反,如果中国每个劳动力的平均出口是一年 2 万元,那么就相当于增加 2 万元未来商品的有效需求,所以,在下面的公式里使用净出口来计算国际贸易对商品需求的影响。

净出口总价值=出口总价值量—进口总价值量

(3) 第三个消费因素:跨境消费

如果消费者的消费倾向是 60%,他一年收入 10 万元,那么他会消费 6 万元。如果某中国消费者去国外旅游,购买 1 万元价值的海外商品,那么他对国产消费品的需求就减少到 5 万元。对于非劳动阶层的消费也一样。相反,如果国外消费者到中国旅游或消费,那么就增加了中国消费品的总有效需求。所以可以使用在本国的净跨国消费来计算跨国消费的净效应。当然,境外消费还包括境外服务消费,如教育、医疗等。

本国净跨国消费=外国人在本国的消费—本国人在国外的消费

2. 充分就业的必要条件(就业率)

计算充分就业的必要条件需要考虑许多因素。首先计算就业率。为了分析方便,使用劳动价值小时的概念。

就业率=总有效需求劳动价值小时÷总劳动者愿意投入的劳动价值小时总额

上式基于这样一个事实,市场经济中,市场对商品的需求导致对劳动力的需求。市场对商品没有需求,那么企业便不会雇佣劳动力去生产商品,所以就业率就是 0。如果在一个时期,劳动者希望投入的劳动价值小时是 100 亿小时,而总有效需求也是 100 亿小时,那么就业率=100 亿小时/100 亿小时=100%

上式没有考虑到消费者对过去商品的消费。如一座桥梁的寿命是 100 年,假设建造和维护的劳动价值是 100 万小时,每年需要折旧 1 万小时。这座桥在投入使用后,需要每年从消费者那里收取使用费,在这个桥的使用期限内,它是过去商品。

一个消费者每年消费 1 600 个劳动价值小时的商品,其中包括 100 个劳动价值小时的过桥费。那么,在这一年里,这个消费者产生的有效需求是

(1 600—100)劳动价值小时=1 500 劳动价值小时

所以

就业率=[总有效需求(小时)—对过去商品的折旧(小时)]÷
总劳动者愿意投入的劳动价值小时总额

式中,“小时”指劳动价值小时。

未来商品也会给就业率带来影响。如用5年时间修建一条高速铁路。如果每年投入100亿个劳动价值小时,它每年就会产生100亿个劳动价值小时的就业。

为了分析方便,假设未来商品在本周期内没有被使用。如果未来商品如桥梁本期就投入使用,那么未来商品(桥梁)的一部分劳动价值小时就应该被计算为今年的最终消费。

就业率重新表述为

就业率=[对消费品的总需求(劳动价值小时)+对未来商品的总需求(劳动价值小时)-对过去商品的折旧(劳动价值小时)]÷总劳动者愿意投入的劳动价值小时总额

$$J=(X_z+X_w-X_g)\div T$$

式中 J——就业率;

X_z——消费者本期购买或消费的最终消费品;

X_w——为了购买未来商品消费而引起的对本国劳动力的需求;

X_g——本期消费者对过去商品的需求(消费在过去商品上的劳动价值小时);

T——本期劳动者愿意投入的劳动价值小时的总额。

下面做进一步的分析。

第一项是 X_z,是对消费品的总需求,可以进一步分析其中的成分:

X_z=对消费品的总需求(劳动价值小时)=劳动力的总收入(劳动价值小时)×(1-平均税率)×平均消费倾向+不工作阶层的消费(劳动价值小时)+在本国的净跨国消费(劳动价值小时)+集体(政府)的最终消费(劳动价值小时)

$$X_z=S\times(1-t)\times A_{pc}+X_b+X_j+G$$

其中

在本国的净跨国消费=外国人在本国的消费-本国人在国外的消费

第二项是 X_w:

X_w=国内对未来商品的需求+跨国净未来商品的需求

$$X_w=X_d+X_e$$

表11.6列出了我们使用的变量。

表11.6 对变量的定义

变量	定义
对消费品的总需求 X_z	消费品指的是给最终消费者使用或消费的商品和服务
对未来商品的总需求 X_w	国内对未来商品的总有效需求,指未来商品的投入所带来的对本国劳动力的需求
X_g	本期消费者对过去商品的需求(劳动价值小时)
G	集体的最终消费,如政府的公共开支、国防开支等

续表 11.6

变　量	定　义
劳动者愿意投入的总劳动小时 T	本期劳动力为了获得收入而投入的劳动价值小时
非劳动阶层的消费 X_b	退休人员、食利阶层等的消费
平均消费倾向 A_{pc}	劳动力使用一部分可支配收入用于消费品和服务的消费
劳动力的总收入 S	本期劳动力收入总值(劳动价值小时)
J	就业率
U	失业率
X_e	跨国净未来商品的需求,净出口总价值
X_j	在本国的净跨国消费
X_d	国内对未来商品的需求(基础设施、教育投资等)
t	平均税率

在公式中,可以使用劳动价值单位——劳动价值小时。

为了实现充分就业,即按 100%就业率计算,则

$$J=100\%=(X_z+X_w-X_g)\div T$$

因为

$$X_z=S\times(1-t)\times A_{pc}+X_b+X_j+G$$

所以

$$\begin{aligned}J&=100\%=(X_z+X_w-X_g)\div T\\&=[S\times(1-t)\times A_{pc}+X_b+X_j+G+X_w-X_g]\div T\end{aligned}$$

下面是就业率的计算公式:

$$J=(X_z+X_w-X_g)\div T=[S\times(1-t)\times A_{pc}+X_b+X_j+G+X_w-X_g]\div T$$

如果按 100%就业率计算,公式可以简化为

$$1=[S\times(1-t)\times A_{pc}+X_b+X_j+G+X_w-X_g]\div T$$

$$T=S\times(1-t)\times A_{pc}+X_b+X_j+G+X_w-X_g$$

下面是宏观的充分就业的必要条件:

$$T=S\times(1-t)\times A_{pc}+X_b+X_j+G+X_w-X_g$$

那么需要多少未来商品才能实现充分就业呢?

计算出 X_w。上面公式可以表达为

$$X_w=T-[S\times(1-t)\times A_{pc}+X_b+X_j+G-X_g]$$

当就业率为 100%时,公式中的 T 和 S 应该是相等的。

$$S=T\times J=\text{劳动力愿意提供的总劳动价值小时}\times\text{就业率}$$

T 就是经济体愿意提供的劳动价值小时,而 S 是劳动力的收入总额(劳动力价值小时)。所以在充分就业的时候,它们应该是相等的。这样,就可以简化上面的公式。

因为

$$X_w=T-[S\times(1-t)\times A_{pc}+X_b+X_j+G-X_g]$$

$$T=S$$

所以 $$X_w=T-[T\times(1-t)\times A_{pc}+X_b+X_j+G-X_g]$$

$$X_w=T-[T\times(1-t)\times A_{pc}]-X_b-X_j-G+X_g$$

$$X_w=T\times[1-(1-t)\times A_{pc}]-X_b-X_j-G+X_g$$

因为 X_w＝国内对未来商品的需求＋跨国净未来商品的需求＝X_d+X_e

所以 $$X_w=X_d+X_e=T\times[1-(1-t)\times A_{pc}]-X_b-X_j-G+X_g$$

$$X_d=T\times[1-(1-t)\times A_{pc}]-X_b-X_j-G+X_g-X_e$$

这就是为了实现充分就业必须产生的未来商品需求。

公式右边是劳动力需要储存的财富净值，左边是未来商品的消费或整个社会需要储存的财富。

用上面的公式可以计算为了实现充分就业需创造多少未来商品的需求。

因为 X_d 是本国未来商品需求，故可把 X_d 分解成下面的公式：

X_d＝本国未来商品投资带来的劳动力需求

＝投资未来商品需求的总额×用于本国需求的比率

这一项代表对未来商品投资带来的本国的有效需求，最终都折合成劳动力需求。假如我们有 2 000 亿个劳动价值小时的未来商品需求，其中 800 亿个劳动价值小时用于采购国外商品，那么用于本国的需求就只有 1 200 亿个劳动价值小时。本国需求比率就是 1 200/2 000＝60％。

用公式表示：

本国未来商品投资带来的劳动力需求 X_d

＝未来商品投资的总额×用于本国需求的比率＝T_wq

$$X_d=T_wq$$

因为 $$X_d=T\times[1-(1-t)\times A_{pc}]-X_b-X_{j-}-G-X_e+X_g$$

＝由未来商品投资带来的本国劳动力需求

所以

$$X_d=T\times[1-(1-t)\times A_{pc}]-X_b-X_j-G-X_e+X_g$$

$$=T_wq$$

求 T_w，这样即可决定投资多少才能实现充分就业。

$$T_w=\{T\times[1-(1-t)\times A_{pc}]-X_b-X_j-G-X_e+X_g\}\div q$$

式中，T 是劳动力愿意投入的总劳动价值小时，它与 T_w 成正比。而 $1-t$ 代表的是劳动力可支配收入的百分比。$1-t$ 越大，T_w 越小。A_{pc} 为平均消费倾向，A_{pc} 越大，劳动者消费的最终消费品就越多，所以 T_w 就越小。X_b 是非劳动阶层的消费，X_j 为在本国的净跨国消费，G 为集体的最终消费，这三项的消费增加，就会减小 T_w。而 X_g 是消费过去的商品，X_g 增加，则对现在消费品的需求就会减少。

例：假设某国家某年的经济变量如表 11.7 所列。

表 11.7　某国某年的经济变量

经济变量	投入及比率	内　容
X_g	5 亿劳动价值小时	消费的过去商品
q	70%	未来商品投资中用于本国需求的比率
T_w	—	用于未来商品投资的总额
T	100 亿劳动价值小时	劳动者愿意投入的劳动小时
A_{pc}	60%	消费倾向
X_b	20 亿劳动价值小时	非劳动阶层的消费
X_j	5 亿劳动价值小时	在本国的净跨国消费
G	15 亿劳动价值小时	集体的最终消费
X_e	5 亿劳动价值小时	跨国净未来商品的需求
t	20%	个人所得税平均税率

$$
\begin{aligned}
T_w &= [T \times (1-(1-t) \times A_{pc}) - X_b - X_j - G - X_e + X_g] \div q \\
&= \{100 \times (1-(1-0.2) \times 0.6) - 20 - 5 - 15 - 5 + 5)\}/0.7 \\
&= [100 \times (1-0.48) - 40]/0.7 \\
&= (52-40)/0.7 \\
&= 17.4 \quad \text{(亿劳动价值小时)}
\end{aligned}
$$

如果每个劳动价值小时相当于 10 元，那么为了实现充分就业，必须投入 174 亿元在未来商品(服务)的项目上，也就是需要投入 174 亿元在未来商品的采购上。

3. 充分就业的经济实证

根据上面的分析，大量购买投资未来商品可以降低失业率，最终达到充分就业。那么公式中哪些项目变动可以减少失业呢？公式中，消费倾向、个人所得税税率等不容易改变。G 是集体消费或政府消费，这一项是政府可以控制的。如果政府支出远远超过税收的量，那么政府支出就会产生额外的劳动力需求。X_e(净出口)在短期也会影响失业率。

历史上，我们可以看到这样几个大规模投资未来商品的时期。如第二次世界大战结束后，一些国家如德国、日本大规模重建基础设施；还有就是经济高速发展时期，通常有巨额的未来商品投资，如中国 1990 年后的大规模基础建设。

例 1：美国

在第二次世界大战中，美国经济达到充分就业，经济总量在战争时期急剧增加，通货膨胀得到控制。为了快速生产战争物资，工厂满负荷生产，一些家庭主妇也被工厂雇用。第二次世界大战前，农业生产过剩。在战争时期，对农产品的需求急剧增加，农业生产也不得不扩大。

为了筹集战争款项，第二次世界大战期间美国发行了大量政府战争债券，达1 860亿美元，这相当于1941—1945年美国联邦政府开支的75%。在美国联邦政府开支最多的年份，美国联邦政府开支是以前和平时期的12倍。联邦政府新增了公司税、烟酒税等税种，实施了价格管制。

从图11.9中可看到第二次世界大战期间美国联邦政府开支从10%增加到40%。

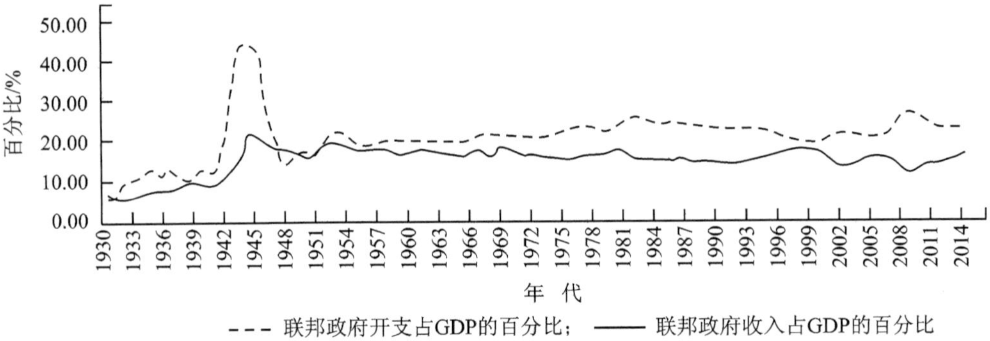

注：资料来源于 https://www.whitehouse.gov/omb/budget/Historicals，美国白宫网站。

图11.9 美国联邦政府开支占GDP的百分比

显然，二战期间美国的集体最终消费大幅度增加是造成充分就业的原因。

例2：日本

从1960—1975年，日本失业率不高于2%。这期间，没有实行价格管制，经济快速增长，而通货膨胀率不高。这说明充分就业和低通货膨胀率可以并存。出口和基础建设投资增加可能是造成日本充分就业的原因。

从1953—1965年，每年日本的GDP增长9%，制造业增长13%，建筑业增长11%，基础设施增长12%。在1965年，这些经济部门雇佣41%的劳动力，26%的劳动力仍然留在农业。[52]

第 12 章 最佳教育理论

最佳教育理论研究的主要目的是回答对教育投资多少才能实现最大经济效益这一问题。本章，我们试图分析和回答下面这三个问题。

① 对一个社会或经济体而言，我们应该培养多少不同级别的毕业生？

② 谁应该来支付教育的成本？

③ 教育市场是否能够自己实现资源最佳配置？

对于基础教育，从小学到高中，大多数发达国家都实行义务教育。所以，对基础教育，各个国家的教育政策已经回答了上面的三个问题。这个答案就是，基础教育应该提供给 100％的青少年，政府应该承担教育成本，基础教育不是市场经济。基础教育是强制教育。所以，本章的研究范围是高等教育的问题。经济学家、教育学家和经济政策制定者一直在争论：为了更好地服务于经济发展，有多少人口需要接受高等教育？中国学者提出中国高等教育存在过度投资的状况："高等教育扩招而造成的教育过度投资，从而扰乱了我国毕业生就业市场。"[53] 主流经济学家认为，在大多数条件下市场能够很好地配置资源。但是对于教育市场，好像经济学家普遍认为市场并不能解决教育的需求问题。

12.1 支持高等教育的理由

从 2017 美国劳动局的统计数据发现，学位越高，失业率越低。高中毕业生的失业率大约是 4.5％，硕士学位是 2.2％，博士学位是 1.5％。请看图 12.1 失业率和教育程度的关系。现实经济中，教育程度的提高显著地降低失业率。

支持增加高等教育普及率的另一理由是，世界上的许多发达国家都有比较高的教育水平，而平均受教育程度低、受高等教育人口比重小的国家往往很穷。高等教育和平均收入之间似乎有明确的联系，受教育水平越高，平均收入越高。

世界正进入一个"知识经济"社会，对学历的要求越来越高，雇主们正使用学位要

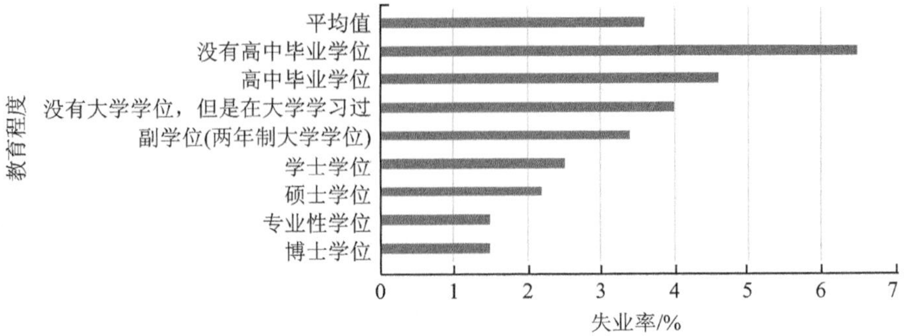

注：资料来源于美国劳动统计局，数据来源于25岁以上人口。

图 12.1 美国 2017 年失业率和教育程度的关系图

求作为筛选机制。社会对高等教育需求越来越大。

James Engell 和 Anthony Dangerfield 在 *Saving Higher Education in the Age of Money* 一书中写道："四分之三以上的学生表示，他们上大学是为了更好的收入，获得更多的财富。"[54]

但是教育普及率并不是越高越好，无情地推进高等教育并没有给我们提供更好的技能型劳动力，只会给我们带来证书膨胀。

因此我们认为存在一个"最佳普及率"，最佳的教育普及率是可以使经济获得最大经济效益的教育普及率。在这一章中，我们会研究经济效益与教育普及率之间的关系。

12.2 最佳教育率

经济学家研究了教育和经济增长之间的联系、教育的公共和私人回报率、教育和就业之间的关系等。对于研究最佳教育年限的问题，经济学家采用了下面这些方法。

方法 1：使用边际回报率决定高等教育的最佳数量

经济研究表明，高等教育与经济增长和发展有着积极联系，教育对受教育者个人和社会都有好处。[55]如图 12.2 所示的教育程度和收入的关系图说明，教育的程度越高，收入也越高。

但另一方面，如果经济体的学士学位普及率为 100%，则意味着 100%的劳动力有 4 年高等教育。因为教育的成本非常高，所以这似乎是对经济资源的一种浪费。这是因为我们最终会有很多人从事体力劳动，如餐饮、建筑、运输等。因此，教育的普及率太少或太多对经济发展都是不利的。

经济学家研究了教育的边际回报率，并且试图使用这样的方法决定最佳教育年限。如果边际回报大于边际教育投资，那么就应该增加教育年限。我们可以通过下面的假设解释这个思路。假设美国的经济在 2020 年有这样的统计数字，博士学位的

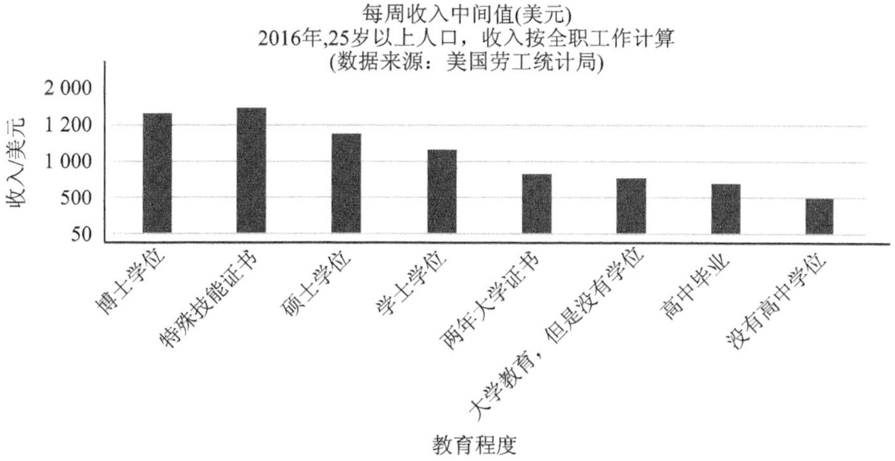

注:资料来源于 https://www.bls.gov/spotlight/2017/educational-attainment-of-the-labor-force/home.htm。

图 12.2 教育和收入的关系

平均年收入是 14 万美元,而硕士学位的平均年收入是 10 万美元,那么博士学位相对硕士学位每年的边际收益就是 4 万美元,然后把一生的边际收益折合成今天的货币价值,假设我们的计算结果是 40 万美元。从硕士学位再学习两年就可以获得博士学位,而这个成本(包括学费和生活费等)是 20 万美元。那么,我们看到获得博士学位的终身受益是 40 万美元,而成本是 20 万美元。这样,边际收益远远大于它的边际成本,此时通过增加博士学位的毕业生是可以增加社会整体的教育收益的。这说明,目前美国没有培养足够的博士学位毕业生,即高等教育没有培养足够的人才,市场没有实现资源最佳配置。只有当边际回报等于边际成本时,教育的总收益才达到最大,此时的教育普及率是最佳教育普及率。

结论:教育的最佳普及率是存在的。在此基础上,最佳教育普及率是实现最大的经济效益的前提之一。对于每一层次(博士、硕士、学士)的高等教育,都有一个最佳的教育普及率。图 12.3 所示为教育普及率和经济效益的关系。

方法 2:教育水平的收入系数

遵循经济效益理论第一定律(等价交换),即教育的等价交换,就是受教育者的投入应等于他获得的经济收益。

我们通过分析教育成本和回报,试图实现等价交换。为了方便,我们使用社会必要劳动价值小时来分析。下面是分析的假设和估算,如表 12.1 所列。

根据美国教育部的统计,2016—2017 学年,美国平均四年制大学的成本大约是每年 4.1 万美元(https://nces.ed.gov/fastfacts/display.asp?id=76)。使用 4.5 万美元作为 2019 年的数据来估算。

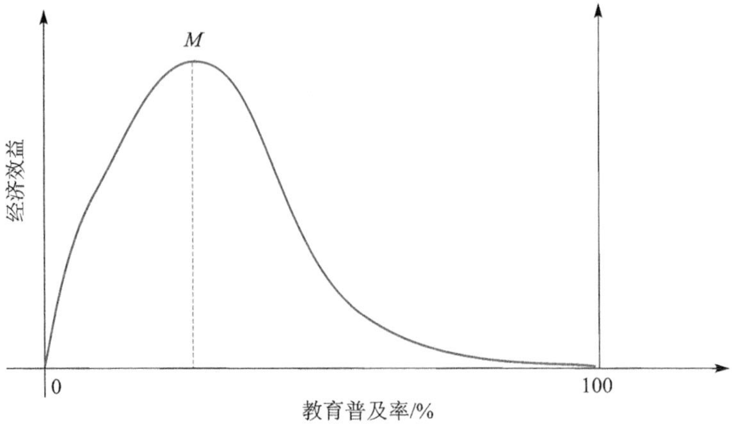

图 12.3　教育普及率和经济效益的关系

表 12.1　高等教育成本

假　设	每年的工作周数	每年有 48 个星期工作
	退休时间	工人 60 岁退休(通常在 55～70 岁之间)
	高中毕业时间	一般 18 岁时完成高中教育
估　算	一生工作年限	如果高中毕业进入劳动市场,则一生中有 42 个工作年
	每个劳动力每年投入的平均劳动价值小时	每年估计为 40 小时/周×48 周＝1 920 小时
	每个劳动力一生投入的劳动价值小时	40 小时/周×48 周/年×42 年＝80 640 小时
	高等教育每年的成本	高等教育总成本(4.1＋1)万美元＝5.1 万美元。5.1 万美元/10 美元/劳动价值小时＝5 100 个劳动价值小时

注:高等教育的成本估算,根据美国劳动统计局 2019 数据。美国的最低工资每个州不一样。最低工资是 9～10 美元。我们用 10 美元来代表 1 个劳动价值小时。资料来源于 https://www.dol.gov/agencies/whd/minimum-wage/state#mi。

当然美国私立大学接受的政府支持是不一样的,好的大学获得的政府支持更多。根据 American Institutes for Research,美国的常春藤大学,平均每个学生获得 1.3 万美元的纳税人的资助。所以,私立学院获得的政府资助平均每年每个学生大约是 1 万美元。资料来源于 https://www.air.org/news/press-release/taxpayer-subsidies-most-colleges-and-universities-average-between-8000-more。

用劳动价值小时来衡量,高等教育的成本为(4.1＋1)万美元＝5.1 万美元。5.1 万美元/10 美元/劳动价值小时＝5 100 个劳动价值小时,这就是每年每个学生的高等教育成本。

我们将研究四年制大学教育的情况,这样的分析方法可以适用于任何年数的教育。假设高中毕业生一生中工作 80 640 小时,他一生生产的产品的劳动价值为 80 640 个工时。

从经济效益的角度看，高等教育是职业培训。教育为人们提供了能够从事某些类型工作的知识和技能。教育或培训可以由雇主提供，也可以由独立的教育系统提供。当雇主提供教育时（支付教育成本），其成本被认为是生产（包括服务业）成本的一部分。高等教育成本应被视为培训成本，成本应按照等价交换的原则转移到最终的商品和服务中。

从经济效益的角度来看，我们需要确保一个人在一生中投入到经济中的总劳动时间等于他一生中产出的总劳动时间，而不管他接受了多少年的教育。我们可以认为经济体是一个大工厂，我们有一个给定的总投入劳动价值，为了实现最大经济效益，我们应该遵循等价交换的定律。这样我们使用等价交换定律，当把等价交换原理应用于终生劳动价值时，有如下方程：

$$\text{一个人一生的劳动投入（劳动价值小时）} = \text{这个人一生的劳动产出（劳动价值小时）}$$

对于一个普通的劳动力，他一生的劳动投入是 80 640 劳动价值小时，所以根据等价交换的定律，80 640 劳动价值小时（劳动投入）＝80 640 劳动价值小时（产出的劳动价值）。

对于一个接受 $n=4$ 年大学教育的劳动力，他一生的劳动投入是 80 640 劳动价值小时，再加上高等教育的费用（生活费、学费等）。所以根据等价交换的定律，他一生的劳动产出也应该是这么多的劳动价值小时。

当然，如果某劳动者高中毕业后进公司工作直到退休（工作 42 年）。刚工作的头几年，公司给他培训并支付他的教育和生活费用。按照等价交换的定律，他投入给这个公司的劳动价值就是：80 640 劳动价值小时＋公司投资于他的教育培训费用。所以根据等价交换，有

$$\begin{aligned}\text{一生的劳动投入} &= 80\,640\ \text{劳动价值小时（产出的劳动价值）} + \\ &\quad \text{教育的直接费用（学费、生活费等）} \\ &= 80\,640\ \text{劳动价值小时} + 5\,100\ \text{劳动价值小时} \times n\end{aligned}$$

接受大学教育（大学学习 4 年），工作年限减少 $n=4$ 年，从 42 年变成 38 年。复杂劳动等于多倍简单劳动，一般大学毕业生享有比较高的劳动生产率，所以他的一个小时的劳动相当于 K 个简单劳动小时。K 是一个未知的系数。

$$\text{一生产出劳动价值} = 40\text{（小时/周）} \times 48\text{（周/年）} \times (42-n)\text{年} \times K$$

因为

$$\text{一生投入劳动价值} = \text{一生产出劳动价值}$$

所以

$$\begin{aligned}&80\,640\ \text{劳动价值小时} + 5\,100\ \text{劳动价值小时} \times n \\ &\quad = 40\text{（小时/周）} \times 48\text{（周/年）} \times (42-n)\text{年} \times K\end{aligned}$$

式中，每周工作时间为 40 小时，每年 48 个工作周。

该劳动力工作年限 42 年减去高等教育年限 n，如果计算 4 年高等教育投入，那么 $n=4$。K 是收入系数，它代表在等价交换的条件下，一个高级劳动者或专业人才每小时工作，相当于一个简单劳动者劳动价值的倍数。如果 $K=2$，那么在平均意义

上，高级劳动者的每个劳动小时的投入就相当于 2 个劳动价值小时。也可以说这个高级劳动者收入系数 K 反映了在等价交换条件下，高级劳动者应获的收入是简单劳动的 K 倍。我们也可以把它称为教育水平的收入系数。

简化上面的公式为

$$80\ 640\ \text{劳动价值小时}+5\ 100\ \text{劳动价值小时}\times n=1\ 920\times(42-n)K$$

所以

$$K=(80\ 640\ \text{劳动价值小时}+5\ 100\ \text{劳动价值小时}\times n)/[1\ 920\times(42-n)]$$

根据最佳教育公式计算得出表 12.2。

表 12.2 学习年限、教育成本与收入系数

高教级别	需要的学习年限	教育成本	K（收入系数）
本科	4	5 100 劳动价值小时/年×4 年＝20 400 劳动价值小时	1.4
硕士	6	5 100 劳动价值小时/年×6 年＝30 600 劳动价值小时	1.6
博士	10	5 100 劳动价值小时/年×10 年＝51 000 劳动价值小时	2.1

结论：

本科毕业生的收入应该接近高中毕业生收入的 1.4 倍，如果整体本科毕业生收入高于高中生收入的 1.4 倍，就说明这个社会本科毕业生没有过剩。同理，博士生收入应该是高中毕业生收入的 2.1 倍。如果市场上博士生收入高于高中毕业生收入的 2.1 倍，那么博士毕业生就没有过剩。

以美国为例，来看其高等教育是否是最优规模。根据美国劳工部的统计数据来计算收入比值。比如，下面计算博士毕业生与高中毕业生的收入比值为＄1 664/＄692＝2.4（其中＄692 是高中毕业生收入的中间值，＄1 664 是博士毕业生收入的中间值）。

该实际收入比值是根据统计资料计算得出的。而收入系数是根据等价交换的定律计算的理想收入比值。我们看到，实际收入比值比理想的收入系数高，这说明美国还没有实现高等教育数量的最优化。所以，为了实现最大经济效益，在理想的条件下实际收入比值应该等于或接近收入系数。统计数据如表 12.3 所列。

表 12.3 统计数据

高教级别	每周收入/美元（取中间值）	实际收入比值	K（收入系数）
博士	1 664	2.4	2.1
硕士	1 380	2.0	1.6
本科	1 156	1.7	1.4

注：资料来源于 https://www.bls.gov/spotlight/2017/educational-attainment-of-the-labor-force/home.htm。

上面的分析方法可以通过比较收入比值和收入系数来决定高等教育规模。当然这只是提供了一种宏观分析，并没有细分学科、专业等。资料来源于 https://www.360kuai.com/pc/9e6506a75eb3ac38e?cota=3&kuai_so=1&sign=360_

57c3bbd1&refer_scene=so_1。

12.3　高等教育系统融资问题

谁应该来支付高等教育的成本呢？是政府还是受教育者？如果是政府支付，那么政府的融资途径又是什么？

当然，不同的融资会产生不同的资源配置。所以，根据我们的经济效益理论，每一种资源配置会决定一种经济效益。那么如何才能实现最大经济效益呢？

经济学家对这样的问题做了一些研究，但没有一个经济学家得出确定的结论。D. Bruce Johnstone 和 Pamela N. Marcucci 在 *Financing Higher Education Worldwide, Who Pays? Who Should Pay?* 一书中介绍了在不同的国家，谁在支付高等教育的成本，但是它并没有明确判断出谁支付高等教育的成本是最好的[56]。Howard R. Bowen 等(2010)认为，应混合多种融资渠道为教育支付成本，从而打破垄断。[57]也有经济学家使用社会效益和私人效益来试图决定谁应该来支付高等教育的成本。[58]可得出这样的结论：高等教育的社会效益是 52%，而私人效益是 48%。所以按照这样的逻辑，政府应该负担 52%的高等教育成本，而学生应该负担 48%的高等教育成本。但无法验证该结论是否具有普适性。

高等教育的最佳融资

我们在充分就业的那一部分得出一个结论：把一部分投资和为了未来消费而做的储蓄，用来购买未来商品和未来服务。这样做的目的是解决就业问题，而且既然这些商品是未来商品和未来服务，那么就应该使用储蓄（储蓄和投资的一部分）等资金来购买，因为只有这些资金是人们计划在未来消费的。而高等教育就是这样的未来服务，因为今天投入的高等教育的成本，提高了毕业生以后近 50 年的劳动生产率。高等教育带来的是这个学生 50 年的服务。所以，高等教育的投资，应该来源于人们的储蓄，特别是养老储蓄，以及投资（的一部分）。

根据经济效益理论第一定律，我们应该尽量实现等价交换。在高等教育上实现等价交换，就是现在对高等教育的投入应等于投资回报。

比如一个博士生的教育成本是 51 000 个劳动价值小时，也就是说他使用了 51 000 个劳动价值小时的未来消费的储蓄或投资完成这个博士学位。那么他在未来的 40～50 年，应该还回同样的劳动价值小时（51 000 个劳动价值小时的教育成本），这样就实现了等价交换。理想高等教育融资模型如图 12.4 所示。

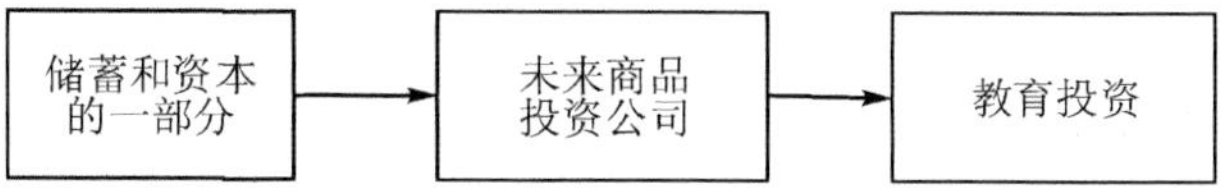

图 12.4　理想高等教育融资模型

第 13 章

市场经济的不确定性和计划经济

根据传统的经济理论，一个市场是一个最优系统，这个系统不仅可以平衡市场中的供给与需求，也可以有效地分配经济资源。如果的确是这样的话，政府便不需要介入市场经济，那么就没有必要进行政府调控。但经济史告诉我们，市场经济并不是总能达到均衡状态。

有效市场的缺陷表现在市场的价格和供求呈现周期性的波动。市场常常过度调整商品的价格与供给量。比如，中国的猪肉市场价格周期性变动[59-60]。蔬菜市场几次出现价格暴跌。农民把菜留在地里烂掉，因为菜的价格太低[61]。市场本身并不能自动实现产能优化，如基础建设项目。因为基础建设的投资和回收周期都很长，所以私人资本不愿意进入。

根据我们的经济效益理论，一个经济体系里有许多无效市场。政府就必须通过调节创新经济制度来实现最大经济效益。所以我们仍需要用经济计划去调整市场经济。

传统的中央计划理论与方法已经不能适应多变的市场需求，因为这些理论与方法是基于可预见的投入和产出而发展的。苏联模式的计划经济没有认识到生产是如何自动实现资源最佳配置的。当然，根据经济效益理论我们知道，市场只能对有效市场实现资源最佳配置。当我们使用计划经济这个词汇时，人们通常会想到改革开放以前的中央计划经济制度。那个时期的计划经济是排斥市场的作用的。为了区分过去的计划经济，我们把新的计划经济称为“计划经济 2.0”。

计划经济 2.0 是什么？计划经济 2.0 就是为了解决无效市场和市场的缺陷问题而存在的计划经济。所以它的边际很清楚。计划经济 2.0 不限制有效市场，它不是原苏联模式的计划经济，它是和市场并存的经济管理体制。

我们知道在市场经济里，生产什么、生产多少等问题是由市场来决定的，这样就带来一个不确定性。如何在市场不确定的条件下实现最大经济效益呢？下面举例来说明实施计划经济 2.0 的方法。

13.1　中国需要多少发电能力

根据林伯强的推测，中国会在2004年出现大约7%的电力短缺，这会导致GDP出现0.64%的下降。他预测中国的电力短缺将会使GDP减少3 054亿元人民币。[62]

期望的收益与损失

与传统的平衡市场供需的理论不同，计划经济2.0理论的目的是减少期望（预期）的经济损失，从而提高经济效益。下面将用一个例子来阐述计划经济2.0方法。这个新方法可以应用于所有基础建设或中央调控的市场，比如食品储备市场、运输市场、能源计划（燃料储备计划）、供水计划等。

假设我们有下列的投资选择，一类是投资于国库券，另一类是投资于D公司的股票。国库券会带来4.2%无风险的年利润，D公司股票的利润要根据该公司的运行情况来定。然而假设我们知道表13.1中列出的股票的回报率与概率，那么

$$期望的回报=2\%\times10\%+5\%\times40\%+10\%\times50\%=7.2\%$$

表13.1　股票不同回报的概率

年利率/%	概率/%
2	10
5	40
10	50

由以上分析可知，从长期来看，投资股票比投资国库券能获得更多的收益。

13.2　如何实现最小的期望成本

如何确定最优发电能力呢？为了能够实现最大的经济效益，我们估算一下在不确定的情况下，发电能力是多少时可以达到最小的期望成本。

下面将通过分析不同发电能力的期望成本来寻找出最优发电能力Q_m。最优发电能力是一种能导致最低期望成本的发电能力(power generation capacity)。

我们将用中国的电力数据来分析。假设有以下变量：

S——第四年实际电力需求；

X——预测的第四年的电力需求；

Y——在第四年的实际发电能力；

a——每一单位电力缺口，会造成的GDP损失（人民币）；

b——每一单位超额电力生产能力带来的额外成本（人民币）。

假设建设一个发电厂需要三年时间，因此，我们需要预测未来第四年的用电需求

并决定最优发电能力。我们进一步假设有一个电力的需求预测函数，这个函数可以显示出在第四年的电力需求量，并计算出第四年的预计损失。除非另有说明，否则这个函数预测的是第四年的。

$P(q)$——概率密度函数。在电力需求是 q 的时候，发生的可能性是 P。比如电力需求在 $100\%<q<120\%$ 的范围里的概率是 70%，那么可以使用 $q=110\%$ 来代表这个电力需求范围。用公式表示为 $P(q)=P(100\%)=70\%$。

q——一个百分比值，它表明可能发生的电力需求是预测需求量的百分比。如预测需求量是 100 万千瓦，当需求量是 90 万千瓦的时候，则

$$q=90/100=90\%$$

如果需求量是 120 亿千瓦，则

$$q=120/100=120\%$$

Q_s——第四年实际电力需求和预测值 X 的比值，Q_s＝实际电力需求/预测电力需求。这是一个百分比。当 $Q_s=100\%$ 时，实际电力需求 S＝预测电力需求 X。当 $Q_s>100\%$ 时，说明实际电力需求超过预测的需求值。当 $Q_s<100\%$ 时，说明实际电力需求低于预测的需求值。

因为　　Q_s＝实际电力需求/预测电力需求＝S/X

所以　　实际电力需求＝$S=XQ_s$

Q_y——在第四年，实际发电能力和电力需求预测的百分比。

Q_y＝实际发电能力/预测的电力需求＝Y/X

比如，$Q_y=120\%$ 指的是在第四年的实际发电力能力是预测电力需求的 1.2 倍。

Z——预计损失的总货币价值。

Q_m——最优发电能力。

由于第四年预测的电力需求是 X，为了达到发电能力和需求量相匹配，我们需要的发电能力至少是 X。如果电力的实际需求大于 X，那应该怎么办呢？为了在实际需求大于预测需求的时候，发电量也能够满足经济发展的需要，我们需要建设新的发电厂，使得总发电能力超过 X。林伯强建议中国应该有超过预计电力需求 2%～3%的发电能力。实际发电能力 $Y=Q_yX$，其中 $Q_y>100\%$。根据林伯强的建议，Q_y 应该在 102%～103%。

预期损失函数

预期损失＝发电量短缺造成的期望损失＋超额发电能力造成的损失

图 13.1 显示了实际电力需求的概率分布。我们预测的电力需求量是 X，电力需求落在 X 附近的概率最大。我们看到图中曲线最高处，代表最大的概率。最大的概率发生在 X，就是我们预测的电力需求量。离开 X，概率就逐渐减小。而 $P(q)$ 就是这个概率函数。

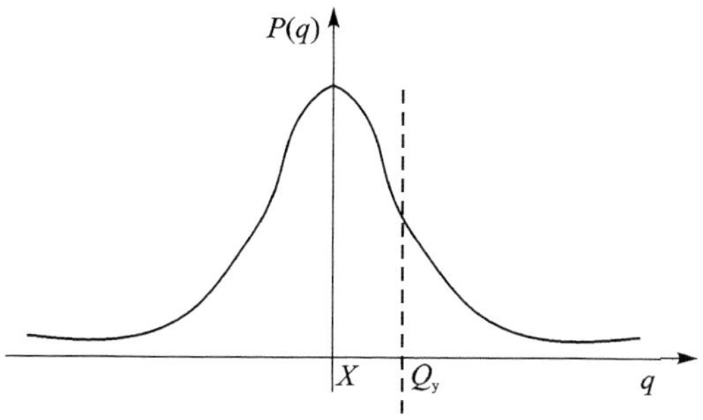

图 13.1　实际电力需求的概率分布

13.3　如何估算电力短缺带来的损失

只要实际电力需求 $S(S=XQ_s)$ 比实际发电能力 Y 大，那么短缺就会发生。计算如下：

$$\begin{aligned}\text{电力短缺量} &= \text{实际电力需求}-\text{实际发电能力}\\ &= S-Y=XQ_s-XQ_y=X(Q_s-Q_y)\end{aligned}$$

但是这种短缺被描述成与 X 相关的比率，实际货币损失值是

$$\text{每年的电力短缺而造成的损失}=aX(Q_s-Q_y)$$

然而，我们并不能确切地知道实际需求是多少。换句话说，XQ_s 可以是比实际发电能力 Y 大的任何值。所以，我们必须考虑实际电力需求在这个范围内的不同点的概率，因此我们根据发电能力短缺额的公式，估算期望的损失如下：

$$\text{ELoss1}=\int_{Q_y}^{\infty} aX(q-Q_y)P(q)\mathrm{d}q$$

式中　ELoss1——Expected Loss，预计的电力短缺带来的损失；

$P(q)$——实际电力需求的可能性函数。

这个公式可计算电力短缺的预期损失。那么，我们就按照概率 $P(q)$ 在可能发生的区间积分。其中，q 是实际电力需求占预测电力需求的百分比。所以，积分的范围应该是 $q\sim\infty$。而如果实际电力需求量是预测电力需求的 105%，也就是 $Q_s=105\%$，那么实际需求占预测电力需求的百分比就是 q，它应该在 $105\%<q<\infty$ 这个范围里。因为我们这里计算的是电力产能小于电力实际需求情况下的损失，也就是说实际电力需求大于产能的 105%。

13.4　如何估算超额发电能力带来的损失

让我们来考虑一下超额发电能力的期望损失。在这种条件下，发电能力超出实

际电力需求。假如有100万千瓦的发电能力，而实际的电力需求只有90万千瓦，那么，就会有10万千瓦的发电能力没有利用。也就是说，这10万千瓦的发电能力就浪费了。

可以计算出超额发电能力如下：

超额发电能力＝发电能力－实际电力需求$=Y-S=XQ_y-XQ_s=X(Q_y-Q_s)$

但是这个超额发电能力被表示成与 X 相关的百分数，实际的货币损失将是：

$$\text{实际货币损失}=bX(Q_y-Q_s)$$

然而，我们并不知道实际需求是多少，换句话说不知道 XQ_s 的值是多少。我们需要考虑在每一点(实际需求)的概率，因此预期的超额发电能力损失如下：

$$\text{ELoss2}=\int_0^{Q_y} bX(Q_y-q)P(q)\mathrm{d}q$$

式中　ELoss2——发电能力超出实际电力需求的预期损失。

这个公式可以计算发电能力超出实际电力需求的预期损失。那么，我们就按照概率 $P(q)$ 在可能发生的区间积分。其中，q 是实际电力需求占预测电力需求的百分比。所以，积分的范围应该是 $0\sim Q_y$。而 Q_y 是实际发电能力占预测电力需求量的百分比。如果实际建设的发电能力是预测电力需求的110%，也就是 $Q_y=110\%$，那么在实际需求占预测电力需求的百分比就是 q，它应该在 $0<q<110\%$ 这个范围里。因为我们这里计算的是电力产能超出电力实际需求情况下的损失。

因为 aX 和 bX 是不变的，它们可以被提到积分符号的前面。总的预计损失 Z 用货币单位可以表示为

$$Z=aX\int_{Q_y}^{\infty}(q-Q_y)P(q)\mathrm{d}q+bX\int_0^{Q_y}(Qy-q)P(q)\mathrm{d}q$$

这是以货币为单位的期望损失函数。我们需要找到使 Z 最小的 Q_y。事实上，很难确定它的概率密度分布函数。也可以使用离散的概率分布函数预计总损失。所以，我们将上面的概率函数重新写为

$$Z=aX\sum P_i(q_i)(q_i-Q_y)+bX\sum P_i(q_i)(Q_y-q_i)$$

因为 X 是一个常数，是我们对电力需求的预测值，这对我们估算最小损失没有影响，所以，公式可以写成(公式两边同除以 X)

$$Y=Z/X=a\sum P_i(q_i)(q_i-Q_y)+b\sum P_i(q_i)(Q_y-q_i)$$

式中　P_i——与 q_i 相对应的实际电力需求的可能性。

q_i——相对于 X 预测的电力需求量的百分比。

比如，如果中心值是 $q_9=110\%$，电力需求的范围是107.5%～112.5%，则电力需求落在某一点的概率是0。所以，这里每一个 q_i 都代表一个电力需求的范围。请看表13.2电力需求的概率分布。

上面，我们已经定义 $Y=Z/X$（亿元/万千瓦），又因为 X（预测的第四年的电力需求）是个常数，它是不变的，所以，当我们实现 Y 值最小化的时候，也就实现了 Z（预期的损失）最小化。图 13.2 为实际电力需求的概率。

表 13.2 电力需求的概率分布

i	q_i 范围起点/%	q_i 范围终点/%	q_i 中间值/%	概率 $P_i(q_i)$/%
1	87.5	92.5	90	1
2	90.0	95.0	92.5	3
3	92.5	97.5	95	6
4	95.0	100.0	97.5	20
5	97.5	102.5	100	40
6	100.0	105.0	102.5	20
7	102.5	107.5	105	6
8	105.0	110.0	107.5	3
9	107.5	112.5	110	1

13.5 用中国数据计算出的最优发电量

下面将用中国的电力数据阐述如何找到最优发电量 Q_m。假设中国电力需求有表 13.2 中的概率。

表 13.2 中第一列是 i 的值。每一个 i 值定义一个相应的电力需求范围。比如 $i=2$，电力需求范围是 90%～95%，中间值是 92.5%。电力需求落在这个区间的概率是 3%。而 q_i 是一个百分比。它是电力需求量与预测需求量的比值。把这个表的数据用柱图来显示，就是图 13.2。

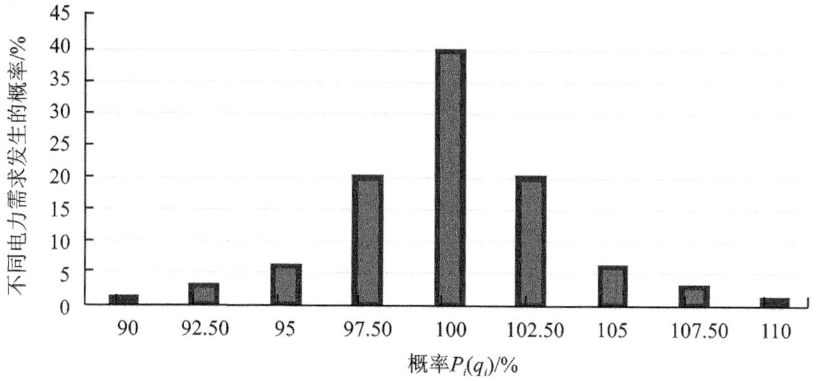

图 13.2 实际电力需求的概率

根据林伯强的文章[①]，在 2004 年中国有 3 790 万千瓦的电力短缺，这一短缺会使 GDP 下降 0.64%。林伯强预测这个电力短缺在 2004 年会减少 3 054 亿元的 GDP。为了解决 7%的电力短缺，中国需要投资 2 241 亿元去建设发电厂和输配电网。为了计算超额发电能力的成本，我们假设发电厂的寿命和传输线的寿命可以按 30 年来计算。

根据林伯强的数据，我们假设电厂 30 年来的折旧额呈直线，那么可以计算出 a、b 值。

每一单位电力短缺会造成的 GDP 损失：

$$a = 3\ 054\ 亿元/3\ 790\ 万千瓦 = 0.805\ 亿元/万千瓦$$

每一超额电力生产能力带来的额外成本：

$$b = 2\ 241\ 亿元/(3\ 790\ 万千瓦 \times 30\ 年) = 0.019\ 7\ 亿元/(万千瓦 \cdot 年)$$

经过计算得到 Y 值，如表 13.3 所列。

表 13.3 Y 值最小化和最优发电能力

Q_y(发电能力相当于预测需求量 X 的百分比)/%	102.5	105	107.5	110
$Y(Y=Z/X)$	0.003 585	0.002 01	0.001 683	0.001 97

由表 13.3 可见，当 Q_y 是 107.5%的时候，Y 值达到最小。所以根据概率分布表，中国的最优发电量 Q_m 应该是超过预测电力需求的 107.5%。传统计划经济方法使用一个预测方程，根据预测需求量来决定未来发电能力的布局。经济学家们认为，中国的计划发电能力应该比预测的需求高出 2%～3%。这一案例分析说明，中国应该拥有比预测需求量更高的发电能力，也就是比预测的电力需求高 7.5%的发电能力。这是因为在一个不确定的市场经济中，需要考虑不确定因素。

那么这个计划经济 2.0 的方法会给中国市场经济带来多少经济效益呢？

可能性假设可以计算出这个理论带给中国的经济效益。假设不用这个方法，中国将会有高于预测发电量需求 2.5%的发电量。假如用这个方法，中国的发电量将会高于预测发电量的 7.5%。表 13.4 为经济效益的估算。

表 13.4 经济效益的估算

Q_y/%	102.5	107.5	—
$Y(Y=Z/X)$	0.003 585	0.001 683	—
$Z=XY$/亿元	194.102 655	91.122 669	102.979 986

那么林伯强预测的电力需求量是多少呢？根据林伯强的文章，“根据方程(1)中所估计出的弹性系数，预计的 2004 年 7%的电力短缺(或 3 790 万千瓦)可能使 GDP 增长率下降 0.64%”。

① 林伯强. 电力短缺、短期措施与长期战略. 经济研究，2004，3:30.

所以，林伯强预测的电力需求量是

$$X = 3\,790\text{ 万千瓦}/7\% = 54\,143\text{ 万千瓦}$$

$$\begin{aligned}\text{每年的净利润} &= \text{期望损失}(Q_y = 102.5\%) - \text{期望损失}(Q_y = 107.5\%)\\ &= Z(102.5\%) - Z(107.5\%)\end{aligned}$$

因为 $Y = Z/X$，所以 $Z = XY$。

$$\begin{aligned}&Z(102.5\%) - Z(107.5\%)\\ &= XY(102.5\%) - XY(107.5\%)\\ &= X(0.003\,585 - 0.001\,683)\\ &= 54\,143\text{ 万千瓦} \times 0.001\,902\text{ 亿元/万千瓦}\\ &= 102.98\text{ 亿元}\end{aligned}$$

也就是每年这个新计划经济 2.0 方法给中国经济带来 102.98 亿元的经济效益。

总结：

在市场经济里，我们仍然需要计划经济。计划经济 2.0 的范围包括无效市场和有缺陷的有效市场。这些市场常常会发生周期性的价格波动而造成资源的浪费。制订经济计划时要考虑概率，如上例中最优发电能力的估算。

参考文献

[1] 沈跃春. 经济学悖论及其方法论意义[J]. 天津商业大学学报，2008(4)：35-40.

[2] 陆长平. 新古典经济学的"悖论"及其反思[J]. 南开经济研究，2002(2)：40-46.

[3] 淮建军，王征兵，雷红梅. 蔬菜价格悖论的理论解析[J]. 华中农业大学学报(社会科学版)，2016(3)：24-30.

[4] 潘勇，陈禹. 网络市场中的"价格悖论"与逆向选择[J]. 商业经济与管理，2005(3)：10-14.

[5] 戈森 H · H. 人类交换规律与人类行为准则的发展[M]. 北京：商务印书馆，2000.

[6] Debreu Gerard. Theory of Value，An Axiomatic Analysis of Economic Equilibrium[M]. New Haven and London，Yale University Press，1987.

[7] 肖子雍. 上海汽车牌照拍卖制度的合理性与合法性[EB/OL]. (2012-4-3)[2021-1-21]. https://wenku. baidu. com/view/6ce3e1f39e3143323968939d. html.

[8] 沪牌丁丁. 最新：上海车牌历年拍卖价格走势图[EB/OL]. (2020-10-13)[2021-1-21]. https://www. sohu. com/a/424336094_120084305.

[9] 陈硕. 上海二手车牌新政：转让需拍卖[EB/OL]. (2014-10-16) [2021-1-21]. http://finance. sina. com. cn/stock/t/20141016/025120551211. shtml.

[10] 俞凌琳. 上海牌照拍卖制度：为公共建设赢得时间[EB/OL]. (2010-12-28)[2021-1-21]. http://auto. hexun. com/2010-12-28/126463054. html.

[11] 正裕. 靠车牌"发家"的千万巨贪[J]. 党的生活(黑龙江)，2016，9：52.

[12] 乐晓辉，林雄斌，杨家文. 我国城市小汽车牌照限制政策的社会效益评估[J]. 国际城市规划，2018，33(1)：93.

[13] 王明华. 劳动价值理论研究若干问题述评[J]. 经济师，2011(8)：22-24.

[14] 许成安，杨青. 劳动价值论、要素价值论和效用价值论中若干问题辨析——兼评《劳动价值论与效用价值论的辩证关系》[J]. 经济评论，2008(1)：3-8.

[15] 王文龙.技术价值论:一种新的价值论视角[J].华中科技大学学报(社会科学版),2005(4):15-19.

[16] 蔡继明,陈臣.论古典学派价值理论的分野[J].经济学动态,2017(6)143-154.

[17] Smith Adam. An Inquiry into the Nature and Causes of the Wealth of Nation [M]. Liberty Classics, 1981.

[18] 孙多友.基于劳动价值论的资源配置分析[J].海派经济学,2017(3):39-55.

[19] 张兆同,余潜.灰色关联分析与IF神经网络在我国棉花价格预测中的应用研究[J].价格月刊,2017(9):31-36.

[20] 张正,姜楠,吕杰.关于价格形成及预测的理论研究[J].农业经济,2005(12):33-34.

[21] GRIMES. International Reserves under Floating Exchange Rates: Two Paradoxes Explained[J]. Economic Record, 1993, 12.

[22] Krugman Paul R. International Economics[M]. 2nd ed. Chapter, 1991.

[23] Jeffrey Frankel. On the Yuan: The Choice between Adjustment under a Fixed Exchange Rate and Adjustment under a Flexible Rate[J]. CESifo Economic Studies, 2006,52(2): 246-275.

[24] Taylor Alan M, Taylo Mark P. The Purchasing Power Parity Debate[J]. Journal of Economic Perspectives,2004, 18 (4): 135-158.

[25] Krugman Paul R, Obstfeld Maurice. International Economics Theory and Policy[M]. 2nd ed. HarperCollins Publishers Inc, 1991.

[26] Kreinin Mordechai E. International Economics. A Policy Approach[M]. Harcourt Brace Jovanovich, Publishers, 1987.

[27] Baker Stephen A. International Economics[M]. Blackwell Publishers, 1995.

[28] 贺力平.人民币汇率体制的历史演变及其启示[J]. 国际经济评论, 2005(4).

[29] DaPei Zuo. Free Trade. A Poison to Developing Country [J]. Economy and Management Digest, 2001,1.

[30] McKinnon Ronald I, Kenichi Ohno. Dollar and Yen [M]. Cambridge Massachusetts: The MIT Press, 1997.

[31] Guembel Alexander, Sussman Oren. Optimal Exchange Rates: A Market Microstructure Approach[J]. Journal of the European Economic Association, 2004, 2: 1242-1274.

[32] Erdman Paul. Tug of War. Today's Global Currency Crisis[M]. New York: St. Martin's Press, 1996.

[33] [美]麦金农·罗纳德I, [日]大野健一.美元与日元[M].上海:上海远东出版社,1999.

[34] Henry George. Progress and Poverty[M]. New York: ROBERT SCHALK-

ENBACH FOUNDATION,1935.
[35] Peddle Francis K. Cities and Greed[M]. Canadian Research Committee on Taxation, 1994.
[36] Wenzer Kenneth C. Land-Value Taxation. The Equitable and Efficient Source of Public Finance[M]. M. E. Sharpe, 1999.
[37] 夏书章.不要"鬼城"[J].中国行政管理,2016(3):160.
[38] 李永刚. 港澳台房地产税制度比较及大陆征税效应分析[J].亚太经济,2015(3):144-148.
[39] 洪晓宁. 浅谈我国开征房地产税的理论依据和现实背景[J].中国集体经济,2015(15):91-92.
[40] 黄少安,陈斌开,刘姿彤."租税替代"、财政收入与政府的房地产政策[J].经济研究,2012(8):100,104.
[41] 朱秋霞. 土地税与财产税孰优——基于德国土地税和美国财产税制度的比较[J].现代经济探讨,2009(9):75-79.
[42] 陈俊华,王志峰.德国房地产价格为何没有疯涨[J].人民论坛,2016(12):66.
[43] 郭册,王文玫.我国房地产泡沫成因及治理对策[J].经济师,2018(6):40-41.
[44] Dooley David, Fielding Jonathan. HEALTH AND UNEMPLOYMENT[J]. Anna Rev. Public Health, 1996: 455.
[45] Statistics Candada. Consumer Price Index, annual average, not seasonally adjusted. (2016-1-25)[2016-4-28]. http://www. statcan. gc. ca/tables-tableaux/sum-som/l01/cst01/econ46a-eng. htm.
[46] 黄维德,钱熠萌. 国外未充分就业研究述评[J].人口与经济,2016(2):86-97.
[47] 陈俊兰. 职业教育影响青年失业率的实证研究[J].职教论坛,2015(4):75.
[48] U. S. BUREAU OF LABOR STATISTICS. Unemployment rates and earnings by educationalattainment. (2019-9-4)[2019-12-15]. https://www. bls. gov/emp/ep_chart_001. htm/ep_table_001. htm.
[49] 李翀,财政赤字观和美国政府债务的分析[J].经济学动态,2011(9):104.
[50] 田德文.解析英国劳动力市场改革[J].欧洲研究,2015(1):38.
[51] Galbraith, John Kenneth. The Great Crash 1929[M]. Houghton Mifflin Harcourt Publishing Company, 2009.
[52] Wikipedia. Economic history of Japan. (2020-9-30)[2020-10-15]. https://en. wikipedia. org/wiki/Economic_history_of_Japan#Post-war_period.
[53] 占侃,宗晓华.论高等教育投资的信号成本与市场扭曲[J].扬州大学学报(高教研究版),2012,16(1):31.
[54] Engell James, Dangerfield Anthony. Saving Higher Education in the Age of Money[M]. University of Virginia Press, April 20, 2005.

[55] Lawrence E M , Rogers R G , Zajacova A . Educational Attainment and Mortality in the United States: Effects of Degrees, Years of Schooling, and Certification[J]. Population Research & Policy Review, 2016, 35(4):501-525.

[56] Johnstone D B, Marcucci Pamela N. Financing Higher Education Worldwide, Who Pays? Who should pay? [M]. The Johns Hopkins University Press, 2010.

[57] Bowen Howard R, Servelle Paul. Who benefits from higher education—Who should pay? [J]. Journal of Philsophy of Education, 2010,44(4): 479-495.

[58] McMahon Walter W, Higher Learning. Greater Good: The Private and Social Benefits of Higher Education[M]. The Johns Hopkings University Press, 2009.

[59] 伍旭. 2004—2009 年我国猪肉价格周期性波动的经济学原因——基于生猪供求弹性的分析[J]. 中国物价,2011(11).

[60] 叶锋,谢娟,马敬桂. 基于 HP 滤波法的我国猪肉价格波动周期性探究[J]. 价格月刊,2017(10).

[61] 周广为. 蔬菜价格周期性持续上涨的影响因素及稳定策略[J]. 价格月刊, 2015, 9.

[62] 林伯强. 电力短缺、短期措施与长期战略[J]. 经济研究, 2004(3):28-36.